工业和信息化高职高专“十三五”规划教材立项项目

高等职业教育**财经类**“十三五”规划教材

U0728046

MODERN
LOGISTICS

现代物流基础

理论 案例 实训（微课版 第2版）

郭冬芬 主编

王艳丽 都继萌 屈波 刘志杰 副主编

人 民 邮 电 出 版 社

北 京

图书在版编目（CIP）数据

现代物流基础：理论 案例 实训：微课版 / 郭
冬芬主编. -- 2版. -- 北京：人民邮电出版社，2018.6（2020.12重印）
高等职业教育财经类"十三五"规划教材
ISBN 978-7-115-47651-7

Ⅰ. ①现… Ⅱ. ①郭… Ⅲ. ①物流－高等职业教育－
教材 Ⅳ. ①F252

中国版本图书馆CIP数据核字（2018）第001063号

内 容 提 要

本书是在第 1 版的基础上，融入了物流和快递行业最新发展成果、作者近几年教学改革成果和企业最新实践案例改编而成的。全书共分 10 章，包括认识物流与物流管理、物流系统、采购管理、运输管理、仓储管理、物品包装、装卸搬运、流通加工、配送管理、物流信息技术等内容。全书内容编排遵从教育认知规律，以理论和实践相结合的方式展开。

本书可作为高职高专院校物流管理专业、快递运营管理专业、电商物流管理专业、邮政通信与管理专业的教材，也可作为物流企业、快递企业、邮政企业在职人员的培训教材。

◆ 主　　编　郭冬芬
　　副 主 编　王艳丽　都继萌　屈　波　刘志杰
　　责任编辑　刘　琦
　　责任印制　焦志炜
◆ 人民邮电出版社出版发行　　北京市丰台区成寿寺路 11 号
　　邮编 100164　电子邮件 315@ptpress.com.cn
　　网址 http://www.ptpress.com.cn
　　天津翔远印刷有限公司印刷
◆ 开本：787×1092　1/16
　　印张：12.75　　　　　　　2018 年 6 月第 2 版
　　字数：313 千字　　　　　2020 年 12 月天津第 11 次印刷

定价：39.80 元

读者服务热线：(010)81055256　印装质量热线：(010)81055316
反盗版热线：(010)81055315
广告经营许可证：京东市监广登字 20170147 号

前言

随着社会分工细化、国内外贸易的繁荣以及电子商务的迅速发展，物流业和快递业成为中国的热点行业。"物流管理概论"作为物流管理、快递运营管理、电商物流管理等专业的基础入门课程，其教材建设对人才培养有着十分重要的作用。

本书是在第1版的基础上，融入了物流和快递行业最新发展成果、作者近几年教学改革成果和深入企业实践调研的成果改编成的。全书内容覆盖了从事物流管理、快递运营管理、电商物流管理相关岗位人员所需掌握的物流基础知识。本书编排遵从教育认知规律，在每章的开头首先给出本章的知识目标和能力目标，然后运用导入案例启发学生对后续内容的学习兴趣；章节中间穿插多个与内容相呼应的、反映企业最新实践成果的案例以及互动讨论等内容；每章之后均安排有模拟实训和题型多样的课后练习，便于教师指导实践活动以及学生自测。

本书在编写过程中，得到中国邮政速递物流股份有限公司电商物流业务部、江苏省速递物流分公司、山东省速递物流分公司等企业专家的大力支持，并参考了大量企业案例和其他学者的文献资料，编者在此一并表示感谢。

本书由郭冬芬教授任主编，王艳丽、都继萌、屈波、刘志杰任副主编。全书编写分工为：刘志杰、屈波编写第1章和第2章；王艳丽编写第3章、第7章和第9章；都继萌编写第4章、第6章和第8章；郭冬芬编写第5章和第10章，并对全书内容做了认真的修改把关；赵金中也参与了本书编写，负责搜集整理部分资料，对书中案例进行审阅，命制部分章节习题。

物流行业处于迅速发展的阶段，加之编者水平有限，书中难免存在疏漏、不当之处，敬请广大读者批评指正。

编　者
2017年11月

目 录
Contents

第10章

物流信息技术•180

第 1 章
认识物流与物流管理

学习目标

【知识目标】

- 掌握物流的概念和功能
- 理解物流的分类和特征
- 掌握物流管理的内涵和目标
- 了解国内外物流业的发展历程和特点

【能力目标】

- 能够运用所学知识认识和分析社会物流活动及物流的作用
- 能结合实例分析物流管理的内容、目标

案例导入

物流是推动经济发展的利器

物流作为商品流通的重要渠道，连接着生产和消费。物流运作的合理化、科学化有助于缩短流通环节的时间，提高流通效率，降低流通成本，拉动消费需求，促进经济转型升级。因此，物流业的发展受到国家高度重视。近几年，国家连续出台促进物流业发展的利好政策，例如，2015 年 5 月，国务院出台了《关于大力发展电子商务加快培育经济新动力的意见》，意见提出支持物流配送终端及智慧物流平台建设，合理布局物流仓储设施等；2015 年 10 月，国务院出台了《关于促进快递业发展的若干意见》，提出培育壮大快递企业、推进"互联网+"快递、构建完善服务网络、衔接综合交通体系等重点任务；2016 年 4 月，国务院办公厅下发了《关于深入实施"互联网+流通"行动计划的意见》，提出提高商贸物流绿色化发展水平，加强智慧流通基础设施建设等。2016年7月20日，国务院常务会议强调指出"推进'互联网+'物流，既是发展新经济，又能提升传统经济。"

启示

物流对拉动消费、促进经济发展具有重要作用。随着经济全球化和电子商务的快速发展，物流体系建设受到国家和企业的高度重视，社会对物流人才的需求急剧增长。作为物流行业的后备人才，应全面掌握物流管理的相关知识和技能，为将来职业发展奠定良好的基础。

物流概念自从诞生以来，对人们的生产及生活就产生了重大影响：企业因为重视物流降低了成本，提高了竞争力；社会因引入了物流管理节约了大量的资源，促进了经济的发展，提高了国家的实力；大众因为物流产业的发展而享受更加方便快捷的服务。

1.1 | 认识物流

人类社会有了商品交换，就有了物流活动。"一骑红尘妃子笑，无人知是荔枝来"便是我国古代对于物流活动的诠释。但物流科学从产生到现在只有几十年的历史，还是一门新兴学科。

1.1.1 什么是物流

1. 物流的概念

中华人民共和国国家标准《物流术语》（GB/T 18354—2006）对物流（logistics）的定义是：物品从供应地向接收地的实体流动过程。根据实际需要，将运输、储存、装卸、搬运、包装、流通加工、配送、信息处理等基本功能实施有机结合。

【案例1.1】 快消品物流

我们在超市购物时都见过好丽友薯片，那么一箱好丽友薯片自生产地移动到消费地，需要经历哪些环节呢？好丽友薯片的生产厂家位于河北廊坊，薯片自廊坊工厂生产线下线之后，进入廊坊邮政速递物流分公司的成品仓库储存；根据好丽友区域经销商的订单，廊坊邮政速递物流分公司按订单要求将好丽友薯片从成品仓拣货出库，经长途干线运输将整箱好丽友薯片运送到区域经销商仓库；区域经销商再根据接到的各配送中心的订单，委托第三方物流公司将好丽友薯片配送到本区域内的各个配送中心仓库；配送中心仓库再根据门店订单，将好丽友薯片配送到各家门店，全过程如图1-1所示。这中间包括了仓储、运输、装卸搬运、流通加工、包装、配送及信息处理等活动，这些活动需要统筹规划、紧密衔接才能确保物流过程的高效运转和商品的准时送达。

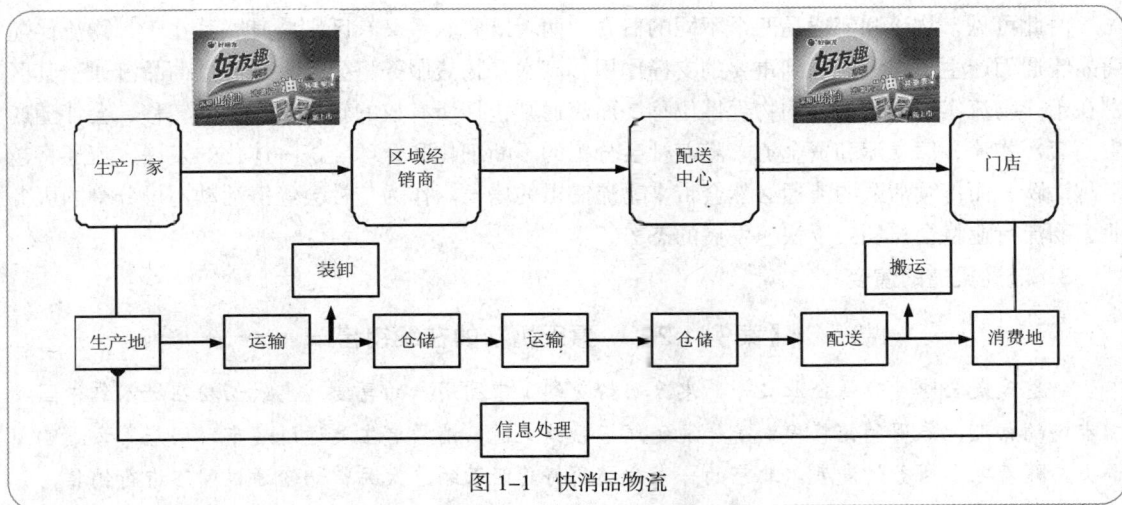

图 1-1　快消品物流

2．物流与流通的关系

2016 年国务院办公厅印发的《关于深入实施"互联网+流通"行动计划的意见》，多次提到加强物流基地建设、推动智慧物流配送体系建设、推进电子商务与物流快递协同发展，整合各类物流资源、提升物流效率、降低物流成本等。那么，物流和流通之间存在什么样的关系呢？

首先来看什么是流通。流通是由社会分工和生产社会化引起的。原始社会末期，由于社会生产力的发展，出现了农业和畜牧业的分工，从而产生了以物易物的商品交换。后来，又出现了手工业和农业的分工，产生了直接以交换为目的的商品生产，使得商品交换经常化，进而产生了货币，商品交换就变成了以货币为媒介的交换，即商品流通。

不论是物物交换还是以货币为媒介的商品交换，其本质都是产品从生产方到消费方的转移。我国经济学家孙冶方认为，"流通是社会产品从生产领域进入消费领域所经过的全部过程"。可以说，流通是联结生产和消费的纽带，在生产和消费之间架起了桥梁，这中间包括所有权的转移和实物的转移，会伴随产生商流、物流、信息流和资金流，如图 1-2 所示。

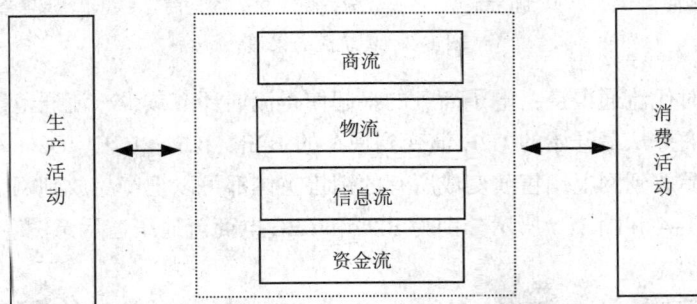

图 1-2　流通中的四流与生产、消费的关系

商流包括：商务谈判、合同签订、买卖交易以及销售服务等。
物流包括：运输、仓储、配送、包装、装卸搬运、流通加工等。
信息流包括：订单、物料、客户等信息的收集、传输、分析、应用等。
资金流包括：结算、支付、融资等资金往来。

由此可见，物流和流通是两个不同的概念，两者既有联系又有区别。其联系在于，物流伴随商品流通而产生，对流通起到重要的支撑作用，高水平物流服务将会极大地促进商品流通。其区别在于，物流实现的是商品的物理性位移，而流通则包括所有权的转移和实物的转移，会伴随产生商流、物流、信息流和资金流。随着社会分工的不断细化和全球经济一体化的发展，流通将越来越活跃，而持续活跃的流通必然会带来物流需求的增长。作为与社会经济活动不可分割的服务业，物流行业将会长期处于快速发展的态势。

3. 流通渠道的演变

【案例1.2】　惠氏奶粉的在线销售

惠氏是全球500强企业之一，惠氏奶粉受到了中国用户的喜爱。惠氏奶粉在进入到中国市场的初期，采用的销售模式是传统的线下分销渠道，消费者主要通过超市、门店等方式购买。随着电子商务的发展，北京的一家分销商将其经营的惠氏品牌奶粉通过网络进行销售，发现销量特别好。之后，惠氏奶粉厂家复制其模式，将惠氏奶粉所有系列全都放到网上进行销售，取得了巨大成功。

伴随着经济的不断发展，尤其是电子商务的迅速崛起，商品流通渠道发生了很大的变革，相应的给物流管理也带来新的挑战。根据流通过程和方式的不同，流通渠道可划分为传统流通渠道和电子商务时代流通渠道两种形式。

（1）传统流通渠道：商品从原材料采购开始到最终到达消费者手上，通常需要经过原材料供应商——制造商——分销商——零售商——消费者，如图1-3所示。

供应商　　　　制造商　　　　分销商　　零售商　　　消费者

图1-3　传统流通渠道

（2）电子商务时代流通渠道：电子商务的兴起使得流通环节减少，流通范围扩大，流通成本大幅度降低。电子商务从最开始的C2C演变到现在的B2B、B2C、C2C、O2O等，从原来只有经销商、零售商把商品放到网上销售演变成所有的销售主体都可以把产品放到网上销售，形成多样化的流通模式。图1-4和图1-5所示分别为B2C和C2C电商流通渠道示意图。

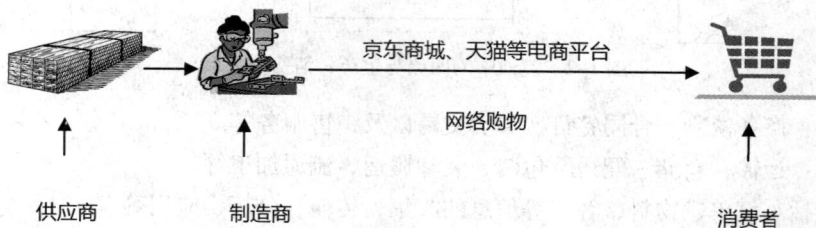

京东商城、天猫等电商平台

网络购物

供应商　　　　制造商　　　　　　　　　　消费者

图1-4　B2C电商流通渠道

图 1-5　C2C 电商流通渠道

在传统商业模式下，市场是有区域划分的。生产、供货、经销、批发和零售都是有计划的。商品以一定"批量"的形式沿供应商——制造商——分销商——零售商——消费者逐级转移，物流管理相对简单。但在电商模式下，市场变得没有边界，市场需求量动态变化，需求预测难度增大，且商品通常以"单件"或"小批量"的形式借助"快递"从卖家到达消费者手中，物流管理的难度增加，对物流管理的柔性化、信息化、智能化提出更高的要求。

1.1.2　物流的功能

【案例 1.3】　物流的基本功能

奥运物流是举办奥运会所需的相关物品从供应地到接收地的实体流动过程。与奥运会的组织准备、开幕举行和相关企业的营销活动全过程相伴随的奥运物流成为了保障奥运会成功举办的关键因素之一。其中涉及场馆建设、比赛器材、生活物资、奥运新闻器材的报关、报检、货运代理、多式联运、仓储、运输、包装、装卸、配送等活动。

启示

现代物流涉及存储、运输、包装、装卸搬运、配送、流通加工、物流信息管理等一系列基本功能，并且在基本功能的基础上，不断拓展新功能。

现代物流包括运输、储存、装卸搬运、包装、流通加工、配送、信息处理等功能要素。其中，运输和储存属于核心功能要素，实现商品的空间转换和时间转换；装卸搬运、包装、流通加工、配送、信息处理等功能要素保障物流活动顺利进行。

1. 运输

运输是指利用特定的设备和工具，将货物从某一地点运送到另一地点，实现货物地域转变的物流活动。运输是物流的主要活动之一，物流的很大一部分功能都是由运输来实现的。运输活动改变了货物的空间位置，因此，运输是增加物品空间价值最有效的途径。

2. 储存

储存是指对货物进行存放、保护和管理。不管什么类型的物资，在加工生产、运输、消费等活动前后，总会产生储存物资的需求。储存增加物资的时间价值，从而能克服供需之间的时间差异。储存是物流系统的重要节点，对于整个物流系统来说，具有缓冲和调节的作用，同时，兼具创造附加价值的功能。

3. 装卸搬运

装卸是指依靠人力或者机械设备将货物装入运输设备或从运输设备上卸下的活动；而搬运是指将货物从某处移动到另一地点的活动，相比较运输而言，搬运是在小范围内进行的活动。通常，装卸和搬运密不可分，是相伴进行的。

4．包装

包装是指在流通过程中，为了对货物尽心保护、方便储存和运输、促进销售而采用的材料、容器及辅助物的总称。也指在采用材料、容器及辅助物的过程中运用的技术方法等操作活动。包装一般分为商业包装和运输包装两种。

5．流通加工

流通加工是指物从生产地到使用地的过程中，根据需要施加包装、分割、计量、分拣、刷标志、挂标签、组装等简单作业的总称。流通加工也是物品从生产领域向消费领域流动的过程中，为了促进销售、维护产品质量和提高物流效率，对物品进行加工，使物品发生物理、化学或者形状的变化。因此，流通加工有效地完善了流通过程，是对流通过程起着补充、完善、提供增强作用的功能要素。

6．配送

配送是指在经济合理区域范围内，根据用户的要求，对物品进行拣选、加工、包装、分割、组配等作业，并按时送达指定地点的物流活动。配送由于直接面对消费者，最直接地反映了供应链的服务水平，所以，配送作为供应链的末端环节和市场营销的辅助手段，日益受到重视。

7．信息处理

物流信息在现代企业经营战略中占有越来越重要的地位。建立物流信息系统，提供迅速、准确、及时、全面的物流信息是现代企业获得竞争优势的必要条件。如今的物流信息具有信息量大、更新快、来源多样化的特点。

1.1.3　物流的作用

物流是一种经济活动，也是不断满足客户需求的过程。物流可以创造商品的时间价值或空间价值。

1．物流创造时间价值

物流可以通过以下几种方式创造商品的时间价值。

（1）缩短流通时间，创造价值

缩短物品从供应地到接收地的时间可以降低物资损耗、增加物资的周转率、节约资金等，更高效快速地满足企业或个人需求。

【案例1.4】　高效物流降低成本

"KYE 跨越速运"是一家主营"国内限时"快递业务及物流业务的企业。为了缩短贸易周期，满足客户对高时效物流的需求，"KYE 跨越速运"依托公司自有的夜航全货机以及各机场的航空网络，在国内率先推出"跨省当天达"产品（最快8小时门到门送达）。跨越速运为唯品会提供区域分拨仓 JIT 补货配送服务。借助跨越速运的高效物流配送，唯品会大大降低了区域分拨仓的库存时间，节省了库存成本，并保障了促销旺季的市场供应。

（2）弥补时间差异，创造价值

在现实社会中，商品供给和商品消费之间往往存在一定的时间差。例如，粮食生产有严格的周期性和季节性，而人们对粮食的消费则是均匀发生在每一天；再比如，秋天收获的葡萄，通过储存可以在春节期间上市销售。物流弥补或者改变供给与消费的时间差，从而创造商品时间价值的例子还有很多。

（3）延长流通时间，创造价值

在现实生活中，我们可以通过人为地延长商品的流通时间来创造价值。例如，企业针对诸如白酒、普洱茶等商品的存储活动，就是有计划地延长供给和消费之间的时间差来创造商品价值。

2．物流创造空间价值

由于社会分工细化，供给者和需求者往往处于不同的场所，这就造成物品在生产地与消费地之间通常有一段空间差异。由于改变商品空间位移所创造的价值被称作"空间价值"。物流创造空间价值的方式有以下几种。

（1）从集中生产空间流入分散需求空间创造价值

现代化大生产的特点之一就是通过大规模集中化生产以提高生产效率，降低成本，这样的效果就是小范围的集中生产可以满足大面积不同区域的需求，而物流就可以通过对商品从供应地到需求地的位移来创造价值。例如钢铁、水泥、煤炭等原材料的生产和销售都属于这一方式。

（2）从分散生产空间流入集中需求空间创造价值

由于商品的属性各不相同，部分商品只能是分散生产。例如，水果是在全国区域内种植生产的，而需求却相对集中在大城市；汽车零配件的生产基地分布非常广泛，但却集中在一个汽车制造厂中进行装配，这也形成了分散生产和集中需求，物流便因此取得了空间价值。

（3）从甲地生产空间流入乙地需求空间创造价值

现代社会中，受限于自然地理环境和社会发展等因素所导致的供应与需求的空间差比比皆是。例如，南方的荔枝、北方的红枣，其生产地和消费地经常不在同一地点，通过物流的调节便创造了价值。

1.1.4　物流的特征

随着物流科学的发展和新技术的应用，现代物流表现出许多新特征，具体表现在以下几个方面。

1．专业化

社会分工导致专业化，导致物流专业的形成。物流专业化至少包括两方面的内容：一方面，物流管理作为企业的一个专业部门，独立存在并承担专门的职能，随着企业的发展和企业内部物流需求的增加，物流管理部门可能会从企业中剥离出去成为社会化、专业化的物流公司；另一方面，随着企业对物流需求的不断加大，物流企业不断出现，它们提供各种不同的物流服务，并进一步演变成为服务专业化的物流企业。

2．系统化

物流本身就是一个完整的系统，这个系统包含着运输、仓储、装卸搬运、流通加工、配送、信息处理等子系统。整个物流系统的顺利运转离不开各个子系统之间的协调配合，单个子系统的效益最大化并不能代表整个系统的效益最大化。因此，现代物流科学都是以整个物流系统的优化作为研究对象的，目的就是实现整个物流系统的效益最大化。

3．标准化

物流标准化是以物流作为一个大系统，制定系统内部设施、机械装备，包括专用工具等的技术标准，包装、仓储、装卸、运输等各类作业标准，以及作为现代物流突出特征的物流信息标准，并形成全国以及和国际接轨的标准化体系。物流标准化表现为基础编码标准化，物流建筑基础模数尺寸标准化，集装模数尺寸标准化，物流单据、票证的标准化，标识、图示和识别标准化等。

4. 国际化

随着全球经济一体化的进程加快，国际贸易、国际投资、国际经济合作的发展使得物流业向全球化方向发展，而跨境电商的发展更是加速了物流国际化的进程。国际物流业务涉及代理报关、报检、暂存、搬运、配送、流通加工等方面。

5. 柔性化

随着市场变化的加快，产品生命周期正在逐步缩短，小批量、多品种的生产方式已成为企业的主流模式。柔性化的物流正是适应生产、流通与消费的需求而发展起来的一种新型的物流模式。这就要求配送中心要根据消费需求"多品种、小批量、多批次、短周期"的特点，灵活组织和实施物流作业。

6. 信息化

物流信息化是现代物流的重点特征之一。物流信息化的主要表现形式就是诸如条码技术、RFID自动识别技术、数据库技术、电子数据交换技术、GPS、GIS等技术在物流中的广泛应用，对物流信息进行自动采集、传输、统计与分析，对订单、物料、库存、位置信息进行电子化管理。物流信息化的结果可实现物流过程透明化，物流管理可视化。

7. 智能化

智能化是物流自动化、信息化的一种更高层次的应用。现代化的物流中心中有关库存水平的确定、运输路线的选择、自动导向车的运行轨迹、自动分拣系统的运行等问题都需要借助于物流智能化去解决。

8. 绿色化

绿色物流包括以下两个方面。一方面，是控制物流系统对环境的污染，减少和消除物流对环境的负面影响。例如，采用绿色能源运输车辆，降低设备噪声对环境的影响，采用环保包装材料，避免过度包装等。另一方面，是建立循环物流系统，例如建立废旧物品、可再生资源的回收利用所形成的逆向物流系统，促进原材料副产品的再循环、包装废弃物的再循环、废旧物品的再循环、资源垃圾的收集和再资源化等。

1.1.5 物流的分类

按照物流的作用、物流活动的空间范围、从事物流活动的主体可以进行如下的分类。

1. 按物流的作用分类

按供应链环节，物流可分为供应物流、生产物流、销售物流、回收物流和废弃物物流，如图1-6所示。

（1）供应物流

为生产企业提供原材料、零部件或其他物品时，物品在提供者与需求者之间的实体流动称为供应物流。对于工厂而言，供应物流是指生产活动所需要的原材料、备品备件等物资的采购、供应活动所产生的物流；对于流通领域而言，是指交易活动中，从买方角度出发的交易行为中所产生的物流。

（2）生产物流

在生产过程中，原材料、在制品、半成品及产成品等在企业内部的实体流动，称为生产物流。生产物流是制作产品的工厂企业所特有的，它和生产流程同步。原材料、半成品等按照工艺流程在各个加工点之间不停顿的移动、流转形成生产物流。如果生产物流中断，生产过程也将随之停顿。

（3）销售物流

生产企业、流通企业出售商品时，物品在供与需之间的实体流动称为销售物流。销售物流对于工厂而言是指售出产品；对于流通领域而言，是指交易活动中，从卖方角度出发的交易行为中的物流。

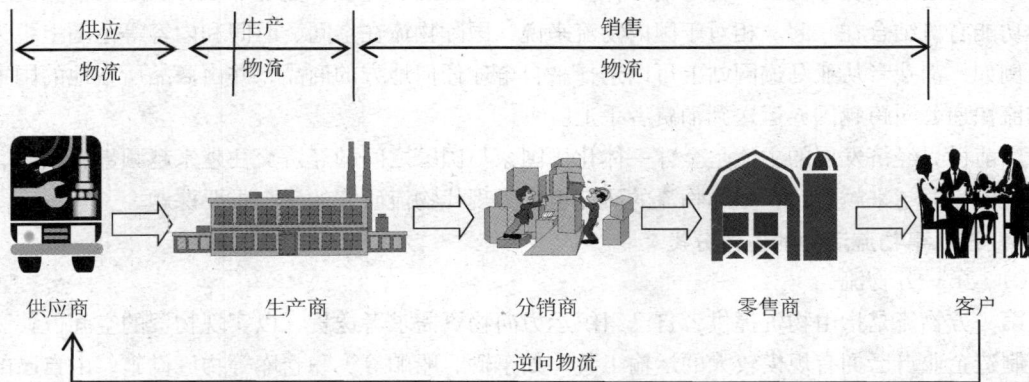

图1-6 按企业物流活动的作用分类

（4）逆向物流

逆向物流有回收物流和废弃物物流两种。

① 回收物流

不合格物品的返修、退货以及周转使用的包装容器、从需方返回到供方所形成物品实体流动，叫做回收物流。再生产及流通活动中有一些资料是要回收并加以利用的，如作为包装容器的纸箱、塑料筐、酒瓶等。

② 废弃物物流

废弃物物流是指将经济活动中失去原有使用价值的物品，根据实际需要进行收集、分类、加工、包装、搬运、储存等活动，并分别送到专门处理场所时形成的物流活动。生产和流通过程中所产生的无用的废弃物，如开采矿山时产生的土石、炼钢生产中的钢渣、工业废水以及其他一些无用的垃圾等。这些废弃物如果不妥善处理，不但没有再利用的价值，还会造成环境污染。

2．按物流活动的空间范围分类

（1）区域物流

区域物流有不同的划分原则，可以按行政区域划分，如华南区域、华北区域、华东区域等；按经济圈划分，如环渤海经济圈、长三角经济圈和珠三角经济圈等。区域物流系统对于提高该地区物流活动效率、保障当地居民的生活便利有着非常重要的作用。研究区域物流应根据区域特点，从本区域的利益出发组织好物流活动。

（2）国内物流

国内物流是指在一个国家境内开展的物流活动。物流作为国民经济的重要组成方面，应该纳入国家的总体规划。国家整体物流系统的内容有：物流基础设施的建设，如公路、高速公路、港口、机场、铁道的建设，大型物流结点的配置等；制定各种交通政策法规，如铁路运输、海运、空运的价格确定，以及税收标准等；与物流活动有关的各种设施、装置、机械的标准化；物流新技术的开发、引进，物流技术专门人才的培养等。

（3）国际物流

国际物流是指物品从一个国家（或地区）的供应地向另一个国家（或地区）的接收地的实体流动过程，是国内物流的扩展和延伸，是跨越国界范围的物的流通。

国际物流根据实际需要，将运输、存储、装卸、搬运、包装、流通加工、配送、信息处理等基本功能有机结合在一起。相对于国内物流来说，国际物流在空间、时间和内容等范围上更为广泛。例如，消费者从亚马逊网站上可以选择来自全球任何地方的商品，并由商品所在地的国家通过物流快递公司跨越国界运送到消费者手上。

当前世界经济发展的主流是全球一体化，国家与国家之间的经济交往越来越频繁，国际、洲际的物资流通越来越发达，国际物流的研究也成为现代物流研究的一个重要课题。

3. 按从事物流活动的主体分类

（1）第一方物流

第一方物流是指由物资提供者自己组织运力向物资需求者送货，以实现物资的空间位移。例如，制造企业自己拥有规模较大的运输工具（如车辆、船舶等）和仓库等物流设施，由自己的物流队伍承担物流任务，来实现自己产品的空间位移。

（2）第二方物流

第二方物流是指由物资需求者自己承担所需物资的物流任务，以实现物资的空间位移。例如，一些较大规模的商业部门自己拥有运输工具和储存商品的仓库，自己解决物资从供应站到商场的物流问题。

（3）第三方物流

第三方物流是指由专业的物流企业以签订合同的方式为其委托人提供一部分或所有的物流服务，第三方物流也称为合同制物流。

（4）第四方物流

第四方物流是一个供应链的集成商。它不是物流的利益方，而是通过拥有信息技术、整合能力以及其他资源提供一套完整的供应链解决方案，以此获得一定利润。它帮助企业降低成本和有效地整合资源，并且依靠优秀的第三方物流企业、技术供应商、管理咨询以及其他增值服务商，为客户提供独特和广泛的供应链解决方案。

1.2 | 认识物流管理

1.2.1 什么是物流管理

1. 物流管理的概念

中华人民共和国国家标准《物流术语》（GB/T 18354—2006）对物流管理（logistics management）

的定义是：为以合适的物流成本达到用户满意的服务水平，对正向及反向的物流过程及相关信息进行的计划、组织、协调与控制。

换句话说，物流管理就是根据物品实体流动的规律，应用物流管理的基本原理和科学方法，对物流活动进行的计划、组织、指挥、协调、控制和监督，使各项物流活动实现最佳协调与配合，通过降低物流成本和满足市场需求来提高社会效益和经济效益的过程，如图 1-7 所示。

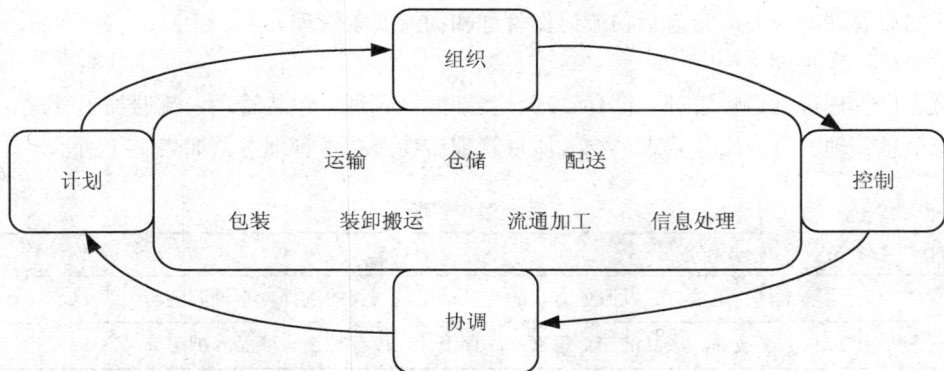

图 1-7　物流管理

【案例 1.5】　一双运动鞋的旅途

一双运动鞋从无到有，再到在商店供消费者购买，需要经历一个物流供应链条，如图 1-8 所示。这个链条中通常会有以下多种角色参与：

（1）塑料、橡胶供应商——提供生产运动鞋所需的原材料；

（2）运动鞋制造商——设计并生产运动鞋；

（3）分销商——从制造商那里批量采购运动鞋，然后分区域向下一级零售商销售；

（4）运输公司——将原材料和成品鞋运送到采购者手里；

（5）软件公司和网络服务提供商——为协调整个物流信息系统提供支持；

（6）金融公司——帮助企业在整个供应链中分配资金，确保制造商和服务提供商能获得资金流。

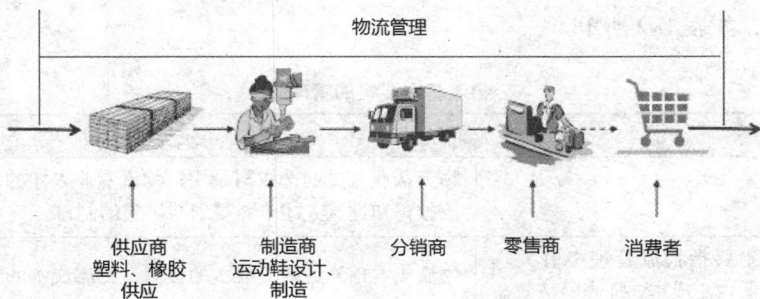

图 1-8　一双运动鞋的物流供应链

运动鞋的行走轨迹就是一条物流供应链。这个链条上有供应商、制造商、分销商、零售商等组织，他们的共同目标就是将商品销售给最终消费者，赢得利润。只有当整个链条中的每一个组织都能相互合作、协调配合，每一个物流环节都能高效运作、紧密衔接，才能保证整个链条的物流效率，链条上的组织才可能获得利润。这就需要高效的物流管理才能实现。

启示： 物流管理水平的高低决定了物流成本的高低，也决定了企业的市场竞争力，这也是现在企业越来越重视物流管理的原因所在。

2．物流管理的内容

现代物流管理的主要内容包括物流运作管理和物流要素管理。

（1）物流运作管理

物流运作管理包括运输管理、储存管理、装卸搬运管理、包装管理、流通加工管理、配送管理、物流信息管理、客户服务管理、物流质量管理、物流技术管理等，如表1-1所示。

表 1-1　　　　　　　　　　　　物流运作管理

职能	内容
运输管理	运输工具、运输方式及服务方式的选择；运输线路的选择；车辆调度与组织
储存管理	原料、半成品、成品的储存策略；库存统计、库存控制、商品养护等
装卸搬运管理	装卸搬运系统的设计、设备规划与配置和作业组织等
包装管理	包装容器和材料的选择与设计；包装技术与方法的改进；包装系列化、标准化、自动化
流通加工管理	加工场所的选定、加工机械的配置、加工技术与方法的研究；加工作业流程的制定与优化
配送管理	配送中心选址与优化布局；配送机械的合理配置与调度；配送作业流程的制定与优化
物流信息管理	物流业务信息的分析；物流信息的录入、存储、传递和加工处理
客户服务管理	对于物流活动相关服务的组织和监督；如调研和分析客户对物流活动的反映；决定顾客所需要的服务水平和服务项目等
物流质量管理	KPI 指标设定；物流质量的考核、质量的改进
物流技术管理	各种物流技术的研究、推广和普及；物流科学研究工作的组织与开展；新技术的推广普及；现代管理方法的应用

（2）物流要素管理

物流基本要素的管理包括人力资源管理、物流成本管理、物流设施设备管理，主要集中在人、财、物三个方面，如表1-2所示。

表 1-2　　　　　　　　　　　　物流基本要素的管理

管理对象	含义	主要内容
人力资源管理		物流从业人员的选拔与录用；物流专业人才的培训与提高；物流教育和物流人才培养规划与措施的制订
物流成本管理	主要指物流管理中有关降低物流成本，提高经济效益等方面的内容	物流成本预测；物流成本的核算；物流成本的分析；物流成本的控制
物流设施设备管理	对物流设施、设备进行管理	各种物流设备的选型与优化配置；各种设备的合理使用与更新改造；各种设备的研制、开发与引进等

1.2.2 物流管理的目标

物流管理的根本目标是"以最低的成本向用户提供最优质的物流服务"。物流管理同时应该实现以下的功能目标。

（1）快速反应

快速反应关系到一个厂商能否及时满足客户的服务需求的能力。信息技术提高了在最短的可能时间内完成物流作业和尽快地交付所需存货的能力。这样就可以减少传统上按照预期的客户需求过度地储备存货的情况。

（2）准确交货

现代物流由于环节多、功能复杂，误差可能产生于物流作业中的任何一个环节，这也将影响到最终的交货环节。实现准确交货既体现了物流作业的标准规范性，也可以为生产制造企业、分销零售企业抢占市场创造有利条件。

（3）降低成本

物流成本一经提出就引起了所有企业的重视。如何降低成本也就成了研究的重点问题。例如，在企业物流系统中，存货所占用的资金是企业物流最大的经济负担，因此，在保证供应的前提下尽量提高物品的周转率，以实现最低的物流成本。零库存是企业物流管理的理想目标。

（4）客户满意

现代物流管理追求服务水平的不断提升，用优质的物流服务带给客户满意的物流体验，满足客户不断提高的物流服务需求。

总的来说，现代物流管理的目标就是为客户提供迅速、准确、安全、方便的物流服务。

1.3 | 国外物流发展历程

1.3.1 美国物流发展历程

美国是世界上物流业起步最早、技术最为领先的国家之一。一般来说，美国物流业的发展主要经历了5个阶段，概念化的五六十年代、发展的70年代、革新的80年代、整合的90年代、21世纪的物流发展。

（1）概念化的五六十年代

20世纪五六十年代，美国物流业的发展一直处于休眠状态。在这个阶段，美国并未形成主流的物流理念，企业中的物流活动被分散管理。例如，运输由生产部门进行管理，库存由营销部门管理等。

（2）发展的70年代

20世纪70年代的美国经济发生了重大变革，石油危机导致油价大幅攀升，使得运输成本提高，迫使企业不得不研究如何降低物流费用；同时，政府开始意识到传统的物流政策已经限制了自由竞争，不利于经济的发展。为此，70年代的美国企业开始逐渐改善大量生产、大量消费时代的物流系统。

（3）革新的80年代

20世纪80年代是美国物流发展的一个重要阶段。大量的技术革新、管理理念的创新以及宽松的政府政策，使美国物流业得到了很大的发展。JIT 思想、技术革新等就是在这个阶段产生和发展的。

（4）整合的 90 年代

经过了前几十年的发展，美国物流业已经初具规模，在国民经济中的地位也是越来越重要。到 20 世纪 90 年代，美国物流业开始了自己的整合之路，从而创造更大的价值。期间的代表有：供应链管理理论和精益思想的发展、信息化推动增值服务，以及第三方物流的出现和发展。

（5）21 世纪美国物流的新发展

进入 21 世纪，随着全球化进程的不断加快，尤其是电子商务的不断发展，各国之间的经济贸易往来更加密切。国际物流、区域物流、电商物流等成为重要的经济增长点。美国的企业更是很好地抓住了这个机遇，这个阶段涌现出了很多拥有强大国际物流业务能力的企业，如 FedEx 和 UPS。未来美国的物流还将具有很强的市场示范作用和引领作用。

1.3.2　日本物流发展历程

物流现代化和生产现代化，是日本战后经济发展的两个车轮。物流的概念虽然在 20 世纪中期才从美国引入日本，但无论在物流的发展速度、政府的重视程度，还是物流基础设施建设、现代化物流发展水平等方面，日本都可以和欧美发达国家相媲美。

日本的物流产业经历了以下的阶段。

（1）物流概念的导入和形成期（1956—1964 年）

1956 年，日本流通技术考察团考察美国，引入了物流的概念。日本自此就开始了对物流的深入研究，物流体系也在这个阶段萌芽并有了初步的发展。

（2）物流近代化阶段（1965—1973 年）

在这个阶段，伴随着日本政府《中期 5 年经济计划》的出台，各企业都建立了相应的部门积极推进物流基础建设，这种基础建设的目的在于构筑与大量生产、销售相适应的物流设施。这一举动为日后物流业在日本快速发展奠定了良好的基础。这一阶段也伴随着第一次石油危机的开始而结束。

（3）物流合理化阶段（1974—1983 年）

在这一时期，物流的功能整合发展很快。人们不再将物流看成是运输、仓储、包装、搬运等个别职能的分散活动，而是运用系统论的理论和观点，把物流作为一个系统来研究和运作。同时一些日本企业开始把先进的物流技术运用于生产，例如丰田公司推行的准时制生产理念，日立、三洋、东芝等纷纷设立的独立物流中心或配送中心。

（4）物流现代化阶段（20 世纪 80 年代中期至今）

这一时期也可以称为物流战略化时代。物流作为包括采购物流、生产物流、配送物流、销售物流等子系统在内的一个大系统，被视为企业经营总体战略的重要组成部分和企业经营的重要内容。

1.4 | 我国物流发展历程

从 1949 年中华人民共和国成立到目前，我国物流的发展大体可以划分为以下 5 个阶段。

（1）萌芽阶段（20世纪80年代以前）

这一时期是我国国民经济的恢复和初步发展时期。我国的经济还相当地落后，物流当时还没有引起企业界的关注。但是，由于传统的仓库和储备形态已不足以支持经济发展和企业生产的要求，因此，将储运联结在一起，实现一体化，自然成为一种选择。因此，物流在经济界和企业界已经自发出现了。

（2）学习和引进阶段（1980—1990年）

1979年6月，我国物资工作者代表团赴日本参加第三届国际物流会议，回国后在考察报告中第一次引用和使用物流这一术语，并介绍了日本物流的发展情况。中国也开始对物流进行理论研究，而且是以探讨生产资料流通领域活动为主，对其他领域的物流涉及却很少。这段摸着石头过河的时期，对以后中国物流的崛起打下了基础。

（3）现代物流起步阶段（1990—2000年）

伴随着改革开放的不断深化，我国现代物流也迎来了发展的机遇。多领域的探索和从理论向实际运行与操作的转化逐渐成为经济界和企业界关注的热点问题。

（4）较快发展阶段（2000—2010年）

进入到21世纪以后，企业逐渐意识到制造业成本已经没有可压缩空间，纷纷将目光转向物流，把物流当作利润的第三源泉，开始重视物流科学，物流人才的培养也开始起步。这个阶段为物流后期的高速发展奠定了基础。

（5）高速发展阶段（2010年至今）

伴随着电子商务的迅猛发展，物流业的发展日益加快，尤其是快递业务的拉动作用明显。数据显示，2010～2016年，我国快递业务规模每年以50%左右的速度增长。国家也高度重视物流的发展。2014年出台的《物流业发展中长期规划》中指出：我国物流业保持较快增长，服务能力显著提升，基础设施条件和政策环境明显改善，现代产业体系初步形成，物流业已成为国民经济的重要组成部分。同时，规划还明确了我国物流业发展中存在的问题和今后的发展重点，在降低物流成本的同时，提升物流企业规模化、集约化水平，在加强物流基础设施网络建设等方面都做了详细部署。我们有理由相信，未来我国物流产业还将持续高速发展。

1.5 物流科学的产生与发展

1.5.1 物流科学的产生

1. 物流科学的萌芽时代

物流活动具有悠久的历史，从人类社会开始有产品的交换行为时就存在物流活动。而物流科学的历史却很短，是一门新兴学科。物流学本来的意义可以从物流管理和物料搬运等学科方面去追溯它的历史源流，但是以系统观点来研究物流活动是从第二次世界大战末期美国军方后勤部门的科学研究开始的。

第二次世界大战末期，由于军事后勤的需求，美国开始以系统观念研究物流活动，借助当时有关学科研究成果，进行战争预测、基地布置、运输规划等工作，完成了军事后勤系统的保障任务。因此物流学在欧美还广泛使用"后勤学"这样的名称。"后勤学"原文logistics的含义是军事用语"兵站"，是指供给各种军需品的前方机关。"兵站"的业务包含军需品的订货、生产、储存、供应、通信等。当时前方战线由于变动很快，如何组织军需品的供给，即军需品的供应基地、中间基地、前线供应点合理配置，各级供应基地合理库存量的确定，由后方向各级供应基地运输的路线和运输工具（飞机、轮船）的合理使用，都形成了综合性的研究课题。军需品的供应不足将不利于战争的顺利进行，而军需品的过量储存又将造成浪费。美国军事部门运用运筹学与当时刚刚问世的电子计算机技术进行科学规划，较好地解决了这一问题。这是物流科学的萌芽阶段。

2．物流科学的产生

20世纪50年代，由于机械化生产的发展，产品数量急剧上升，生产成本相对下降，从而刺激了消费，使得市场繁荣、商品丰富。流通领域出现了超级市场、商业街等大规模的物资集散场所。在这种背景下，出现的问题是流通成本相对于生产成本而言有上升的趋势，也就是说流通费用在商品总销售价格中的比重逐渐增加，影响了商品的竞争能力。因而，人们不得不对各种物流活动的规律进行认真的研究，试图找出降低流通费用的途径。由于着眼点是流通费用的整体而不是其局部，这就必须确定考察对象的范围，并且对其结构做出分析。流通费用是在运输、保管、装卸搬运等物流活动中产生的，这些活动具有共同的本质，与"加工"是改变"物"的形状与性质的功能有所区别。物流活动的功能是为了实现物资的空间效用或时间效用。各环节之间存在着相互联系、相互制约的关系，属于同一个物流大系统，在理论上可以用时间维和空间维的物态变化来揭示这个系统的本质，这样就结束了各种活动处于孤立、分散、从属地位的历史，使得原来在社会经济活动处于潜隐状态的物流系统显现出来，并且以此为中心开展研究活动，形成了现代物流科学。

3．物流的后进性

物流活动作为客观存在的实体具有久远的历史。人类社会的生产活动和交易行为形成的同期就有物流活动的发生，但是物流科学的形成却只有几十年的历史。物流技术的发展落后于生产技术，物流科学的产生也比加工科学历史短暂。物流学家把这种现象称之为物流的后进性，究其原因主要有以下两方面。

（1）运输、仓储、搬运等是在生产活动和社会经济活动中产生的，它们被作为辅助环节来完成特定的功能，彼此没有发生联系，只相互孤立地处于从属地位。在漫长的历史时期中，随着生产水平的提高和科学技术的发展，物流技术也在不断地提高，逐步地走向现代化。例如，运输技术由人力和畜力的运载工具演变成汽车、火车等，但上述的从属地位并没有根本地改变，这就在很大程度上限制了物流技术的发展和经济潜力的发挥。只有到了生产高度发展、产品较为丰富的20世纪50年代，流通成本相对上升的矛盾突出以后，物资流通科学的重要性才被人们认识，从而促进了物流科学的研究和产生。也就是说，物流学是在生产高度发展之后为适应社会的需要才产生的，这是形成物流后进性的根本原因。

（2）形成后进性的另一个原因是物流科学是在融合了许多相邻学科的成果以后逐渐形成的，如运筹学、技术经济学、系统工程等都是物流科学形成的重要基础。现代物流科学对实践的指导作用，对社会经济和生产发展的价值体现，也必须依赖于电子计算机技术才能得以实现。因此，物流科学只能在这些科学与技术之后得以诞生和发展。了解这一点，能使人们不会由于物流科学的新颖性望而却步，也不致使人们因为物流科学所研究的对象是久已熟悉的客观事物而不予重视。

1.5.2 物流科学的发展

1. 以 P.D（Physical Distribution）命名的物流科学时代

20 世纪六七十年代，大批量生产导致生产成本下降，流通成本相对上升。人们开始用系统化观念从全局解决物流成本下降的问题。人们发现运输、仓储、搬运装卸以及包装等物流活动相互关联和制约，构成物流系统的子系统。这时，物流科学在流通领域面世，以"P.D"命名。美国国家物流管理协会（National Council of Physical Distribution Management，NCPDM）对物流有了明确的定义：物流是物品从生产线的终点有效地移动到消费者手里的广范围的活动，有时也包括从原材料的供给源到生产线的始点的移动，不包含生产过程。

在日本，P.D 译为"物的流通"，又简称为"物流"。日本流通综合研究所将物流定义为：物资从供应地向需求者的物理性移动，是创造时间性、场所性价值的经济活动，具体包括运输、保管、包装、装卸搬运、流通加工等活动以及有关的信息活动。

1980 年左右，中国从日本引进"物流"一词及对应于 P.D 的相应概念。

2. 以 Logistics 命名的物流科学时代

20 世纪七八十年代物流成为企业战略的重要组成部分，其领域扩展到供应、生产、销售全过程。个性化消费的时代，对物流的服务水平要求提高。P.D 概念已不适应这一发展形势，因此，学者于 20 世纪 80 年代中期提出了 Logistics 的概念。NCPDM 将之定义为：Logistics 是对货物及相关信息从起源地到消费地的有效率、有效益的流动和储存进行计划、执行和控制，以满足顾客要求的过程。该过程包括进向、去向、内部外部的移动以及以环境保护为目的的物料回收。德国的 R·尤尼曼认为：物流（Logistics）是研究对系统（企业、地区、国家和国际）的物料流（Material Flow）及有关的信息流进行规划与管理的科学理论。同期美国国家物流管理协会更名为美国物流管理协会（The Council of Logistics Management，CLM）。1989 年第 8 届国际物流大会决定将 Logistics 译为"物流"。2000 年，我国国家标准规定"物流"的英文对应词是 Logistics。

3. 供应链管理时代的物流科学

20 世纪 80 年代中后期，随着经济的发展，企业的竞争日益激烈。供应链管理的理念逐步形成和被企业认同。在供应链管理中，物流起主导作用。物流系统范围延伸到供应链的上下游企业之间。1998 年 CLM 将物流定义为：物流是供应链流程的一部分，是为了满足客户的需求而对商品、服务及相关信息从原产地到消费地的高效率、高效益的正向和反向流动及储存进行的计划、实施与控制的过程。

模拟实训

【实训主题】
调研本区域的物流产业和典型物流企业，了解物流发展现状和物流企业的运营情况。

【实训目的】
（1）通过对本地区物流发展情况的调研，学生能对物流有整体的感性认识。
（2）通过调研物流企业，学生能了解和分析第三方物流企业的运营现状和存在的问题。

【实训内容】
（1）本地区的物流中心和物流市场。
（2）本地区的典型物流企业运营模式和主要业务功能。

【实训过程设计】

（1）教师对学生进行分组。

（2）进行调研问卷设计。

（3）分组进行实地调研。

（4）小组讨论。

（5）分组完成调研报告。

（6）全班进行分组讨论。指导教师对小组讨论过程和发言内容进行评价总结，并讲解本案例的分析结论。

课后练习

一、单选题

1. 物流是指物资的物质实体由供应者到需求者的流动，包括（　　）。

    A. 物资空间位置的变动和时间位置的变动

    B. 物资空间位置的变动和形状性质的变动

    C. 物资时间位置的变动和形状性质的变动

    D. 物资空间位置的变动、时间位置的变动和形状性质的变动

2. 流通是联结（　　）的纽带。

    A. 生产和供应   B. 供应和制造   C. 制造和销售   D. 生产和消费

3. （　　）具有缓冲和调节的作用，也具有创造附加价值的功能。

    A. 仓储   B. 运输   C. 信息处理   D. 流通加工

4. （　　）是增加物品空间价值最有效的途径。

    A. 仓储   B. 运输   C. 装卸搬运   D. 包装

5. 以下哪一项不属于按照物流活动的空间范围进行分类的物流类型（　　）。

    A. 区域物流   B. 国内物流   C. 国际物流   D. 供应物流

6. 资金流可以认为从属于（　　）。

    A. 商流   B. 物流   C. 信息流   D. 流通辅助性活动

7. 对象物所有权转移的活动称为（　　）。

    A. 商流   B. 物流   C. 信息流   D. 流通辅助性活动

8. 现代物流管理的首要目标为（　　）。

    A. 降低成本   B. 提高作业效率   C. 取得利润   D. 满足顾客需要

9. 商流活动可以创造物资的（　　）。

    A. 空间效用   B. 所有权效用   C. 时间效用   D. 形质效用

10. 在物流的诸多要素中，（　　）被称为核心功能要素。

    A. 仓储和配送   B. 运输和仓储   C. 运输和采购   D. 配送和采购

二、多选题

1. 下面哪几项属于商品流通过程的四流（　　）。

    A. 运输流   B. 物流   C. 资金流

    D. 信息流   E. 商流

2. 物流可以通过以下哪几种方式创造商品的时间价值（　　　）。

   A. 缩短流通时间　　B. 延长流通时间　　C. 弥补时间差异　　D. 改变商品形态

3. 按照作用分类，物流可分为（　　　）。

   A. 供应物流　　　　B. 销售物流　　　　C. 生产物流

   D. 回收物流　　　　E. 废弃物物流

4. 下面哪些项不属于物流运作管理的内容（　　　）。

   A. 运输管理　　　　B. 装卸搬运管理　　C. 储存管理

   D. 资金管理　　　　E. 人员管理

5. 物流活动按空间范围划分，可分为（　　　）几种物流类型。

   A. 区域物流　　　　B. 国内物流　　　　C. 国际物流　　　　D. 电商物流

6. 物流管理的目标包括（　　　）。

   A. 快速反应　　　　B. 准确交货　　　　C. 降低成本　　　　D. 客户满意

7. 物流学是一门新兴的学科，它的特点有（　　　）。

   A. 物流学是一门应用性的学科　　　　B. 物流学是一门交叉性学科

   C. 物流学是一门实践性很强的学科　　D. 物流学是一门综合性学科

8. 物流科学的发展经过（　　　）过程。

   A. 以 P.D 命名的物流科学的时代　　　B. 以 Logistics 命名物流科学的时代

   C. 供应链管理时代　　　　　　　　　D. 萌芽时代

   E. 流通时代

9. 信息流也是流通的组成部分，它和（　　　）一起共同构成了流通的四流。

   A. 商流　　　　　　B. 运输流　　　　　C. 资金流　　　　D. 物流

10. 下面（　　　）选项属于现代物流的特征。

   A. 标准化　　　　　B. 柔性化　　　　　C. 信息化

   D. 智能化　　　　　E. 绿色化

三、判断题

1. 流通实际上就是物流。（　　　）

2. 商流和物流的关系非常密切，两者都具有相同的活动内容和规律。（　　　）

3. 商流是产生物流的基础。（　　　）

4. 商流主要进行运输和储存，实现物资实体空间和时间位置转移，而物流过程主要进行商品交换，实现物资所有权的转移。（　　　）

5. 物流科学是管理工程和技术工程相结合的综合学科。（　　　）

6. 根据物流活动发生的先后次序，企业物流可划分为供应物流、生产物流、销售物流、回收废弃物物流四部分。（　　　）

7. 流通包含商流、物流、资金流和信息流，其中信息流从属于物流。（　　　）

8. 实行商物分离的原则是提高社会经济效益的客观需要，也是企业现代化发展的需要。（　　　）

9. 我国是从美国引进"物流"一词的。（　　　）

10. Logistics 取代 P. D，成为物流科学的代名词，这是物流科学走向成熟的标志。（　　　）

四、论述题

1. 试述现代物流的特征。
2. 试述现代物流的功能要素，并举例说明。
3. 试述现代物流管理的基本内容。
4. 试述现代物流管理的目标。
5. 试述现代物流的作用。

五、案例分析题

在全国各地对现代物流业重视度空前提高的背景下，山西这个传统运输大省将在"十二五"期间努力建成中西部现代物流中心和生产服务业大省。由于煤焦、冶金等产业规模巨大，山西一直是物流量大省，但却不是物流产业大省，物流企业呈现"小、散、弱"格局。在此基础上，中西部现代物流中心这一目标定位如何实现？借鉴发达地区第三方物流发展的有益经验，由某些运输、仓储、货代等传统企业向现代物流业拓展转化可以取得事半功倍的效果。其中尤以交通运输企业实施向现代物流拓展转化最为有利和有效。作为山西道路运输业的龙头骨干企业，山西省汽运集团正在进行这样的探索，且初具成效。

（1）依托传统优势发力现代物流

之所以说交通运输企业向现代物流拓展转化是发展第三方物流业最为有利和有效的途径，是因为交通运输业传统业务以运输、装卸搬运为主，而运输与仓储在现代物流系统中处于核心地位，这种业务功能上的继承性和延伸性使运输业更易于向物流业转变。

山西汽运集团在传统交通运输业上有着极强的竞争力。从全国范围来看，该集团是唯一以省建制的道路运输企业集团，所属18个子（分）公司遍布山西省各地市，由此形成了其全方位、立体化的网络优势。一是具有以太原为中心的山西省网络优势；二是具有以各地市为中心、县乡为节点的区域网络优势；三是有通过113个汽车客运站、近2 000条客运营运班线和4 500余辆客运班车所搭建的辐射全国、覆盖山西、通达乡村的客运网络资源优势；四是依托山西范围内13个专业道路运输企业、9个物流园区、60余个物流网点、33条零担专线与省外兄弟城市建立的物流专线，基本形成了以区内结网、省内覆盖、省外辐射为架构的物流专线快运网络。

实际上，山西汽运集团作为山西省国有法人独资企业，已确定将在该省大力发展物流业的整体布局中扮演更加重要的角色。2010年12月，包括山西汽运集团在内的四家企业被整体划转至2009年才成立的山西能源交通投资有限公司，而作为山西省属11户国有大型骨干企业之一，该集团的战略目标是建设以铁路投资为主体，以现代物流为中心，以多元相关产业为支撑，集路港矿、物产供销为一体的大型物流企业集团。

对于此次政府主导型重组案，山西省国资委明确表示：此次整合重组集团的根本目的是要把能源交通投资公司建设成为以能源、交通、物流、服务为主导的现代物流旗舰型企业集团，为全省现代物流业的快速跨越提供有力支撑。这个物流集团要与各企业物流、社会物流进行对接，经营好"黑货"，撬动"白货"，拉动商贸，形成大物流网，全供应链。

（2）物流抓园区抓效益

可以预见，未来山西省中西部物流中心的战略版图上，山西汽运集团将占据重要一席。但不得不承认的是，交通运输业向现代物流融入和拓展具有一系列的优势条件，同时也存在不少问题和障碍，例如，对现代物流的认识和观念还存在明显差距、缺乏深入研究和系统规划等诸多现实问题。山西汽运集团将如何破局？

其实，8年前，山西汽运集团已经开始布局物流业发展。2004年，该集团投资入股，在原太原市迎泽物流中心的基础上，与山西某民营企业合资成立山西迎泽物流有限公司。经过8年的市场培育，这家公司已成长为拥有集全国影响力的仓储、配送一体的物流服务商，这也为山西汽运集团向现代物流业的转型升级奠定了基础。目前，该集团已将物流业确定为未来发展的支柱产业及企业转型跨越发展的主要路径。

物流园区是联系物流产业上下游的纽带，是各项物流活动开展的主要载体。基于这种认识，山西汽运集团将"物流抓园区"和"园区抓效益"确立为今后一段时期发展物流业的重要战略。现在正积极通过新建、改建、扩建等多种形式，全力建设在山西省及周边区域内具有导向作用的大型物流园区，旨在通过物流园区实现产业的空间集聚、资源的有效整合、业务的流程优化，从而提高辐射带动能力。截至目前，山西汽运已拥有9个运营物流园区，11个在建、拟建物流园区（中心），98个物流及小件快运网点，物流节点网络进一步优化。

针对山西汽运集团物流业的发展愿景，该集团董事长张海清具体阐释："依托我们在全省范围内的现有存量资源单元和网络布局优势，以物流园区为基础、货源组织为龙头、快运网络为保障、物流信息为支撑，最终构建集仓储、配送、包装、分拣、加工、商贸、信息为一体，专线运输、零担快运、大件货运、城市配送、特种运输、煤焦运输相结合的物流网络。争取到'十二五'末期形成现代物流服务体系，并具备物流板块上市条件。"

问题

（1）结合案例请分析山西汽运集团的物流功能要素有哪些。

（2）该公司是如何进行现代物流管理的？

第 2 章
物流系统

学习目标

【知识目标】

● 掌握物流系统的概念和特征
● 理解物流系统中的制约关系
● 掌握物流系统的构成和优化目标

【能力目标】

● 能够运用系统观进行企业物流系统的诊断与优化
● 能够运用"效益悖反"原则解释物流系统各功能要素之间的制约关系

案例导入

"iPhone 7"的首发物流

2016 年 9 月 16 日零点，iPhone 7 在中国正式启动配送服务。中国邮政速递物流股份有限公司因其在过去两年服务苹果新品首发取得的优异成绩，再次成为苹果公司在中国首发的快递物流服务商。首发当日，邮政速递物流在全国 31 个省（区、直辖市）（港、澳、台除外）的 366 个城市共计 2 859 个区（县）及时投递率实现 99.99%，圆满完成了 iPhone 7 首发物流递送任务。

此次 iPhone 7 首发项目成功的原因，在于邮政速递物流对贵重物品的物流服务流程做了全面升级和优化，包括收寄、运输、经转、投递，包装材料、标识设计、单据使用，仓储分拣、包装加工、出库配送，流程控制、异常反馈、信息监控等各环节的升级和优化。

启示

物流过程涉及运输、仓储、包装、装卸搬运、配送、流通加工、信息处理等多个功能要素。在本案例中，为满足 iPhone 7 首发项目对物流服务时限的要求，邮政速递物流公司对运输、仓储、包装、配送、信息监控等进行了全面升级和优化，才给客户带来良好的物流体验。

物流系统已不是传统观念中简单的储运。现代物流系统是以信息系统为中心构成的一个综合性有机整体。物流系统的内部是由若干相互联系、相互依赖、相互作用和相互制约的各部分要素组成的。在各要素的综合作用下，形成一个具有特定功能与结构的有机整体。物流系统中每一要素功能的发挥都必须有利于整体系统功能的发挥，有利于整体系统目标的完成。因此，在整体物流系统中，要做到各要素的优化，从而实现整体物流系统的合理化和高效化，进而提高系统的服务水平，降低整体物流系统的成本，增强自身的竞争力。

2.1 | 认识物流系统

2.1.1 什么是系统

1. 系统的概念

系统是由两个或两个以上相互区别又相互作用的单元有机地结合起来，完成某一功能的综合体。

系统中的每一个单元都可以称为一个子系统。系统与子系统之间的关系是相对的。一个系统可能是另一个更大系统的组成部分，而一个子系统也可以继续分成更小的系统。现实中，一个机组、一个工厂、一个部门、一项计划、一个研究项目、一辆汽车、一套制度都可以看成是一个系统。

2. 系统的性质

（1）整体性

整体性是系统最基本和最重要的本质特性。整体系统是由其内部各要素构成的，各要素都是自成系统的独立体，都有其独立的性质与功能。当各要素纳入整体系统后，构成整体系统的各要素在相互联系、相互依赖、相互作用和相互制约的机制下，形成一个综合性有机整体系统，从而产生统一的综合效应与功能。如果其中某个要素不协调或各要素没有统一目标，就会造成各要素之间相互矛盾或相互束缚，从而削弱各要素的综合效应与功能，以至影响整体系统功能与效应。所以，当人们在分析和研究整体系统时，必须不断地重视协调要素之间的矛盾，强调整体系统的统一规划，关注系统的整体性与功能的发挥，以得到最佳效果。

（2）层次性

层次性是指系统内部由于整体与部分的无限对立所形成的一系列等级以及排列次序。任何系统都是有层次的。一个主系统可以包括若干子系统，子系统又有下一级子系统，而主系统本身又可能包含在更高一级的系统中。系统的层次不是单一的，根据属性、目的、特点的不同，系统可以划分为不同的层次。层次性原则就是要求人们在分析系统要素时，要遵循其层次特性，注意整体与层次、层次与层次的级别关系。

（3）相关性

相关性是指组成系统的各要素并不是简单地、杂乱无章地堆砌在一起的，而是在一个整体系统中相互联系、相互作用、相互依存、相互制约的。系统内各要素之间在相互紧密联系中形成一个有机整体。

（4）目的性

一切系统都具有某种特定的明确目标，系统的一切运动和行为都是为了实现这个目标。在一个多层次的系统中，大系统有总的目标，各子系统不仅要服从总目标，其自身还有分目标。要达成系统的目标，必须使系统内的子系统和组成要素相互协调配合，朝着共同的目标努力。

（5）环境适应性

环境是指系统整体存在和发展的全部外界条件的总和。系统都具有对环境的适应性。当环境发生变化时，系统的结构、性质、功能也会随之改变，这样才能适应环境，才能继续存在和发展下去。

3．系统的一般模式

系统由"输入、处理、输出"三要素组成，如图2-1所示。

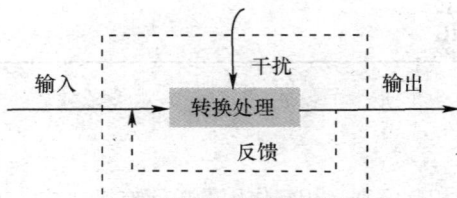

图2-1　系统的一般模式

首先，外部环境向系统"输入"劳力、手段、资源、能量、信息；其次，系统以自身所具有的特定功能，将"输入"的内容进行必要的转化和处理，使之成为有用的产成品；最后，将经过处理后的内容向外部输出，供外部环境使用，从而完成"输入、处理、输出"的基本功能。如生产系统就是向工厂输入原材料，经过生产过程的加工处理，得到一定产品的一个循环过程。

外部环境因资源有限、需求波动、技术进步以及其他各种变化因素的影响，而对系统加以约束或影响，称为环境对系统的干扰。此外，输出的成果不一定是理想的，可能偏离预期目标，因此要将输出结果的信息返回给输入，以便调整和修正系统的活动，这称为系统的反馈。

2.1.2　什么是物流系统

1．物流系统的概念

物流系统是指在一定的时间和空间里，由所需位移的物资、包装设备、装卸搬运机械、运输工具、仓储设施、人员和通信联系等若干相互制约的动态要素所构成的具有特定功能的有机整体。物流系统是由运输、储存、包装、装卸搬运、配送、流通加工、信息处理等各环节所组成的，这些环节也称为物流的子系统。系统的输入是各个环节（输送、储存、装卸搬运、包装、物流情报、流通加工等）所消耗的劳务、设备、材料等资源，经过处理转化，变成全系统的输出，即物流服务。

特别需要强调的是，单一的功能环节不能称之为物流，只有将基本的功能要素组合在一起才能称为物流和物流系统。

2．物流系统的目的

物流系统的作用是将市场所需要的商品，在必要的时候、按照必要的数量供应给市场。因此，物流系统的目的就是实现物资空间效益和时间效益，在保证社会再生产顺利进行的前提条件下，实现各种物流环节的合理衔接并取得最佳的经济效益。

3．物流系统的要素

（1）物流系统的一般要素

劳动者要素、资金要素、物的要素。

（2）物流系统的功能要素

采购、运输、储存保管、包装、装卸搬运、流通加工、配送、信息处理等。

（3）物流系统的支撑要素

体制、制度、法律、规章、行政命令和标准化系统。

（4）物流系统的物质要素

物流设施，如物流站、场、港、物流中心、仓储、物流线路等；物流装备，如仓库货架、进出口设备、加工设备、运输设备、装卸机械等；物流工具，如包装工具、维护保养工具、办公设备等；信息设施，如通信设备及线路、计算机及网络等；物流系统的系统化要素，如信息和信息技术、标准化等；物流系统的结构要素，如物流平台、物流运作企业等。

4．物流系统的分类

物流系统可以从以下几个角度进行分类。

（1）按物流服务的范围划分

可以分为城市物流系统、区域物流系统、国际物流系统等。

（2）按载体的类型划分

可分为港口物流系统、航空物流系统、铁路物流系统、公路物流系统、管道物流系统等。

（3）按可操作性划分（处理对象分类）

可分为物流作业系统和物流信息系统。

物流作业系统包括运输系统、储存系统、包装与装卸搬运系统、流通加工子系统。而各子系统又可以划分下一级的子系统，如运输子系统可划分为铁路运输系统、公路运输系统、航空运输系统、水运系统和管道运输系统等。

物流信息系统包括市场信息系统、订单处理系统、管理系统、信息服务系统等子系统。物流系统在保证订货、进货、库存、出货、配送等环节信息畅通的基础上，使通信据点、通信线路、通信手段网络化，以提高物流作业系统的效率。

2.1.3　物流系统的一般模式

物流系统是由"输入、处理、输出"三要素组成的，其中，根据物流系统的性质不同，输入、输出、处理（转化）、限制（制约）、反馈的具体内容会有所不同。物流系统的一般模式如图 2-2 所示。

（1）输入

通过提供资源、能源、设备、劳力等手段对系统发生作用。

（2）处理（转化）

从输入到输出之间所进行的生产、供应、销售、服务等活动中的物流业务活动称为物流系统的处理或转化，包括：物流设施设备的建设；物流业务活动，如运输、仓储、装卸搬运、包装、流通加工；信息处理及管理工作等。

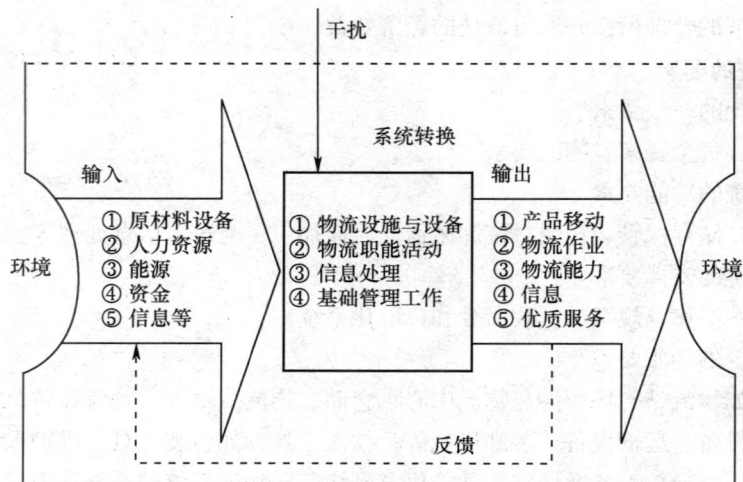

图 2-2　物流系统的一般模式

（3）输出

物流系统对环境的输入进行各种处理后所提供的物流服务称为系统的输出，具体内容有：产品位置与场所的转移；各种劳务，如合同的履行及其他服务等。

（4）限制或制约

外部环境对物流系统施加的约束称为外部环境对物流系统的限制和干扰，具体有：资源条件，能源限制，资金与生产能力的限制；价格影响，需求变化；仓库容量；装卸与运输的能力；政策的变化等。

（5）反馈

物流系统在把输入转化为输出的过程中，由于受系统各种因素的限制不能按原计划实现，需要把输出结果返回给输入并进行调整，即使按原计划实现，也要把信息返回，以对工作做出评价，这称为信息反馈。

【案例2.1】　电商仓配系统

以电商仓配系统为例，为保障及时交付，卖家要将所售商品提前入库。为迎接商品入库，仓库要提前准备人力、设备、储位等。当消费者在网上下订单后，仓库要进行汇单处理、拣货、包装、质检、出库、配送等，直到将商品安全、准确地交给消费者。消费者收到货物后，可能会对物流体验进行评价。系统的输入为人力、设备、商品、储位、订单信息等资源，系统的转换包括汇单处理、拣货、包装、质检、出库、配送、交货等，系统的输出是商品的空间位移和物流服务。消费者的物流评价就是一种反馈信息。

启示

请大家画出电商仓配系统的输入输出转换模型图。

2.1.4　物流系统的基本特征

物流系统既具有一般系统共有的性质，即整体性、层次性、相关性、目的性和环境适应性，又具有以下特征。

（1）物流系统是一个动态的系统

物流活动受社会生产和社会需求的广泛制约，连接着多个生产企业和顾客。需求、供应、价格、渠道的变动随时影响着物流，所以物流系统是一个稳定性较差而动态性较强的系统。为使物流系统良好运行以适应不断变化的社会环境，必须对系统进行不断的完善和调整，有时甚至需要重新设计整个系统。

（2）物流系统具有可分性

在整个社会再生产中，物流系统是流通系统的一个子系统，受社会经济系统、流通系统的制约。物流系统本身又可以分成若干相互联系的子系统，系统与子系统之间，各子系统之间都存在着相互联系。

（3）物流系统的复杂性特征

物流系统构成要素的复杂性带来了物流系统的复杂化。例如，物流系统的作用对象——物，品种繁多、数量庞大；物流系统的主体——人，需要数百万的庞大队伍；此外，物流系统要素间关系的复杂，都增加了物流系统的复杂性。

（4）物流系统是一个大跨度的系统

物流系统所涉及的地域跨度大，所涉及的时间跨度大，即时空跨度大。随着企业间的国际交流越来越频繁，物资供应方式也向全球化转变，因此提供时空大跨度的物流活动将会成为物流企业的主要任务。

2.1.5　物流系统中的制约关系

物流系统功能要素之间存在着"效益背反"现象。效益背反又称二律背反，是指物流系统某一功能要素的优化和利益获得的同时，必然会存在另一个或几个功能要素的利益损失，反之也如此。各要素之间虽有冲突，但物流系统是个整体，不能将各要素当作简单的独立个体，不能为了完成某个要素的功能目标而不顾系统的整体利益。这就要求我们研究系统总体效益，以成本为核心，调节各个分系统、各要素之间的矛盾，使之有机联系起来成为一个整体，实现物流系统总体最佳效益。

在物流系统中，"效益背反"现象可以有以下几个方面。

（1）物流服务和物流成本间存在制约关系

要提高物流系统的服务水平，物流成本往往也会增加。例如，采用小批量即时运货制，要增加运输费用。要提高供货及时率、降低缺货率，必然需要增加库存，这也使得库存保管费用增加，如图2-3所示。

（2）构成物流系统的子系统之间存在制约关系

各子系统的能力如果不均衡，物流系统的整体能力将受到影响。如装卸搬运能力很强，运输力量不足，会产生设备和人力的浪费；反之如装卸搬运环节薄弱，车、船到达车站、港口后不能及时卸货，也会带来巨大的经济损失。

（3）构成物流成本的各个环节费用之间存在制约关系

如为了减少仓储费用降低库存而采取小批量订货策略，这将导致运输次数增加，也就是说运输费用将增多，因此运输费和保管费之间存在相互制约关系，如图2-4所示。

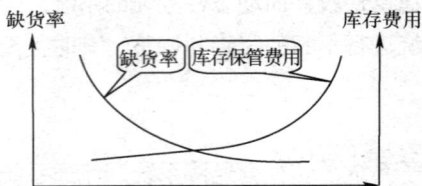

图2-3　物流服务和物流成本间的制约关系　　　图2-4　物流成本相关环节费用的制约关系

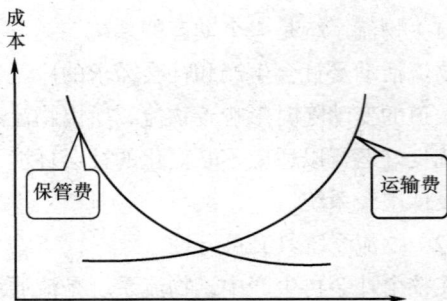

（4）各子系统的功能和所耗费用之间存在制约关系

任何子系统功能的增加和完善必须投入资金。如信息系统的增加，需要购置硬件和开发计算机软件。增加仓库的容量和提高货物进出库速度，就要建设更大的库房并实现机械化、自动化。所以，在改善物流系统功能的项目中，在投资额确定后，我们就要对各个子系统的投入进行合理分配。

如上所述的制约关系不胜枚举，这种制约关系也称为二律背反原理。因此，在物流合理化过程中我们必须要有系统观念，要对这些相互制约的关系予以注意。

2.1.6　物流系统优化的目标

1．物流系统优化的概念

物流系统优化是指确定物流系统的发展目标，并设计达到该目标的策略以及行动的过程。它依据一定的方法、程度和原则，对与物流系统相关的因素进行优化组合，从而更好实现物流系统发展的目标。

2．物流系统优化的目标

（1）服务性

在为用户服务方面，物流系统要求对用户的订货能按照预定的时间送达，做到缺货率低，货物损失小，无货物丢失等现象，且物流成本控制在一定水平。具有物流信息系统，能够提供在线查询，让货主实时了解货物的在途情况。

（2）快捷性

物流系统要求工作人员将货物按照用户指定的地点和时间迅速送到。为此可以把配送中心建在客户所在地区附近，以缩短运输距离，或者利用有效的运输工具和合理的配送计划等手段缩短配送时间。

（3）有效利用面积和空间

物流系统对存储方案进行优化，发展立体化存储设施和存取设备，以获得面积和空间的高效利用。

（4）规模适当化

物流系统应该考虑物流结点集中与分散的问题是否适当，机械化与自动化程度如何合理利用等，以获得规模适当化。

（5）库存控制

必要的库存是为了保证需求、减少缺货风险，但库存过多则需要占用更多的保管场所，而且会产生库存资金的积压，造成浪费。因此，物流系统必须按照生产和流通的需求变化对库存进行控制。

（6）安全性、环保性

物流系统尽量保证货物在运输途中的安全，在装卸、搬运过程中的安全和仓储阶段的安全；尽可能地减少客户订货缺货的风险；尽量减少废气、噪声、振动等影响，以符合环境保护的要求。

（7）总成本最低

物流系统是一个多环节、多因素的复杂系统。物流系统管理的目标是通过各个环节的配合与协调，使各个物流环节价值增值最大化，实现总成本最低。

2.2 物流系统构成

2.2.1 采购子系统

采购物流是指包括原材料等一切生产物资的采购、进货运输、仓储、库存管理、用料管理和供应管理，也称为原材料采购物流。它是生产物流系统中独立性相对较强的子系统，并且和生产系统、财务系统等生产企业各部门以及企业外部的资源市场、运输部门有密切的联系。在过去研究物流领域时，采购物流往往被忽视。实际上，在物流系统的功能要素中，如运输、仓储、包装、装卸搬运、流通加工、配送、信息处理等，离开了采购，物流系统运行就失去了一个前提和基础。因为无论从生产企业的角度，还是从商贸流通企业的角度分析，采购物流都是企业物流过程的开始。

2.2.2 运输子系统

运输是指通过设备或工具将物品从一地向另一地运送的物流活动。运输是物流的主要功能要素之一。

运输的作用首先体现在它是社会物质生产的必要条件，没有运输，许多生产过程将无法完成，只有通过运输将物品送到需要的地方，物品才能实现其使用价值；其次，运输具有扩大市场、稳定价格的作用，它对发展经济、提高国民生活水平有着十分巨大的影响；再次，运输是"第三利润源"的主要源泉，据分析计算，在整个社会的物流总成本中，运输费用占到近50%，所占比例最大。因而，合理组织运输活动、节约运输成本，是降低物流成本的重要内容。

2.2.3 仓储子系统

仓储是指利用仓库对物资进行暂时存放和保管的活动过程。一般来说，商品的生产和消费不可能是完全同步的，为了缓解这种不同步所带来的矛盾，我们就需要用仓储来平衡供需之间的差异。例如，市场对大米的需求是均衡和连续的，而大米的生产却是集中在每年秋季，这就需要利用仓储解决集中供给与均衡需求之间的矛盾。

随着现代物流学的发展，仓储作为物流系统的重要子系统越来越受到重视，在物流过程中也发挥着越来越重要的作用。除了利用仓储调节供需之间的时间矛盾之外，我们还可利用仓储平抑商品市场的价格波动，降低运输成本，缩短交货时间，提高客户满意度等。

2.2.4 装卸搬运子系统

装卸搬运是指在一定地域范围内进行的，以改变货物存放状态和空间位置为主要内容的物流活动。装卸搬运是各生产阶段、各物流环节（如运输、保管等）之间相互转换的桥梁。装卸搬运将物资运动的各个阶段联结为连续的"流"，把各种运输方式连接起来，从而实现网络化运输。因此，装卸搬运是物流系统的重要环节之一，它贯穿于物流活动的全过程，是物流各项活动中最基础、最频繁的作业环节，起着衔接和桥梁的重要作用。

因为物流过程的很多环节都是靠装卸搬运联系在一起的，所以，装卸搬运的合理化对缩短物流周期、降低物流费用等起着重要的作用。比如，改善装卸搬运作业效率，可以加速车、船的周转，充分发挥港、站、库的功能，从而加快物流速度，提升物流系统整体效率和服务水平。

2.2.5　包装子系统

包装具有保护商品、便于储运和促进销售的作用。保护商品是包装的首要功能，只有实施有效的包装，才能使商品在储运过程中不受损害，顺利地完成流通过程。通过合理包装而方便储存和运输也是包装的作用之一，货物的形态有固体、液体、气体之分，体积有大有小之分，形状有规则与不规则之分，质地有硬与软之分等，而装卸搬运、运输和储存的工具式样要少得多。为了便于物流作业，必须对货物进行包装。大多数情况下，我们采用对货物成组化或集装化的包装，比如装到箱子里、笼车里等。最后，包装能起到促进销售的效果，良好的包装往往能为广大消费者所瞩目，从而激发其购买欲望。

进行物流包装，既要做到降低包装成本，又必须保证包装能起到保护货物、便于物流作业的作用，同时，要注意包装尺寸标准化、包装作业机械化和绿色包装等问题，这些都是包装合理化的主要内容。

2.2.6　流通加工子系统

流通加工是指物品从生产领域到消费领域流动的过程中，为促进销售、维护商品质量和提高物流效率，对其施加包装、切割、剪裁、分拣、计量、刷标志、拴标签、组装等简单作业的总称。在流通过程中对商品进一步的辅助性加工，可以弥补企业、物资部门、商业部门生产过程中加工程度的不足，更有效地满足用户的需求。

例如，利用流通加工环节进行集中下料，将生产企业直接运来的简单规格产品，按用户的要求进行下料，可以提高原材料利用率；利用流通加工环节进行初级加工，可使用户省去进行初级加工的投资、设备及人力，并方便了用户。

流通加工业务是现代物流企业提供的增值服务，它会提高流通商品的附加价值，提升物流企业的经济效益，也能给用户带来方便，所以流通加工具有良好的发展前景。

2.2.7　配送子系统

配送是在经济合理区域内，根据顾客的要求，对物品进行拣选、加工、包装、分割、组配等作业，并按时送达指定地点的物流活动。配送是现代社会市场激烈竞争环境下的产物，卖方只有通过提高配送服务水平才能取得竞争优势。

从物流的角度看，配送几乎包括了所有的物流功能要素，是物流的一个缩影。一般配送集装卸、包装、保管、运输于一体，通过这一系列活动将货物送达目的地。从商品流通角度看，配送本身就是一种商业形式，虽然具体实施配送时也有商物分离的形式，但从发展趋势看，商流与物流结合得越来越紧密。

2.2.8　信息处理子系统

发展物流的关键是实现物流的信息化，真正意义上做到以客户为中心，实现物流、信息流、资金流的高度统一。物流与信息的关系非常密切，物流从一般活动成为系统活动有赖于信息的作用，如果没有信息，物流则是一个单向活动。只有信息的反馈，才能使物流成为一个有反馈作用的现代系统。

随着商品经济的发展，现代物流业务要面对变化万千的市场信息，而这些都要借助于物流信息手段进行处理，它也是前述各种物流功能要素发挥作用的必要前提。总之物流信息在现代物流管理中的地位越来越重要。通过使用计算机、通信网络、商务平台等技术手段而建立起来的物流信息系统，对现代企业实现迅速、准确、及时、全面的物流管理具有重大的战略意义。

物流信息是反映物流各种活动内容的知识、资料、图像、数据和文件的总称。物流信息包括物流各个环节生成的信息，是整个物流活动顺利进行所不可缺少的物流资源。在物流范畴内，建立具有信息收集、整理、加工、存储、输出功能的系统称为物流信息系统。

现代物流的重要特征是物流的信息化，建立和完善物流信息系统是开展现代物流活动的一项重要工作内容。物流信息系统对其他物流子系统的运行起着支持和保障作用，并为物流管理人员及其他企业管理人员提供战略及运作决策支持。物流信息系统是提高物流运作效率、降低物流总成本的重要基础设施，也是实现物流信息化管理的最重要的基础设施。物流信息系统在掌握物流系统运行现状、接受订货、指示发货及补货、反馈及结算，以及与系统外衔接等方面，都起到了重要的作用。

模拟实训

【实训主题】

实地调研一家物流企业。

【实训目的】

培养学生对物流系统的功能和目标的认知。

【实训内容】

（1）企业主要的物流业务活动及相互制约关系。

（2）物流企业内外的主要联系。

（3）物流企业的主要服务内容。

【实训过程设计】

（1）教师将学生分组。

（2）要求学生讨论该企业在进行物流系统管理中的经验和存在的问题。

（3）分组完成调研报告。

（4）全班进行讨论。指导教师对小组讨论过程和发言内容进行评价总结，并讲解本案例的分析结论。

课后练习

一、单选题

1. 不属于物流系统一般要素的是（　　　）。

    A. 劳动者要素　　　B. 物的要素　　　　C. 信息要素　　　　D. 资金要素

2. 以下不属于物流系统输入的是（　　）。

    A. 劳务　　　　　　B. 设备　　　　　　C. 材料　　　　　　D. 政策

3. 以下有关物流作业系统不正确的是（　　）。

    A. 运输系统　　　　B. 信息系统　　　　C. 装卸搬运系统　　D. 流通加工系统

4. 物流信息子系统不包括（　　）。

    A. 市场信息系统　　B. 订单处理系统　　C. 配送系统　　　　D. 管理系统

5. 以下有关物流系统特征表述不正确的是（　　）。

    A. 动态性　　　　　B. 可分性　　　　　C. 可变性　　　　　D. 复杂性

6. 下列不属于包装的目的和意义的是（　　）。

    A. 价值增值　　　　B. 保护产品　　　　C. 便于储运　　　　D. 促进销售

7. 下列不属于配送特点的是（　　）。

    A. 配送是从物流据点至用户的一种送货形式

    B. 配送是在全面配货的基础上，完全按用户要求进行的运送，是配与送的有机结合

    C. 配送是一种门到门的服务

    D. 配送一般是干线运输或直达运输，批量大、品种单一

8. 物流系统的诸功能要素中少了（　　），物流系统就少了运行的前提和基础。

    A. 配送子系统　　　B. 采购子系统　　　C. 储存子系统　　　D. 流通加工子系统

9. （　　）是物流系统的重要环节之一，它贯穿于物流活动的全过程，是物流各项活动中最基础、最频繁的作业环节，起着衔接和桥梁的重要作用。

    A. 装卸搬运　　　　B. 储存　　　　　　C. 运输　　　　　　D. 流通加工

10. 物流系统中的"效益背反"现象不包括哪一项？（　　）

    A. 物流服务和物流成本之间　　　　　　B. 系统功能和服务水平之间

    C. 运输费和保管费之间　　　　　　　　D. 系统功能和资金投入之间

二、多选题

1. 系统是由两个或两个以上相互区别或相互作用的单元有机地结合起来、完成某一功能的综合体。属于系统三要素的有（　　）。

    A. 输入　　　　　　B. 输出　　　　　　C. 处理

    D. 干扰　　　　　　E. 反馈

2. 下列属于物流的子系统的有（　　）。

    A. 运输　　　　　　B. 包装　　　　　　C. 仓储

    D. 流通加工　　　　E. 配送

3. 下列属于物流系统中存在的制约关系的有（　　）。

    A. 物流服务和物流成本之间　　　　B. 构成物流系统子系统的功能之间

    C. 构成物流成本的各个环节费用之间　D. 各子系统的功能和所耗费用之间

    E. 仓储费用和运输费用之间

4. 物流系统整体优化的目标是（　　）。

    A. 物流成本　　　　　　　　　　　B. 物流服务

    C. 客房服务　　　　　　　　　　　D. 物流系统各元素之间的关系

    E. 物流系统处理转换的效率

5. 下列可以看作对物流系统约束的是（　　　）。

    A. 资源条件　　　　B. 运输能力　　　　C. 价格影响

    D. 仓库容量　　　　E. 政策的变化

6. 物流系统优化的目标是（　　　）。

    A. 服务性　　　　　　　　　　　　B. 快捷性

    C. 有效地利用面积和空间　　　　　D. 规模适当化

    E. 库存控制

7. 一般来说，仓库具有（　　　）。

    A. 储存和保管的功能　　　　　　　B. 调节供需的功能

    C. 调解货物运输能力的功能　　　　D. 配送的功能

8. 包装的合理化体现在（　　　）。

    A. 包装的轻薄化　　　　　　　　　B. 包装符合标准化的要求

    C. 包装满足集装单元化的要求　　　D. 包装的营销差异化

    E. 包装有利于环境保护

9. 物流信息系统可分为三个层次（　　　）。

    A. 数据层　　　　　B. 作业层　　　　　C. 控制层

    D. 管理层　　　　　E. 战略层

10. 物流信息的特点有（　　　）。

    A. 信息量大　　　　B. 分布广　　　　　C. 态性强

    D. 种类多　　　　　E. 价值衰减速度慢

三、判断题

1. 外部环境对系统加以约束或影响，称为反馈。（　　　）

2. 物流系统分析的目的是分析构成物流系统的于系统的功能和相互关系。（　　　）

3. 一般来说，在铁路、公路、水运、航空等运输方式中，我国货运量最大的是铁路。（　　　）

4. 运输和配送长期以来被看成物流活动的两大支柱。（　　　）

5. 仓储的目的是克服产品生产与消费在时间上的差异，使物资产生时间效果，实现其使用价值。（　　　）

6. 在装卸搬运的过程中，活性化越高越好。（　　　）

7. 包装可以看成生产的终点，同时也是流通的起点。（　　　）

8. 按包装功能分类，包装可以分为工业包装和商业包装。（　　　）

9. 仓库是主要从事配送业务的物流节点。（　　　）

10. 配装货物既要考虑车辆的载重，又要考虑车辆的容积，使之能得到有效利用。（　　　）

四、论述题

1. 物流系统中的制约关系表现在哪些方面？如何理解效益背反？

2. 物流作业系统的功能有哪些？

3. 试分析实现物流系统合理化的意义。

五、案例分析题

雅戈尔服装物流系统

为了满足服饰业务不断增长的需求，中国纺织服饰的龙头企业——雅戈尔集团决定重建全新的企业物流体系。其核心环节为建设集进、储、配、送为一体的多功能、高效益、接近世界先进水平的自动化物流配送中心。经过深入细致的调研、考察以及招标评标，雅戈尔集团最终选择了北京起重运输机械研究所（简称"北起院"）作为雅戈尔物流配送中心建设项目的自动化物流系统总承包商。"北起院"仅用了15个月，就建成了国内服饰行业的首座大型自动化物流配送中心，其服饰物流体系示范效益和物流装备技术备受业界瞩目。

雅戈尔物流配送中心占地5 900平方米，建筑面积17 300平方米，可实现库存200万件成衣、年配送2 000万件成衣的目标。其中，自动化物流系统采用了27米高的自动化立体仓库、整箱拣选、电子标签拆零拣选和楼层自动输送分拣系统等自动化物流设备，并通过服饰库存管理控制系统与上游生产ERP系统、下游销售DRP系统无缝连接，实现了商流、物流、信息流等的高度集成，使物流中心的各个作业环节和作业过程井然有序、高效流畅。

雅戈尔除了自身在仓储、分拣、配送等方面下了很大的功夫外，还寻找外部优质社会资源来承担服装的运输。因为服装行业具有特殊性，对运输环节有较高的要求，所以在保证服装准时送达的前提下，还要保证服装运输的质量，不要出现褶皱以及破损等现象。

问题

（1）雅戈尔服装物流系统具有哪些功能要素？

（2）雅戈尔服装物流系统特点表现在哪些方面，其效用有哪些？

第3章
采购管理

学习目标

【知识目标】

- 理解采购及采购管理的含义
- 掌握企业一般的采购流程
- 掌握采购管理的任务及原则
- 掌握现代采购模式及其特点

【能力目标】

- 具有从事初级采购管理的能力
- 具有独立制订采购工作计划的能力

案例导入

海尔集团的采购管理创新

海尔一直是我国的龙头企业，在国外也享有较高的知名度。海尔的成绩与企业大胆的改革和创新是分不开的。改革之前，海尔采购采取传统方式，只注重短期的经济利益，这使得供应商和海尔之间建立的是一种临时性、短期性的合作关系，而且企业间的竞争多于合作。同时，海尔传统的采购流程使其对市场变化和客户需求的响应迟钝。于是，海尔集团从2000年开始大刀阔斧进行改革，物流部首当其冲。

海尔物流部下设采购、配送、储运三个事业部。采购事业部的职责主要是向供应商采购产品所需要的零部件，并对供应商进行管理，具体包括以下内容：供应商的优化、招标、下达采购计划、零部件的选购以及全球化采购、管理全球网络资源。

为降低采购成本，海尔将集团的采购活动全部集中，开展规模化经营，全球化采购，并纳入了国际化的供应商，在全球范围内采购质优价廉的零部件。其战略是在最低总成本条件下通过及时的购买来支持制造系统。大到几百万元的设备，小到一些办公用品如圆珠笔、订书机等都按统一采购方式进行操作。利用整合后的集团优势，大宗物料实现了大规模采购，从而获得国内同行业内最优的性能价格比。例如，彩色显像管，整合前只能拿到生产商二、三类用户的价格，统一采购后，就可享受生产商一类客户价格，平均每台至少可便宜10元，而且供货服务得到保证。仅此一项，海尔全年至少节约580万元。海尔一年的采购费用是100多亿元，大约15 000个品种，供应商有2 000多家。海尔通过改革采购方式，加强采购管理，使供应商的数目减少到1 000多家，集团采购人员减掉了1/3，并且通过集中采购、招标竞价使成本每年降低超过5%，一旦实施网上采购，采购价格更会大幅下降。

启示

科学有效的采购管理能大大降低企业的成本，提升企业竞争力，实现"双赢"。企业管理者如何通过采购管理帮企业摇出"钱币"呢？

采购是企业常见的经济活动，甚至连人们的日常生活也离不开它。在买卖交易过程中，卖方所操作的事项是销售，而买方所操作的事项则是采购。随着市场经济的发展，采购已由单纯的商业买卖发展成为一种职能，一门专业技术。采购作为企业生产经营过程中的基本环节，是企业生产和销售的基础，是企业一切活动的开始，在企业中起着至关重要的作用，因此，要把好采购这道关。

3.1 | 认识采购

3.1.1 采购的概念

【案例3.1】　采购的基本过程

天气热了，一家庭主妇想买空调，于是打电话给正在上班的丈夫，告诉他天气越来越热，她计划买两部空调。征得丈夫的同意后，妻子首先确定买单冷壁挂式的分体空调，然后她记下了房间面积和接线方式。周末时，她开车去一家电器连锁店，在连锁店的销售代表了解了房间的情况和基本要求后，帮她确定了空调的马力、尺寸、电线和导风管的长度等。根据这些要求，店家推荐了几部空调，她选定了其中一种。三天以后，厂家的安装人员将空调安装在她指定的地点，并将空调调试正常。

启示

采购可分为个人采购、家庭采购和企业采购。无论哪种采购主体，在采购时都要经历制订采购计划、确定采购方式、选择供应商以及进行谈判确定采购价格的过程。

一般来说，采购是指单位或个人基于生产、销售、消费等目的购买商品或劳务的交易行为。根据人们取得商品的方式与途径的不同，采购可以从狭义与广义两方面来理解。

狭义的采购是指企业根据需求提出采购计划、审核计划，选好供应商，经过商务谈判确定商品价格、交货条件，最终签订合同并按要求收货付款的全过程。这种以货币换取物品的方式，就是"购买"。可以说"购买"是最普遍的采购途径。不论是个人还是企业单位，要满足消费或者生产需求都是以"购买"的方式来进行的。

【思考与讨论】

（1）采购是否一定要"银货两讫"？

（2）有没有不必花钱的采购方法？

广义的采购是指除了以购买的方式获取物品之外，还可以通过下列途径取得物品的使用权，以达到满足需求的目的。

（1）租赁。租赁是一方以支付租金的方式取得物品的使用权，使用完毕或租期满后将物品归还给物主的一种非永久性的行为。企业在生产经营中所租赁的物品经常有：厂房、车辆、生产设备、仪器、办公用品等。

（2）交换。所谓交换，就是通过以物易物的方式取得商品的所有权及使用权，但是并没有直接支付商品的全部价款。换言之，当双方交换的货物价值相等时，不需要以金钱补偿对方；当双方交换的货物价值不相等时，仅由一方补贴差额给对方。例如，生产物料的交换、机器设备的交换等。这种交换方式不仅可以取得自己想要的东西，亦可盘活自己闲置或多余的东西，可谓一举两得。

（3）外包。外包是指企业将一些与企业核心业务关联性不强的业务外包给别的专业公司，以取得专业优势，从而降低成本的一种新型采购方式。这种方式的优势非常明显，能有效地降低资金的占用率，化解投入大量资金建设生产线所引起的高额投资风险；可以大大缩短产品获利周期，有利于提高企业的核心竞争力。外包形式近几年日趋流行，TCL、创维公司都是这方面的先行者。

综上所述，采购就是指单位或个人为了满足某种特定的需求，以购买、租赁、交换、外包等途径，取得商品及劳务使用权的活动过程。在日常经营活动中，我们所讲的采购主要是以购买方式为主的采购活动，即狭义的采购。

【思考与讨论】

采购与物流有什么关系？

3.1.2 采购的作用

【案例3.2】 采购的作用

通用电气公司（GE）前 CEO 杰克·韦尔奇说过："采购和销售是公司唯一能'挣钱'的部门，其他任何部门发生的都是管理费用！"。采购成本每降低1%，企业利润将增加5%～10%。

启示

采购对于企业增加利润起着非常重要的作用，能"省"即能"挣"。

越来越多的企业意识到采购是降低成本、提高企业效益的重要途径和保证。采购对企业的作用体现在以下几个方面。

1．保证供应

很显然，物资供应是生产的前提条件，生产所需要的原材料、设备和工具都要由采购来提供。没有采购就没有生产条件，没有物资供应就不可能进行生产。

2．保证产品质量

采购供应的物料其质量的好坏直接决定本企业生产产品质量的好坏。能不能生产出合格的产品，取决于采购所提供的原材料以及设备工具的质量好坏。

3．降低企业成本

采购成本构成了生产成本的主体部分，其中包括采购费用、进货费用、仓储费用、流动资金占用费用以及管理费用等。降低的采购成本能直接转化为企业利润，在企业利润保持不变的情况下相当于降低了产品市场价格，提高了企业的市场竞争力。

> **【思考与讨论】**
>
> 　　某企业销售额100万元，其中采购成本占销售额的比例为50%，即为50万元，其他成本占销售额的比例是40%，为40万元，那么税前利润为10万元。现在，公司要实现利润增加10%的目标，请思考企业应采取何种方法来实现该目标？对企业来讲，哪种方法较易实现？

4．提供资源市场信息

采购人员直接和资源市场打交道，资源市场和销售市场是交融混杂在一起的，都处在大市场之中。所以，采购人员容易获得市场信息，是企业的信息接口，可以为企业提供各种各样的信息，使企业进行管理决策。

3.1.3　采购的分类

> **【案例3.3】　采购的方式**
>
> 　　某中央部委用财政资金，以公开招标方式，采购一台技术复杂的实验室分析仪器。该仪器达到了政府采购限额标准，国内有十余家制造商。投标截止时，没有供应商投标。经审查，招标文件中没有不合理条款，招标公告及采购程序均符合政府采购相关规定。由于重新公开招标不能满足时间要求，经财政部门批准，该中央部委可以改变采购方式。但采购人对采用什么方式进行采购拿不定主意，为此，采购人向某政府采购中心咨询，得到以下4条建议：①采用邀请招标；②采用议价采购；③采用询价采购；④采用单一来源采购方式。
>
> 　　**启示**
>
> 　　按采购价格的决定方式分类，采购有招标采购、询价、比价、议价、公开市场采购等多种形式。但每种采购方式有不同的适用范围，因此，采购人员就需要详细了解每种采购方式的特点及适用范围。

采购从不同的角度有不同的分类。

1．按采购的输出结果分为有形采购和无形采购

有形采购是采购具有实物形态的物品，例如，原料、辅助材料、机械设备、仪器仪表、工具燃料等。物流企业采购叉车、托盘、货架、办公用品等属于有形采购。

无形采购是相对于有形采购而言的，其采购结果是不具有实物形态的技术和服务，包括服务、软件、技术、保险及工程发包等。例如，物流企业在运输中经常需要整合社会承运商，这就是采购承运商的服务，属于无形采购。另外，无形采购有时也随着有形采购同时进行，如采购设备时附带的维护、保险、培训等服务。

2．按采购价格的决定方式分为：招标采购、询价采购、比价采购、议价采购、定价和公开市场采购

（1）招标采购。招标方将物料采购的所有条件（如物料名称、规格、品质要求、数量、交货期、

付款条件，处罚规则，投票押金、投标资格等）详细列明，刊登公告，投标厂商依照公告在规定时间以内参加投标，然后招标方组织开标、评标、决标，最后与中标者签订合同。按规定进行招标采购，必须有三家以上厂商从事报价投标，方得开标。开标后，原则上报价最低的厂商得标，但得标的报价仍高过标底时，采购人员有权宣布废标，或征得监办人员的同意，以议价方式办理。

（2）询价采购。采购人员选取信用可靠的厂商将采购条件讲明，并询问价格或寄以询价单并促请对方报价，比较后现价采购。

（3）比价采购，指采购人员请数家厂商提供价格，从中加以比价之后，决定厂商并进行采购事项。

（4）议价采购，是指基于专利或特定条件，与个别供应商进行洽谈的采购。因为不是公开或当众进行竞标，而是买卖双方面对面讨价还价，所以称为议价。议价采购有助于企业节省费用和时间，但是缺乏公开性，存在信息不对称的问题，容易徇私舞弊。一般来说，询价、比价或议价是结合使用的，较少单独进行。

（5）定价收购，是指购买的物料数量巨大，非一两家厂商所能全部提供的，如纺织厂购棉花、糖厂订购甘蔗、铁路购买枕木等，或当市面上该项物料匮乏时，则可定价以现款收购。

（6）公开市场采购。采购人员在公开交易或拍卖时随时机动的采购。该方法适合价格变动频繁的大宗物料的采购。

3．按采购权限分为集中采购和分散采购

集中采购是企业在核心管理层建立专门的采购机构，统一组织企业所需物品的采购业务。例如，某大型物流企业为降低成本对金额较大的公用设备或耗材，由总部进行集中采购。集中采购有利于企业获得采购规模效益，规范采购行为、降低采购成本，提高采购质量、推进采购的标准化，但同时也会带来一定的负面影响，例如，难以满足部分采购项目在时间和质量标准方面的个性化需求、协调工作量大、采购过程较长等。因此，集中采购一般适用于企业集团或跨国公司中，能够形成一定规模优势的大宗、批量且标准化程度较高、价值较高的同类货物和服务。

分散采购是由企业下属各单位，各子公司、分厂、车间或分店实施的，满足自身生产经营需要的采购，这是集团将权力下放的采购活动。例如，某物流企业分公司根据自身业务需要采购叉车、托盘等。分散采购具有流程较短、手续简化、灵活方便、主动性强等特点，主要适用于零星采购、应急采购或者价值较低、开支小的物品采购。但分散采购不利于企业控制采购成本和采购质量，易受采购人员人为因素的影响，不利于供应商的培养和实现供应链的优化。

【案例3.4】　EP公司的采购策略

EP公司为英国的建筑业生产和供应多种产品。其总部、生产和配送中心都位于同一地点。此外，EP公司还有两个小型的销售和配送部门，位于英国主要城市的不同地点。连接这些部门所在地的交通状况很差，而且很有可能会因为越发严重的交通堵塞和提议中的拥堵收费而继续恶化。

EP总部承担集中采购的任务，而两个销售和配送部门可以自行采购低价值物资，例如，车辆的维护保养和进行日常保养、维修和操作所需的物资和服务。但这类采购效率不高，而且订单的处理成本往往会高于物资和服务本身的价值。

有人建议，如果交通堵塞越来越严重，该公司应当对更多项目采取分散化采购的方式。

EP总部的资深采购员对此争论不休，似乎需要找到一种折中的方式。

启示

你认为EP公司应该采取哪种采购方式呢？请给出理由。

4．按交割时间分为现货采购与远期合同采购

现货采购是指采购方与物品或资源持有者协商后，即时交割的采购方式。此方式主要适合于采购临时需要、生产辅料、低值易耗品、标准件及常备资源。

远期合同采购是供需双方为稳定供需关系，实现物品均衡供应，而签订远期采购合同的采购方式。它通过合同约定，实现物品的供应和资金的结算，并通过法律和供需双方信誉与能力来保证约定交割的实现。远期合同采购适合于国家战略收购、大宗农副产品收购、国防需要及其储备等。

3.1.4 采购的流程

【思考与讨论】

假如你是某超市的采购员，现正值中秋节来临之际，因市场对食用油的需求增大，现让你去采购一批食用油，你该如何采购？主要的流程有哪些？

采购作业流程是采购管理中最重要的部分之一，是实施采购工作的具体过程，是采购活动具体执行的标准。采购作业流程会因采购的来源——国内采购、国外采购，采购的价格决定方式——议价、比价、招标，以及采购的对象——物料、工程发包等不同而在作业细节上有所差异，但其基本流程都大同小异。现将一般采购作业流程的基本步骤叙述如下。

（1）确认需求及制订采购计划

采购之前，采购人员应先确定购买哪些物料、购买多少、何时购买、由谁决定购买等。确认需求之后，对需求的细节如品质、包装、售后服务、运输及验收方式等，均应加以明确说明，以便使供应来源选择及价格谈判等作业能顺利进行，根据确定的需求制订采购计划。

（2）供应源搜寻与分析

根据需求说明及采购计划，进行采购调查，掌握采购信息，了解供应市场中供应商情况，对供应商的规模、实力、质量、信誉、成本、管理水平、技术能力、送货服务、售后等情况进行调查，也可在原有供应商中选择业绩良好的厂商，通知其招标或以登报公告等方式公开招标。

（3）确定价格

决定可能的供应商后，要进行价格谈判。采购方可通过询价、竞争性报价或谈判的方式确定合适的价格。

（4）签订合同

采购人员从价格、规模、实力、质量、信誉、成本、管理水平、技术能力、送货服务、售后服务等方面对供应商进行比较分析，确定供应商并与其签订合同。

（5）拟定并发出订单

价格谈妥后，双方应办理订货签约手续。订单和合约均属于具有法律效力的书面文件，对买卖双方的要求、权利及义务必须予以说明。

（6）订单追踪与稽核

签约订货之后，为求销售厂商的如期、如质、如量交货，采购人员应依据规定，督促厂商按合约交货。

（7）验货和接收

货物到货后，予以严格检验入库，采购人员要对货物清点数量、核对品名、规格型号，对外包装、条码等进行质量检验等。凡厂商所交货物与合约规定不符或验收不合格者，应依据合同规定退货。

（8）开票支付货款

厂商交货验收合格后，应及时开票，及时付款。财务部门在接到付款请求后，应先经采购部门核对，经确认无误后再办理付款手续。

（9）结案

不管是验收合格已经入库付款物品，还是验收不合格已经退货物品，采购企业均需整理各项书面资料以报高层管理者或权责部门核阅批示，予以结案。凡经结案批示后的采购案，应分类编号登记入档，并妥善保管，以备参阅或事后查考。

上述采购作业流程可以用一个简单的图形来表示，如图3-1所示。

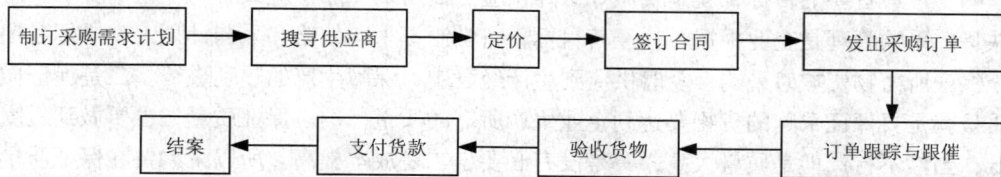

图 3-1 采购作业一般流程

3.2 | 认识采购管理

随着市场经济的发展，采购管理越来越受到企业管理层的关注。据统计，生产型企业至少要用销售额的50%来进行原材料、零部件的采购。而中国的工业企业，各种物料的采购成本更是高达企业销售成本的70%。显而易见，采购绝对是企业成本管理中"最有价值"的部分。加强采购管理，能够帮助企业有效降低采购成本，提升企业效益。

3.2.1 什么是采购管理

【思考与讨论】

采购与采购管理是一回事吗？两者有什么区别？

采购管理就是对采购活动的计划、组织、指挥、协调和控制。采购管理和采购不是一回事。采购是一种作业活动，是为完成指定的采购任务而进行具体操作的活动，一般是由采购员承担。采购员的使命就是完成采购科长布置的具体采购任务，其权力只能调动采购科长分配有限的资源。而采购管理是管理活动，不但面向企业全体采购员，而且也面向企业组织其他人员（进行有关采购的协调配合工作），是面向整个企业的，一般由企业的采购科（部、处）长、供应科（部、处）长或企业副总来承担。

可见，采购管理与采购是有区别的。当然，采购员对于自己的采购业务，也需要进行管理，但是这种管理，就像一般的工人对于自己工作的计划安排一样，属于作业管理。一般意义上的采购管理都是站在企业立场上的。整个企业采购活动的管理，包括对采购员和具体采购业务的管理。

采购和采购管理的区别与联系如表3-1所示。

表3-1	采购与采购管理的区别与联系	
	采购	采购管理
区别	● 具体的采购业务活动，是作业活动 ● 只涉及采购员个人 ● 只能调动采购科长分配的有限资源	● 对整个企业采购活动的计划、组织、指挥、协调和控制活动，是管理活动 ● 面向整个企业 ● 可以调动整个企业的资源
联系	采购本身，也有具体管理工作，它属于采购管理。采购管理本身，又可以直接管到具体的采购业务的每一个步骤、每一个环节，每一个采购员	

3.2.2 采购管理的目标

1. 保障供应

采购管理最首要的目标，就是要做好保障供应。而所谓保障供应又有两个基本要求。一是保证不缺货。采购管理是企业根据总体经营目标，科学制订采购战略和采购计划，安排好各项采购活动，保证所需物资按时采购、及时供应到生产经营中、保障生产的顺利进行。二是保证质量。保证质量就是要保证采购的货物要达到企业生产所需的质量标准。保证质量，也要做到适度。质量太低，当然不行；但是质量太高，一是没有必要，二是成本提高。所以采购要在保证质量的前提下尽量采购价格低廉的物品。

2. 节省费用

采购管理的一个重要目标，就是降低成本，使得总费用最省。采购成本包括直接采购成本和间接采购成本。直接采购成本的减少是指对原材料、零部件等的采购价格的控制和降低。间接采购成本则可以通过包括缩短供应周期、增加送货频次、减少原材料库存、实施来料免检、循环使用原材料包装、合理利用相关的政策、避免汇率风险、供应商参与产品开发和过程开发等在内的方法来降低。采购管理要做到追求总费用最省，需要树立系统观念。企业要把采购管理看成是一个系统工程，统筹优化协调各个环节的各种费用，以追求整个采购过程各个环节的总费用最省为目的。

3. 做好供应链管理

供应链是消费者、生产商、分销商和供应商等经济主体之间，通过相互联结、依存、渗透和互动，形成的合作式的网络系统。企业建立稳定的采购供应链是保障供应、提高采购质量、节约采购成本的关键。因此，采购管理一个很重要的职责就是建立企业采购供应链系统，保证采购过程中各个环节之间的信息畅通，提高工作效率，同时，通过信息共享，合理地利用和分配资源，为企业带来最大的效益。

4. 提供信息支持

采购管理部门还需要能够及时掌握市场资源信息，并反馈给企业管理层，从而制订并实施采购的方针、策略、目标及改进计划，同时进行采购及供应商绩效衡量，建立供应商审核及认可、考核及评估体系，开展采购体系的自我评估，借以不断提高整体采购水平，建立培养稳定且有创造性的专业采购队伍。信息管理有助于供应链企业间实现信息共享，为供应链的顺利运行提供信息支持。

3.2.3 采购管理的原则

随着采购理念和模式的转变，人们逐渐认识到，采购的职能是寻找资源而不仅是采购物料，采购由客户需求拉动。好的采购不仅仅要满足对物资的需求，还要满足资源有效利用的要求，即在适当的时间以适当的价格从适当的供应商、适当的地点购进适质、适量的物料。采购需遵循以下原则。

1．适时原则

采购部门不但要决定在何时购入物料，而且出于经济利益的目的，更应在激烈的市场竞争中注意价格的变化，并在经济趋势分析中做出正确的判断，以期在最有利的时机买到最适宜的物料。

现代企业经营管理中，较为流行的采购理论是基于零库存和准时制的理论。也就是在不对生产和客户造成任何影响的前提下，大量减少库存的持有量。这样一来，为确保采购计划的完成，减少和杜绝"窝工待料"现象，企业就需要在最适当的时候进行采购。人们一般通过临时采购、周期采购、合约采购等方式来实现适时采购。

2．适价原则

价格永远是采购活动中关注的焦点。现在的企业老板们对采购最关心的一点就是采购部今年能节省多少采购资金。物料的价格与该物料的种类是否为长期购买、是否为大量购买，与市场当时的供求关系有关，同时与采购者对该物料的市场状况是否熟悉也有关系。但采购价格并非越便宜越好。如果价格过低而使供应商有损失，供应方会设法偷工减料，以劣质品或不符合规格品抵充交货，或拖延交货，降低供应服务质量，使采购方造成损失的可能会更大。所以，采购价格应以达到"适当价格"为最高目标。为此，采购员必须根据市场行情，分析物资的质量状况和价格的变动情况，选择适宜的物料进行购买。

3．适质原则

"适质"是指合适的品质，即采购回来的物料质量要"过关"，从源头上确保企业最终交付给客户的产品是高品质的。一个不重视品质的企业在今天激烈的市场竞争中根本无法立足。一个优秀的采购人员不仅要做一个精明的商人，同时也要在一定程度上扮演品质管理人员的角色。在日常的采购作业中要安排部分时间去推动供应商完善品质体系，改善和稳定物料品质，并不断跟踪了解物料价格。

4．适量原则

如何决定"适当采购数量"是采购部门的一项重要决策任务。采购数量越多，价格越便宜，但是并非采购的越多越好。物料采购量过大造成过高的存货储备，使资金积压，成本上升；物料采购量过小，则采购成本提高。因此，采购数量的确定应根据资金的周转率、储存成本、物料需求计划等综合考虑。

5．适地原则

天时不如地利，企业往往容易在与距离较近的供应商的合作中取得主动权。企业在选择试点供应商时最好选择近距离供应商。近距离供货不仅使买卖双方沟通更为方便，处理事务更快捷，也可降低采购物流成本。越来越多的企业甚至在建厂之初就考虑到选择供应商的"群聚效应"，即在周边地区能否找到企业所需的大部分供应商，对企业长期的发展有着不可估量的作用。

实际的采购作业很难将上述 5 个原则做得面面俱到，往往只能侧重其中最为关心的一两个方面。上述的几个方面有时还会存在"效益背反"的情况，就是过分强调 5 个原则中的一方面时就要牺牲其他方面来作为补偿。例如，若过分强调品质，供应商就不能以市场最低价供货。这就要求采购人员必须综观全局，准确地把握企业对所购物料各方面的要求，以便在与供应商谈判时提出合理要求，从而争取更多机会获得供应商合理报价。总之，采购者要在长期的实际操作中积累经验，综合全面地考虑才能实现最佳采购。

3.3 | 采购模式

采购模式是采购主体获取资源或物品、工程、服务的途径、形式与方法。采购模式的选择主要取决于企业制度、资源状况、环境优劣、专业水准、资金状况、储运水平等。随着人们对采购高成本的认识，现代人对采购越来越多地投以更关注的目光，采购模式也正在经历着由传统模式向现代模式的转变。所谓现代的采购模式就是融入了现代管理思想，充分利用现代的信息科技、工程技术等工具，以更低廉的成本，更高的工作效率，更快地响应市场的速度所进行的采购工作。这是采购模式发展的必然趋势。

【案例 3.5】　采购模式的变化

众所周知，国内众多知名家电企业在连年"价格战"的驱动下，已另辟蹊径，把眼光放在了加强采购供应链的管理上，并且收到较好的成效。例如，连续两年亏损且即将被摘牌的 KL 集团，就对其原有的采购组织系统进行变革调整：建立采购竞标管理平台，成立采购管理工作组，所有供应商凡是在品质、交货期、资信等方面得到 KL 集团认证通过后，都可以参与 KL 集团的采购竞标活动。采购工作组通知合格供应商到 KL 集团集中上网竞标，即每家供应商的代表进入 KL 集团事先设定好的小房间，用计算机上传资料报价竞标。所有供应商均不与采购人员见面，采购人员通过网上报价确认供应商。仅此一项就在改革第一年降低采购成本数千万元。由此可见，网上采购的成效是巨大的，效果是明显的。

启示

随着物流和科学技术的发展，企业采购模式已经由传统采购向科学采购模式转变，招标采购、网上采购、供应链采购等采购方式越来越多地被企业采用。因此，了解常见的现代采购模式对于企业降低成本、提高竞争力有着非常重要的意义。

3.3.1 传统采购模式

企业传统采购的一般模式是：每个月月末，企业各个单位报下个月的采购申请单及下个月需要采购货物的品种、数量，交采购部门汇总。采购部门制订出统一的采购计划，并于下个月实施采购。采购回来的货物存储于企业的仓库中，满足下个月对各个单位的货物供应。这种采购，以各个单位的采购申请单为依据，以填充库存为目的，管理比较简单、粗糙，市场响应不灵敏，库存量大，资金积压多，库存风险大。

在这种传统的采购模式下，采供双方都不进行有效的信息沟通，供应链上的各级企业都无法共享需求、库存信息，供应商与需求企业之间是一种简单的买卖关系，竞争多于合作，合作也是临时性的，或者短时间的，采购过程中各种抱怨和扯皮的事情比较多。因此，缺乏对采购计划的长期性预测与计划协作性，供应商对采购部门的要求也不能做出实时响应。

随着社会的发展和企业规模的壮大，这种传统采购模式逐渐被以下现代采购模式所淘汰。但仍然有一些规模小的企业还在沿用这种模式，这主要是考虑到企业的成本和规模等问题。相对于那些较先进的模式，采用这种模式会给这些企业带来利大于弊的效果。

3.3.2 现代采购模式

现代采购是指运用现代科学的采购技术和方法,通过计算机网络实现信息收集、供应商选择、采购、运输、库存,全过程使用信息化、网络化,最大限度地满足生产需要,降低采购物流成本,实现采购目标的过程。科学的采购技术和方法主要有:订货点采购、MRP 采购、JIT 采购、VMI 采购、电子商务采购等。

1. 订货点采购

订货点就是仓库必须发出订货的警戒点。到了订货点,就必须发出订货的请求,否则就会出现缺货现象。因此,订货点也就是订货的启动控制点,是仓库发出订货信息的点。订货点采购就是通过控制订货点和订货批量两个参数来进行有控制的订货进货。当需求量或完成周期存在不确定性的时候,须使用合适的安全库存来缓冲或补偿不确定因素。订货点=采购提前期消耗量+安全库存=平均每日需求量×订货提前期+安全库存。订货批量一般参考经济订购批量计算确定,也可根据企业实际进行调整。订货点采购模型如图 3-2 所示。

图 3-2 订货点采购模型

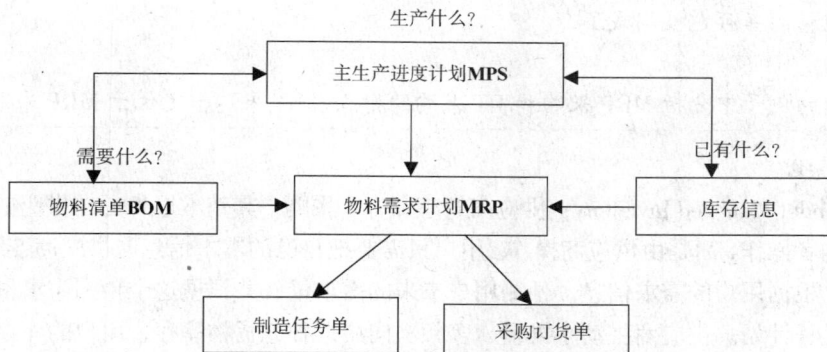

订货点采购适用的前提是物料消耗率与采购提前期不变。物料消耗率指的是生产过程中物料的消耗;采购提前期是指的是每个物料从下订单到收到仓库所需要的周期。这种采购模式以需求分析为依据,以填充库存为目的,采用一些科学方法,兼顾满足需求和库存成本控制,操作比较简单。但是由于市场的随机因素多,使得该方法同样具有库存量大、市场响应不灵敏的缺陷。

2. MRP(Material Requirement Planning,物料需求计划)采购

MRP 采购主要应用于生产企业。MRP 采购的原理是根据主产品的生产计划、主产品的结构以及主产品及其零部件的库存量,逐步计算求出主产品的各个零部件、原材料所应该投产时间、投产数量,或者订货时间、订货数量,也就是产生出所有零部件、原材料的生产计划和采购计划。然后按照这个采购计划进行采购,即 MRP 采购。其原理逻辑图如图 3-3 所示。

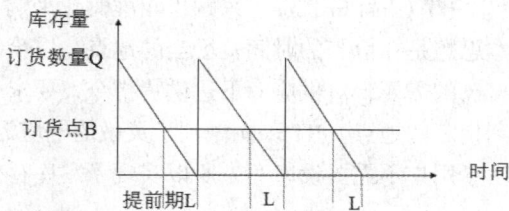

图 3-3 MRP 逻辑关系图

MRP 采购也是以需求分析为依据、以满足库存为目的。由于计划比较精细、严格,所以它的市场响应灵敏度及库存水平都比订货点采购有所进步。

MRP 采购适用于具有相关性需求物资的采购方法,这种采购需求不但和需求品种、需求数量、

需求时间相关，而且和生产计划也密切相关。

3. JIT 采购

JIT（Just in Time）是日本在 20 世纪 50～60 年代研究及开始实施的一种生产管理方式。它是一种有效利用各种资源，降低成本的准则。它的含义是准时化生产，即在需要的时间和地点，生产必要数量和完美质量的产品和零部件，以杜绝超量生产，消除无效劳动和浪费，达到用最少的投入实现最大产出的目的。

JIT（Just in Time）采购也叫准时化采购，是一种完全以满足需求为依据的采购方法。它的基本思想是在恰当的时间、恰当的地点，以恰当的数量、恰当的质量提供恰当的物品。需求方根据自己的需要，对供应商下达供货指令，要求供应商在指定的时间、将指定的品种、指定的数量送到指定的地点。JIT 采购做到了灵敏的响应需求，满足用户需求的同时又使得用户的库存量最小。由于用户不需要设库存，所以实现了零库存生产。这是一种比较科学、理想的采购模式。

【案例 3.6】　固铂轮胎橡胶公司从 MRP 向 JIT 的成功转型

固铂轮胎橡胶公司在全球范围内拥有 61 家制造工厂。在高速发展的同时，固铂意识到他们已有的供应链系统存在大量的问题，例如，生产过度、交货期过长、流程不合理、不必要的安全库存、错误的配送等。固铂审视了当时的整个供应链状况，决定对当时的系统进行改造，从 MRP 体系向 JIT 体系转变。

固铂过去制订生产计划的时候完全依照 MRP 的要求，他们提前两周制定生产计划，并且严格按照制订的计划执行生产。在这种情况下，生产的灵活性就很差，经常出现的情况是当客户需要某一种产品时，因为生产计划已经定下来，所以只能等到两周以后才能生产客户需要的产品。在这种生产体系下，生产所关心的并不是最终的销售，导致可能出现的结果是产能饱和，但是真正转化为销售的产出为零。而转为 JIT 体系之后，整个生产完全是依据客户的订单来决定的，生产所关注的是最终能转化为销售的产出，只有当客户的订单到来的时候，生产才会运转。通过改变运营方式和更关注于企业的单位产出，固铂将生产计划周期缩短到 4 天，同时允许客户对比过去的运营体系。显而易见，新的运营体系提升了整个企业的灵活性，而且过量的库存也被削减了。

启示

从固铂的例子中分析 MRP 采购和 JIT 采购的特点。JIT 采购一定优于 MRP 采购吗？

4. VMI 采购

VMI（Vendor Managed Inventory，供应商管理库存）采购，其基本思想是在供应链机制下，采购不再由采购者操作，而是由供应商操作。用户只需要把自己的需求信息向供应商连续及时传递，由供应商自己根据用户的需求信息，预测用户未来的需求量，并根据这个预测需求量制订自己的生产计划和送货计划。供应商主动小批量、多频次向用户补充货物库存，用户的库存量的大小由供应商自主决策，既保证用户需要，又使货品库存量最小、浪费较少。它是一种科学的、理想的采购模式。在这种采购模式下，供应商能够及时掌握市场需求信息，灵敏地响应市场需求变化，减少库存风险，提高经济效益。但是它对企业信息系统、供应商的业务动作要求较高。

5. 电子商务采购

电子商务采购是在电子商务环境下的采购模式，也就是网上采购。它的基本原理是采购人通过建立电子商务交易平台，发布采购信息，或主动在网上寻找供应商、寻找产品，然后通过网上洽谈、比价、网上竞价实现网上订货，甚至网上支付货款，最后通过网下的物流过程进行货物的配送，完成整个交易过程。电子商务采购能够冲破地理和语言的羁绊，为采购提供了一个全天候、全透明、超时空的采购环境，即 365×24 小时的采购环境。该方式实现了采购信息的公开化，扩大了采购市场的范围，缩短了供需距离，避免了人为因素的干扰，简化了采购流程，减少了采购时间，降低了采购成本，提高了采购效率，大大降低了库存，使采购交易双方易于形成战略伙伴关系。从某种角度来说，电子商务采购是企业的战略管理创新，是政府遏制腐败的一剂良药。我国现在已经有不少企业和政府采购采用了这种方式。

以上介绍的几种采购模式，各有各的优缺点和适用范围，谁也不能完全取代谁。企业应当根据自身的条件和采购的需求来选择最适合自己的采购模式。

模拟实训

【实训主题】

调研学校、家庭就近的店面，进行观察、询问、调查、分析，并以小组为单位撰写出"××店采购的总体分析调研报告"。

【实训目的】

（1）通过调研了解企业采购的方式、采购原则、采购管理的任务和目标及对采购人员的要求。

（2）通过撰写调研报告，掌握调研报告书写的格式及要点，提高自身语言组织归纳能力。

【实训内容】

确定一家正在正常营业的店面，进行访问、调查。

（1）该店采购的原则是什么？为什么采取这样的采购原则？尽量举例说明。

（2）该店采购的模式是什么？这样的采购模式存在哪些问题，或有哪些优缺点？

（3）通过调查，了解对采购人员的能力和素质的要求有哪些。

（4）调查一下该店采购的流程，尽量用图说明。

【实训过程设计】

（1）教师将学生分组。

（2）进行调研问卷设计。

（3）分组进行实地调研。

（4）小组讨论。

（5）分组完成调研报告。

（6）全班进行分组讨论。指导教师对小组讨论过程和发言内容进行评价总结，并讲解本案例的分析结论。

课后练习

一、单选题

1．一般情况下，企业产品的成本中采购部分占的比例为（　　）。

　　A．60%～70%　　　　B．10%～20%　　　　C．80%～90%　　　　D．30%～40%

2. 下面不属于集中制采购制度优点的是（　　　　）。

　　A. 可以使企业获得规模效益

　　B. 能降低采购和物流成本

　　C. 易于稳定和供应商的关系，实现有效的长期合作

　　D. 手续简单，过程短，直接快速

3. 下面对分散制采购制度缺点解释错误的是（　　　　）。

　　A. 权力分散，不利于采购成本的有效降低

　　B. 决策层次低，易于产生暗箱操作

　　C. 难以适应零星、地域性及紧急采购状况

　　D. 管理不善将会造成供应中断，影响生产活动的正常进行

4. 大型设备的采购，主要适用的采购方式是（　　　　）。

　　A. 招标　　　　　　B. 议价　　　　　　C. 比价　　　　　　D. 三种都可以

5. 当采购大宗或批量货物，价值高或总价多的物品时，或各经营单位共用材料的情况下适合采用的采购组织形式是（　　　　）。

　　A. 分散型　　　　　B. 集中型　　　　　C. 混合型　　　　　D. 矩阵型

6. 订货点采购方法适合哪类货物的采购（　　　　）？

　　A. 独立需求的货物　　　　　　　　B. 相关需求

　　C. 提前期固定的货物　　　　　　　D. 提前期变化较大的货物

7. MRP采购法适合哪类货物的采购（　　　　）？

　　A. 独立需求的货物　　　　　　　　B. 相关需求

　　C. 提前期固定的货物　　　　　　　D. 提前期变化较大的货物

8. 对于现货采购的特点描述错误的是（　　　　）。

　　A. 即时交割　　　　　　　　　　　B. 价格稳定

　　C. 无信誉风险　　　　　　　　　　D. 对现货市场依赖性大

9. 当采取市面上比较匮乏的物料时，企业最好采用（　　　　）。

　　A. 招标采购　　　　B. 定价采购　　　　C. 议价采购　　　　D. 比价采购

10. 关于议价采购以下描述错误的是（　　　　）。

　　A. 议价采购是政府机关与企业采购所采取的基本方式之一

　　B. 议价采购，是指由买卖双方直接讨价还价实现交易的一种采购行为

　　C. 议价采购是一种缺乏公开性，信息不对称的采购方式

　　D. 议价采购是采购人员与厂商经过讨价还价，议定价格进行采购

二、多选题

1. 下面对集中采购制度的缺点描述正确的是（　　　　）。

　　A. 采购流程过长、时效性差

　　B. 难以适应零星、地域性及紧急采购状况

　　C. 非共同性物料集中采购，企业难以得到数量折扣利益

　　D. 采购与使用单位分离，缺乏激励，采购绩效比较差

　　E. 易产生暗箱操作

2. 使用议价采购的方式进行采购的过程中存在的缺点有（　　）。

    A. 价格偏高   B. 缺乏公开性，信息不对称

    C. 容易形成不公平竞争   D. 采购物品规格不一

    E. 易滋生弊端

3. 采购按其输出结果可分为（　　）。

    A. 有形采购   B. 无形采购   C. 工业采购   D. 消费采购

4. 下列选项属于按采购价格的决定方式分类的有（　　）。

    A. 议价采购   B. 定价采购   C. 有形采购

    D. 无形采购   E. 网络采购

5. 下列采购属于无形采购的有（　　）。

    A. 采购管理系统软件   B. 技术服务

    C. 人身保险   D. 工程发包

    E. 计算机磁盘

6. 关于招标采购，以下说法正确的有（　　）。

    A. 招标方需要在招标公告上详细列明物料采购的所有条件（如物料名称、规格、品质要求，数量、交货期、付款条件等）

    B. 符合招标公告中要求的投标厂商都可以依照公告在规定时间以内参加投标

    C. 招标采购必须有三家以上厂商从事报价投标方得开标

    D. 开标后报价最低的厂商必然中标

7. 采购管理应达到的目标有（　　）。

    A. 保障供应   B. 费用最省   C. 供应链管理好

    D. 信息管理好   E. 物流管理好

8. 采购管理的作用有（　　）。

    A. 保证供应   B. 保证产品质量

    C. 降低企业成本   D. 是企业和资源市场的关系接口

    E. 提供信息源有助于企业决策

9. 采购管理的原则是（　　）。

    A. 适当的采购时间   B. 适当的采购价格

    C. 适当的采购品质和数量   D. 适宜的采购交货时间

    E. 适宜的采购地点

10. 广义的采购除了"购买"以外还包括（　　）途径。

    A. 租赁   B. 交换   C. 借贷

    D. 外包   E. 贷款

三、判断题

1. 采购管理的目标是要做到在保障供应的基础上费用最省，同时还要把供应链和信息管理好。（　　）

2. 集中采购有利于增强基层工作的责任心，使基层工作更富有弹性。（　　）

3. 对于临时需要、生产辅料、低值易耗品、标准件及常备资源的采购一般采用现货采购。（　　）

4. 准时制采购又称 JIT 采购，是一种生产推动式采购。（　　　）

5. VMI 采购是基于需求的采购，双方需要责任共担、利益共享、协调配合。（　　　）

6. 在广义的采购之下，买方一定要先具备支付能力，也就是要有钱，才能换取他人的物品来满足自己的需求。（　　　）

7. 租赁即一方以支付租金的方式取得他人物品的使用权。（　　　）

8. 借贷这种无偿借用他人物品的方式，通常是基于借贷双方的情谊与密切关系，特别是借贷方的信用。（　　　）

9. 企业规模越小，分支机构分布越邻近，产品种类越相似，采用集中制的机会越大；反之，则采用分散制或混合制。（　　　）

10. 分散制采购有利于采购各环节的协调配合且手续简单，过程短，直接快速；同时占用资金和占用库存空间较小。（　　　）

四、论述题

1. 简述集中采购制度的特点。
2. 简述分散采购制度的特点。
3. 简述采购的流程有哪些。
4. 简述采购和采购管理的区别和联系。
5. 简述采购管理的目标。

五、案例分析题

某公司决定采用成本节约的方案来提高企业的利润。在采购活动中，物流管理人员看到了大幅削减成本的希望，包括物料运输的时间安排，确定货源和购买数量，以及设定销售条件等。也就是说，关键问题是采购多少？何时购买？在哪里购买（发货地点）？发运物料的重量、形态和规格应该是多少？因为他们意识到购入物料的开支平均要占总开支的 50% 以上，而其中供应商处于降低成本的焦点位置。因此，将公司所使用的战略归纳为以下几方面。

（1）收集现有供应商的资料。重新整理和更新现有供应商的资料，包括所提供的产品质量、公司的供应能力、产品的价格等相关的信息。

（2）重新就合同进行谈判。给供应商寄信，要求其降低价格的 5% 或者更多，对于那些拒绝降价的供应商，则取消合同，重新组织投标。

（3）提供帮助。向供应商的工厂派驻专家小组，帮助他们进行生产重组，并提出其他提高生产率的建议；和供应商一起努力简化零部件的设计，降低生产成本。

（4）不断施加压力。为了保证改进措施不断涌现，设定每年的全面成本削减目标，通常为 1 年 5% 或者更多。

（5）减少供应商数量。大幅度减少供应商的数量，有时减幅可高达 80%；对于那些致力于提高规模经济的供应商，则增加对他们的购买。

问题

（1）影响企业提高利润的因素有哪些。

（2）请分析该案例中公司节约成本提高利润的重点在哪里。

（3）如果你是该公司的经理，你会从哪方面着手来提高企业的利润并说明你的理由。

第 4 章
运输管理

学习目标

【知识目标】

- 掌握运输的概念和功能
- 理解运输的分类和管理原则
- 掌握各种运输方式的特点
- 掌握运输合理化的途径
- 了解各种运输设施设备

【能力目标】

- 具有从事物流运输管理的初级能力
- 能够结合实例合理选择运输方式
- 能结合实例判断不合理运输的表现

案例导入

中欧班列

近年来，我国与欧洲及沿线国家的经贸往来发展迅速，物流需求日益旺盛，中欧班列开行数量实现了爆发式增长。中欧班列从第 1 列到第 500 列，历时 4 年；从第 501 列到第 1 000 列，历时 7 个多月；从第 1 001 列到第 1 500 列，历时 5 个月；从第 1 501 列到第 2 000 列，仅用时 3 个半月时间。2017 年 9 月 15 日上午 10 时 18 分，一列满载 41 车集装箱的中欧班列从我国山东省威海南站驶出，这是山东半岛首趟直达欧洲的国际班列。这趟班列运行全程约 1.1 万千米，运输时间 15～18 天，比海运节省一半多的时间，运行费用比航空节省 80%多。截至目前，中欧班列在我国国内开行城市达到 33 个，到达欧洲 12 个国家的 32 个城市。

中欧班列的开行，使我国和班列经过的沿线国家的贸易额直线上升。中欧班列运输货物品类，由开行初期的手机、计算机等 IT 产品，逐步扩大到衣服鞋帽、汽车及配件、粮食、葡萄酒、咖啡豆、木材、家具、化工品、机械设备等品类。

尽管发展迅速，但目前中欧班列仍处于发展初期，还存在综合运输成本偏高、无序竞争时有发生、供需对接不充分等问题。《中欧班列建设发展规划（2016—2020 年）》中明确了中欧铁路运输通道、枢纽节点和运输线路的空间布局，提出完善国际贸易通道、加强物流枢纽设施建设、加大货源整合力度、创新服务模式、建立完善价格机制、构建信息服务平台、推进便利化大通关等七大任务，着力优化运输组织及集疏运系统，提高中欧班列运行效率和效益。

注：中欧班列是指按照固定车次、线路、班期和全程运行时刻等条件开行，往来于中国与欧洲等国的集装箱国际铁路联运班列。

启示

运输是物流过程的重要环节，加强运输管理，合理选择运输方式、科学优化运输网络、注重运输货源整合、加强车货供需匹配等对降低运输成本、提高运输效率、提升经济效益具有关键作用。

扫一扫

中欧班列视频

4.1 | 认识运输管理

在物流活动中，运输作为两大支柱性活动要素之一，是形成空间效用的主要手段。对运输辅以装卸搬运及配送活动，就能改变物质资料的空间状态。

4.1.1 运输的概念

【案例 4.1】 运输的"节约潜力"

运输管理的科学化能够帮助企业节约自然资源、人力资源和能耗，降低物流费用。例如，开展集装箱化运输可以简化商品包装，节省大量包装材料，实现机械化装卸作业，降低人员开支费用。现实生活中，重视货物运输可节约费用的事例比比皆是。例如，海尔集团通过建设现代化的货物运输中心，加强运输管理，优化运输环节的运作，一年时间就将库存占压资金和采购资金，从 15 亿元降低到 7 亿元，节省了 8 亿元开支。

启示

运输对于国家或者企业，都是该重点关注的方面。商品从生产领域进入消费领域必须经过运输，只有科学地认识运输、管理运输，才能使它在降低成本等方面更好地发挥作用。

根据中华人民共和国国家标准《物流术语》（GB/T 18354-2006），运输的定义是用专用运输设备将物品从一个地点向另一个地点运送。其中包括集货、分配、搬运、中转、装入、卸下、分散等一系列操作。

4.1.2 运输的功能

1．实现物品的空间移动

显而易见，运输首先实现了物品在空间上移动的职能。无论是原材料、零配件、在制品、半成品，还是流通过程中的商品，要想实现空间位移，运输都是必不可少的。运输将物品从原产地转移到指定地点，并用最少的时间和费用完成物品的运输任务。物品转移所采用的方式必须能满足顾客的要求，同时将物品的遗失和损坏降低到最低的水平。

2．作为物品短期存储方式

这一职能是指将运输车辆作为暂时的储存场所。如果转移中的物品需要储存，而短时间内物品又将重新转移的话，卸货和装货的成本也许会超过储存在运输工具中的费用。这时，将运输工具作为暂时的储存工具是可行的。当交付的货物处在转移之中，而原有的装运目的地被改变时，产品也需要临时储存。另外，在仓库空间有限的情况下，利用运输工具储存也不失为一种可行的选择。总之，如果在考虑装卸成本、储存能力限制等因素的前提下，从总成本或完成任务的角度来看，用运输工具储存是合理的话，就可以考虑利用运输的这一职能。

4.1.3 运输管理的原则

运输管理的两条基本原则是：规模经济和距离经济。

1．规模经济

所谓的规模经济是指随着装运规模的增长，每单位重量的运输成本会下降。例如，整车装运（即车辆满载装运）的每磅成本低于零担装运（即利用部分车辆能力进行装运）；铁路或水路之类运输能力较大的运输工具，其每单位重量的运输费用要低于汽车或飞机之类运输能力较小的运输工具的单位重量成本。运输之所以有规模经济特点，是因为与运输有关的一些固定费用可以按整批货物的重量分摊。例如，与运输有关的固定费用包括：运输订单的行政管理费用、运输工具投资费用、货物的装卸费用、管理费用以及装卸设备费用等。规模经济特点使得货物的批量运输显得更合理。例如，集散中心具有集货的职能，利用集散中心将分散的货物集聚起来，形成一定规模后集中运输，可降低单位运输成本，这就是规模效益。

2．距离经济

所谓的距离经济是指每单位距离的运输成本随运输距离的增加而减少。距离经济的合理性类似于规模经济，尤其体现在运输装卸费用的分摊上。距离越长，固定费用分摊后的值越小，每单位距离支付的总费用越低。例如，有的物流企业把1 000千米定义为汽车运输的经济距离，1 000千米以内采用汽车运输，1 000千米以上采用铁路运输；而高价值的物品，或者有时限要求的物品则采用航空运输。

4.2 | 运输方式

4.2.1 运输方式的分类

物流运输方式可按使用的运输工具、运输范畴、运量大小及运输协作程度和中途是否换载进行分类。

1．按使用的运输工具分类

可分为水路运输、公路运输、铁路运输、航空运输、管道运输，如表4-1所示。

表 4-1 　　　　　　　　　　　　　　按运输工具分类的运输方式

运输方式	运输方式描述
水路运输	使用船舶等浮运工具，在江、河、湖、海及人工水道上载运货物的一种运输方式。主要承担大吨位、长距离的货物运输，是在干线运输中起主力作用的运输形式。在河及沿海，水运也常作为小型运输方式，担任补充及衔接大批量干线运输的任务
公路运输	利用汽车等运输工具进行货物运输的方式。公路运输是短途运输采用的主要方式。在综合运输体系中，公路运输的灵活性最高，具体表现为：可以实现"门到门"运输；可实现即时运输；启运批量最小；服务范围广；能最大限度地满足货主个性化的服务需求
铁路运输	利用机车、车辆等技术设备沿铺设轨道运行的运输方式。主要承担长距离、大批量的货物运输
航空运输	使用飞机或其他航空器进行货物运输的一种形式。航空运输在长距离运输（尤其是跨国运输）中显示出其无可比拟的优势，适合价值高、时限高的货物运输
管道运输	利用管道输送气体、液体和粉末状固体的一种运输方式。其运输形式是靠物体在管道内顺着压力方向循序移动实现的，和其他运输方式的重要区别在于，管道设备是静止不动的

2．按运输范畴分类

分为干线运输、支线运输、二次运输、厂内运输，如表4-2所示。

表 4-2 　　　　　　　　　　　　　　按运输范畴分类的运输方式

运输方式	运输方式描述
干线运输	利用铁路、公路干线，大型船舶的固定航线进行的长距离、大载量的运输，是进行距离空间位移的重要运输形式。干线运输一般速度较同种运输工具的其他运输要快，成本也较低。干线运输是运输的主体。例如，海外仓的运营模式就是通过大批量长距离的海运，铺货到海外仓，从而降低运输成本
支线运输	与运输干线相接的分支线路上的运输。支线运输是干线运输与收、发货地点之间的补充运输形式，路程较短，运输量相对较小。支线的建设水平往往低于干线，运输工具水平也往往低于干线，因而速度较慢
二次运输	一种补充性的运输形式，路程较短。干线、支线运输到站后，站与仓库或指定接货地点之间的运输，均属于二次运输。由于此种形式是满足单个单位的需要，所以运量也较小
厂内运输	在工业企业范围内，直接为生产过程服务的运输。一般在车间与车间之间、车间与仓库之间进行，通常将小企业中的这种运输以及大企业车间内部、仓库内部的运输称为"搬运"

3．按运量大小分类

分为整车运输和零担运输，如表4-3所示。

表 4-3 　　　　　　　　　　　　　　按运量大小分类的运输方式

运输方式	运输方式描述
整车运输	是指托运人一次托运货物的数量、性质、形状和体积，必须单独使用一车或一车以上的运输形式
零担运输	是托运人一次托运不满3吨或单件质量不超过200千克、体积不足1.5立方米的零散货物、不够装满一个整车的运输形式

4．按运输协作程度分类

分为一般运输和联合运输，如表4-4所示。

表 4-4	按协作程度分类的运输方式
运输方式	运输方式描述
一般运输	孤立地采用不同运输工具或采用同类运输工具但没有形成有机协作关系的运输形式
联合运输	使用同一运送凭证，由不同运输方式或不同运输企业进行有机衔接以接运货物，利用每种运输手段的优势以充分发挥不同运输工具效率的一种综合运输形式

5．按运输中途是否换载分类

分为直达运输和中转运输，如表 4–5 所示。

表 4-5	按中途是否换载分类的运输方式
运输方式	运输方式描述
直达运输	货物运输时，货物从起运站、港口一直运送至到达站、港口，中途不经过换载、不入库储存的运输形式
中转运输	在货物运往目的地的过程中，在途中的车站、港口、仓库进行转运换载，往往将干线、支线运输有效地衔接，可以化整为零或集零为整，方便用户、提高运输效率

4.2.2 五种运输方式的特点

1．公路运输方式的特点

公路运输主要承担近距离、小批量的货运，或水路运输、铁路运输难以到达地区的长途、大批量货运。公路运输的特点如下。

（1）机动灵活，适应性强

由于公路运输网一般比铁路、水路网的密度要大十几倍，分布面也广，因此公路运输车辆可以"无处不到、无时不有"。公路运输车辆可随时调度，对运量的多少具有很强的适应性。汽车的载重吨位小到 0.25t～1t，大到 200t～300t，既可以以单个车辆独立运输，也可以由若干车辆组成车队同时运输。

（2）可实现门到门直达运输

汽车由于容积较小，中途一般也不需要换装，除了可沿分布较广的路网运行外，还可离开路网深入到工厂企业、农村田间、城市居民住宅等地。也就是说，汽车运输可以把货物从始发地门口直接运送到目的地门口，实现"门到门"直达运输。这是其他运输方式无法比拟的。

（3）运量较小，运输成本较高

汽车由于载重量小，行驶阻力比铁路大 9 倍～14 倍，所消耗的燃料又是价格较高的液体汽油或柴油，因此，除了航空运输，汽车的运输成本是最高的。

2．铁路运输方式的特点

铁路运输是干线运输的主要方式之一，被广泛用于长距离、大批量货物的运输。铁路运输的特点如下。

（1）连续性和可靠性较高

铁路运输可以实现全年全天候不停地运营，受地理和气候条件的限制较小。

（2）运输能力大，安全程度高

铁路是大宗货物的主要运输方式之一。在各种现代化运输方式中，按所完成的货物吨/千米计算的事故率，铁路运输是最低的。

（3）运送速度较高，能耗小

常规铁路的列车运行时速一般为 60km～80km，少数常规铁路可高达 140km～160km，高速铁路运行时速可达 210km～260km，"复兴号"列车在京沪高铁已率先实现 350km 时速运营。铁路机车单位功率所能牵引的重量约比汽车高 10 倍，因而铁路单位运量的能耗比汽车运输少得多。

3．水路运输方式的特点

水路运输主要承担大批量、长距离的货物运输，是干线运输中的重要运输方式之一。水路运输的特点如下。

（1）运输能力大

目前，世界上最大的超巨型油船的载重量已达 56 万吨，矿石船载重量已达 35 万吨，集装箱船已超过 10 万吨。

（2）运输成本低

由于船舶的运载量大，运输里程远，因而分摊到单位重量的运输费用较低。

（3）速度较低

船舶体积较大，水流阻力高，所以航速较低。

4．航空运输方式的特点

航空运输的单位成本较高，因此主要适合运载两类货物：一类是价值高、运费承担能力强的货物，如贵重物品的零部件、高档产品等；另一类是紧急需要的物资，如救灾抢险物资等。航空运输的特点如下。

（1）速度高

与其他运输方式相比，高速度无疑是航空运输最明显的特征。现代喷气运输机时速一般在 900km 左右，是火车的 5 倍～10 倍，海轮的 20 倍～30 倍。

（2）灵活性好

航空运输不受地形、山川、河流的阻碍，只要有机场，有航空设施保证，即可开辟航线。

（3）安全性高

航空运输平稳，货物在空中受到震动、撞击的力度均小于其他运输方式，安全性较好。

（4）运输量小

航空运输运量小，运输成本高，因而适合于贵重物品、精密仪器、计算机、高级服装、鲜活货物等体积小、价值高、时间要求高的物品运输。

5．管道运输方式的特点

管道运输是靠气体、液体和粉末状固体在管道内顺着压力方向循序移动实现的，和其他运输方式重要的区别在于管道设备是静止不动的。管道运输的特点如下。

（1）运量大

管道能够进行不间断输送，连续性强，运输量大。例如，管径 529mm 的管道，年输送能力可达 1 000 万吨；管径 630mm 的管道，年输送能力可达 1 500 万吨等。

（2）机械化程度高

管道输送流体货物，主要依靠每 60km～70km 设置的增压站提供压力能，设备运行比较简单，且易于就地自动化和进行集中遥控。先进的管道增压站已完全做到无人值守。由于节能和高度自动化，可以用人较少，使运输费用大大降低。

（3）有利于环境保护

管道运输不产生噪声，货物漏失污染少，不受气候影响，可以长期安全、稳定运行。

【案例4.2】 西气东输工程

为了将新疆的天然气资源转化为现实的经济资源，改善我国的能源结构，减少大气污染，我国在2000年启动了西气东输工程。这是我国进入新千年后的第一个重大工程，被誉为西部大开发的标志性工程。

新疆有丰富的天然气资源。西气东输工程通过管道运输实现天然气从新疆到上海的长距离输送。该工程西起新疆塔里木盆地的轮南，终点站是上海，途经甘肃、青海、宁夏、陕西、河南、安徽、江苏等省区，全长4 000多千米，总投资1 200亿元。

启示

西气东输工程的建成，可以使我国利用管道运输实现西部天然气对东部沿海地区的能源供应，是一项东、西部双赢的工程。

4.2.3 其他运输方式及特征

1. 多式联运

多式联运指将不同的运输方式组合成综合性的一体化运输，通过一次托运、一次计费、一张单证、一次保险，由各运输区段的承运人共同完成货物的全程运输，即将全程运输作为一个完整的单一运输过程来安排。

多式联运广泛应用于国际货物运输中，称为国际多式联运。它一般以集装箱为媒介，把海洋运输、铁路运输、公路运输、航空运输和内河运输等传统的运输方式有机结合起来，采用一体化方式综合利用，以完成国际运输任务。

多式联运方式，有利于发挥综合运输的优势，提高企业经济效益和社会效益；有利于挖掘运输潜力，加速货位周转，提高运输效率；有利于形成以城市为中心、港站为枢纽的综合运输网络；有利于无港站的县、市办理客货运输业务；有利于交通运输管理体制的改革。

多式联运的特点如下。

（1）根据多式联运的合同进行操作，运输全程中至少使用两种运输方式，而且是不同方式的连续运输。

（2）多式联运的货物主要是集装箱货物，具有集装箱的特点。

（3）多式联运是一票到底，实行单一费率的运输，发货人只要订立一份合同，一次性付费，一次保险，通过一张单证即可完成全程运输。

（4）多式联运是不同运输方式的综合组织。其全程运输均由多式联运经营人完成或组织完成，无论涉及几种运输方式，分为几个运输区段，多式联运经营人都要对全程负责。

（5）货物全程运输是通过多式联运经营人与各种运输方式、各区段的实际承运人订立分运（或分包）合同来完成的，各区段承运人对自己承担区段的货物负责。

（6）在起运地接管货物，在最终目的地交付货物及全程运输中各区段的衔接工作，由多式联运经营人的分支结构或代表或委托的代理人完成，这些代理人及承担各项业务的第三方对自己承担的业务负责。

（7）多式联运经营人可以在全世界运输网络中选择适当的运输路线、运输方式和各区段的实际承运人，以降低运输成本，提高运达速度，实现合理运输。

2．集装箱运输

集装箱又称"货箱""货柜"，是专供周转使用并便于机械操作的大型货物容器。使用集装箱转运货物，货物可直接在发货人的仓库装货，运到收货人的仓库卸货，中途更换运输工具时，无须将货物从箱内取出换装。

集装箱运输是可以在最大限度上减少运输过程中造成的货损，例如，可以抵御风雨、外力等一些不可避免的因素对货物造成的损害。因此，集装箱运输业务以其保障性高、运输费用低廉而深受广大货主的钟爱。

集装箱运输是一种现代化运输方式，主要特点如下。

（1）提高了运输质量。因此用集装箱运输货物可以最大限度地减少货损。

（2）提高了装卸和运输效率。在全程运输中，以集装箱为媒介，使用机械装卸、搬运，可以在无须接触或移动箱内所有货物的前提下，从一种运输工具直接方便地换装到另一种运输工具。

（3）推动了包装合理化和标准化

（4）有利于组织多式联运。集装箱作为一种标准运输单元的出现，各种运输工具的运载尺寸向统一的、满足集装箱运输需要的方向发展。

3．散装运输

散装运输指产品不带包装的运输，是用专门设备将产品直接由生产厂方送至用户使用的运输方式。目前采用散装运输的产品主要是原油等油料、水泥等粉料、焦炭等块料及化工产品中的塑料切片、粒料、粉料等。

散装运输在特定的场合具有无可比拟的优越性，其主要特点如下。

（1）节省包装材料和费用，减少货物在运输过程中的损失，提高运输质量，加快车船周转速度，提高运输效率。如水泥用散装比使用纸包装每吨可节约几元甚至十几元。

（2）工作环节少，机械化、自动化程度高，装卸车、船速度较快。散装运输在提高装卸效率，加速车船周转等方面，具有显著效益。

4.3 | 运输合理化

【案例 4.3】 沃尔玛的合理化运输

企业在日常工作决策中，运输的成本、速度和一致性是最有可能影响运输合理化的三个因素。因为最低的运输费用并不意味着最低的运输成本，最低的运输总成本也并不意味着合理化的运输。运输的合理化关系着其他物流环节设计的合理化。因此，应首先站在整个物流系统一体化的高度，纵观全局，再对运输的各个具体环节进行优化，最终达到合理化。沃尔玛在运输方案中，采用大尺寸、大容量的装载运输工具，24 小时全天候卸货，目的是提高运输效率，缩短运送时间，降低运输成本，使运送时间最短，运送成本最经济。这是沃尔玛的运输成本比供货厂商自己运输产品要低的原因。所以厂商也使用沃尔玛的卡车来运输货物，从而做到了把产品从工厂直接运送到商场，大大节省了产品流通过程中的仓储成本和转运成本。

启示

运输方面，沃尔玛不仅在时间和成本的节约上下足功夫，同时也辅助以安全保障措施，先进的物流信息技术，以及与配送中心的紧密结合。物流运输的合理化运营，减少了运输环节，降低了运输费用，缩短了运输时间，实现了运输成本在整个物流系统中的有效降低。

扫一扫

UPS 物流优化
视频

4.3.1 不合理运输

不合理运输是指运输中存在运力浪费、运输时间增加、运费超支等问题。不合理运输的表现形式有下列几种。

1. 单程空驶

由于车货信息不匹配或事先运输计划不周，造成启程或返程空驶现象。

【案例 4.4】 借助"互联网+物流"解决车货匹配问题

我国不同地区由于经济发展的不均衡，运输市场货源规模差异大，一些司机习惯走固定路线等原因，往往会造成车货信息不匹配，司机难以找到合适的货源信息，导致单程空驶现象较多。如今，借助"互联网+物流"可以解决信息不对称、货源不均衡的问题。车货匹配App 就是一种利用信息系统平台发布货源信息的软件。司机通过车货匹配 App 就可以得知相关的货源信息。运满满和壹米滴答也是专业的物流手机软件。通过这两款软件，货主和车主可以寻找车源信息、货源信息或者发布车源信息、货源信息。在"互联网+"时代，通过移动平台解决单程空驶问题实现车货匹配，已经成为现实。

启示

请大家上网收集资料列举"互联网+物流"如何给物流管理带来变革，车货匹配 App 帮助物流企业减少单程空驶提升运输效率的案例。

2. 对流运输

对流运输也称"相向运输""交错运输"，指同一种货物，或彼此间可以互相代用而不影响管理、技术及效益的货物，在同一路线或平行路线上做相对方向的运送，而与对方运程的全部或一部分发生重叠交错的运输，如图 4-1 所示。

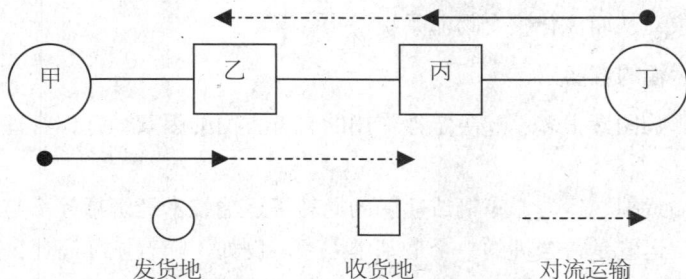

图 4-1 对流运输

3．迂回运输

迂回运输是指可以选取短距离进行运输而不选取，却选择路程较长的路线进行运输。其主要是指因计划不周、位置不熟、组织不当而造成的迂回运输。如果最短距离内有交通阻塞、道路情况不好或有对噪声、排气等特殊限制而导致的迂回运输，不能称作不合理运输。

4．重复运输

重复运输有以下两种形式。一种形式是本来可以直接将货物运达目的地，但是在未达目的地之处，或目的地之外的其他场所将货卸下，再重复装运送达目的地。另一种形式是，同品种货物在同一地点一边运进，一边又向外运出。重复运输的最大问题是增加了不必要的中间环节，降低了货物流通速度，增加了运输费用，增大了货损。

5．倒流运输

倒流运输是指货物从销地或中转地向产地或起运地回流的一种运输现象，如图4-2所示。其不合理程度要大于对流运输，其原因在于，往返两程的运输都是不必要的，形成了双向浪费。

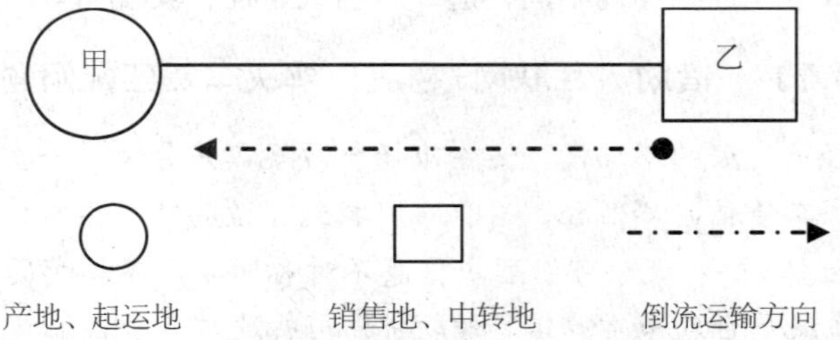

图 4-2　倒流运输

6．过远运输

过远运输是指调运物资舍近求远，近处有资源不调而从远处调，这就造成可采取近程运输的未采取，拉长了货物运距的浪费现象。

7．运力选择不当

运力选择不当是指未利用各种运输工具的优势或不正确地选择运输工具造成的不合理现象。

8．托运方式选择不当

对于货主而言，可以选择最好托运方式而未选择，造成运力浪费及费用支出加大的一种不合理运输。

上述的各种不合理运输形式都是在特定条件下才会表现出来的，在进行判断时必须注意其不合理的前提条件，不能绝对看成不合理。在实践中，管理者应从系统角度，综合进行判断，以避免"效益背反"现象，从而优化整个物流系统。

4.3.2　合理运输的五要素

运输合理化的影响因素很多，起决定性作用的有五方面的因素，称作合理运输的五要素。

1．运输距离

运输时间、运输货损、运费、车辆或船舶的周转等运输技术经济指标都与运距有一定比例关系。运距长短是决定运输是否合理的一个最基本因素。例如，随着城际高速公路和高速铁路的快速发展，城市之间的运输日益依赖高速公路运输，而高速铁路在长距离运输市场上，将会很大程度上抢占航空运输市场。

2．运输环节

每增加一次运输，不但会增加起运的运费和总运费，还会增加装卸、包装等附属活动，导致物流效率下降。所以，减少运输环节，尤其是同类运输工具的环节，对合理化运输有促进作用。

3．运输工具

根据各种运输方式的特点及运输要求，选择合适的运输方式是运输合理化的重要问题。在国民经济运输体系中，公路运输所占比重是最大的；在国际物流货物运输中，水运所占份额则最多。

各种运输工具都有其使用的优势领域，物流企业对运输工具进行优化选择，按运输工具特点进行装卸作业，能最大限度发挥所用运输工具的作用，是运输合理化的重要一环。

4．运输时间

运输是物流过程中花费时间较多的环节，尤其是远程运输。在全部物流时间中，运输时间占绝大部分。而在当今激烈的市场竞争中，运输时间已经成为运输企业的重要竞争要素，运输时间直接影响交货日期。所以，运输时间的缩短对整个流通时间的缩短有着决定性的作用。

5．运输费用

运费在全部物流费用中占很大比例，一般来说，在35%～50%，运费高低在很大程度上决定整个物流系统的竞争能力。运输时间与运输成本是相互矛盾的，例如，为缩短运输时间而采用高速的运输方式（如空运），可能增加运输费用。为降低运输费用而采用慢速匀速方式（如水上运输）可能会延长运输时间。运输合理化就是要在运输速度和运输费用之间找到最佳平衡点。

4.3.3　运输合理化的途径

【案例4.5】　海尔的共同运输

推进共同运输是运输合理化的主要途径之一。共同运输不仅可以追求组织效益，而且可以追求规模效益，还可以有效降低成本。例如，海尔通过推动业务流程再造，将原来分属冰箱、冷柜、空调和洗衣机等事业部的物流职能统一到物流推进本部，大大提高了运输效率。

启示

共同运输作为合理化运输的方式，可以降低空载率和运输成本。海尔正是利用共同运输，追求规模效益，降低成本，才提高运输效率。

1．提高运输工具实载率

实载率有两个含义：一是单车实际载重与运距之乘积和标定载重与行驶里程之乘积的比率，是在安排单车、单船运输时，作为判断装载合理与否的重要指标；二是车船的统计指标，即一定时期内车船实际完成的货物周转量（以吨千米计）占车船载重吨位与行驶千米之乘积的百分比，在计算时车船行驶的路程，不但包括载货行驶，也包括空驶。

2．采取减少动力投入，增加运输能力的有效措施

这种合理化的要点是：少投入、多产出，走高效之路。运输的投入主要是能耗和基础设施的建设，在设施建设已定型和完成的情况下，尽量减少能源投入，是少投入的核心。做到了这一点就能大大节约运费，降低单位货物的运输成本，达到合理化目的。

3．发展社会化的运输体系，推进共同运输

运输社会化的含义是发展运输的大生产优势，实现专业分工，打破物流公司一家一户自成运输体系的状况。实现运输社会化，可以统一安排运输工具，避免对流、倒流、空驶、运力不当等多种不合理形式，不但可以追求组织效益，而且可以追求规模效益。所以发展社会化的运输体系是运输合理化非常重要的措施。目前，铁路运输的社会化运输体系比较完善，而在公路运输方式中，小生产方式还非常普遍，是建立社会化运输体系的重点。

企业内部各部门之间、各子公司或分公司之间以及不同的企业之间通过在运输上开展合作，可以提高运输工作效率，降低运输费用。

4．开展中短距离铁路公路分流，"以公代铁"的运输

在公路运输经济里程范围内，或者经过论证，超出通常平均经济里程范围，也尽量利用公路。这种运输合理化的表现主要有两点：一是对于比较紧张的铁路运输线路，在公路分流后可以得到一定程度的缓解，从而加大这一区段的运输通过能力；二是充分利用公路从门到门和在中途运输中速度快且灵活机动的优势，实现铁路运输服务难以达到的水平。

5．尽量发展直达运输

直达运输主要指运输部门尽量减少货物运输的中间环节，把货物由产地直接运送给客户，它是交通运输部门组织的主要形式。直达运输是追求运输合理化的重要形式，其对合理化的追求要点是可以缩短货物运输时间，通过减少中转换载，提高运输速度，节省装卸费用，降低中转货损。

直达的优势在一次运输批量和用户一次需求量达到一整车时表现最为突出。此外，在生产资料、生活资料运输中，通过直达，建立稳定的产销关系和运输系统，可以用最有效的技术来实现这种稳定运输，提高运输的计划水平，从而大大提高运输效率。

直达运输的合理性也是在一定条件下才会有所表现，不能绝对认为直达一定优于中转。直达与否要根据用户的要求，从物流总体出发做综合判断。如果从用户需要量看，则批量大到一定程度，直达是合理的，批量较小时中转是合理的。

6．配载运输

配载运输是充分利用运输工具载重量和容积，合理安排装载的货物及载运方法以求得合理化的一种运输方式。配载运输也是提高运输工具实载率的一种有效形式。

配载运输往往是轻重商品的混合配载，在以重质货物运输为主的情况下，同时搭载一些轻泡货物，如海运矿石、黄沙等重质货物，在舱面捎运木材、毛竹等，铁路运矿石、钢材等重物上面搭载轻泡农、副产品等，在基本不增加运力投入和不减少重质货物运输的情况下，解决了轻泡货的搭运，因而效果显著。

7．"四就"直拨运输

"四就"直拨，首先是由管理机构预先筹划，然后就厂、就站（码头）、就库或就车（船）将货物分送给用户，而无须再入库。"四就"直拨是减少中转运输环节，力求以最少的中转次数完成运输任务的一种形式。

8．发展特殊运输技术和运输工具

依靠科技进步是运输合理化的重要途径。例如，专用散装罐车，解决了粉状、液状物运输损

耗大、安全性差等问题；袋鼠式车皮、大型半挂车解决了大型设备整体运输问题；"滚装船"解决了车载货的运输问题，集装箱船比一般船能容纳更多的箱体，集装箱高速直达车船加快了运输速度等，都是通过先进的科学技术实现运输合理化。

9．通过流通加工使运输合理化

有不少产品，由于产品本身形态及特性问题，很难实现运输的合理化。这些产品如果进行适当加工，就能够有效解决合理运输问题。例如，将造纸材料在产地预先加工成干纸浆，然后压缩体积运输，就能解决造纸材料运输不满载的问题；轻泡产品预先捆紧包装成规定尺寸，再装车就容易提高装载量；水产品及肉类预先冷冻，就能够提高车辆装载率并降低运输损耗。

4.4 | 认识运输设施设备

4.4.1 公路运输设施设备

公路运输设施设备主要包括公路、汽车货运站（场）、货运汽车。

1．公路

公路一般由路基、路面桥梁、涵洞、排水系统、防护工程设施和交通服务设施构成。

我国的公路按照技术分级可分为汽车专用公路、一般公路。汽车专用公路是专门提供各类汽车、摩托车等快速机动车行驶的公路，一般不允许慢速机动车（如拖拉机）和非机动车及行人使用。它可分为高速公路、一级专用公路和二级专用公路。一般公路既可供汽车、摩托车使用，也可供慢速机动车（如拖拉机）、非机动车及行人使用。一般公路构成的交通称为混合交通，包括二、三、四级公路。选择公路等级的技术依据可以是交通量调查或预测、公路网络整体规划。

我国的公路按照行政分级可分为国道、省道、县道、乡道和专用公路，如表 4-6 所示。

表 4-6 公路的分级

公路分级			概述
技术分级	汽车专用公路	高速公路	专供汽车分道高速行驶的全封闭、全立交的公路，折合成小客车的年平均昼夜交通流量在 2.5 万辆以上，有四个以上的行车道。设计年限为 20 年
		一级专用公路	连接高速公路与大城市的结合部、开发区及专区的干线公路，要求与高速公路基本相同，部分控制出入口，折合成小客车的年平均昼夜交通流量在 1 万～2.5 万辆以上
		二级专用公路	连接政治、经济中心或大型专区的公路，有两个以上行车道，折合成中型载货汽车的年平均昼夜交通流量在 4 500 辆～7 000 辆
	一般公路	二级公路	连接政治、经济中心或大型专区的公路，两个以上行车道，折合成中型载货汽车的年平均昼夜交通流量在 2 000 辆～5 000 辆。设计年限为 15 年
		三级公路	折合成中型载货汽车的年平均昼夜交通流量在 2 000 辆以下，为沟通县、乡镇的集散公路。设计年限为 10 年
		四级公路	折合成中型载货汽车的年平均昼夜交通流量在 200 辆以下，多为沟通乡、镇、村等的地方公路。设计年限不超过 10 年

公路分级			概述
行政分级	国道	第一类	以北京为中心向全国各地延伸的国道（共12条） 以"编号1+序号"命名：如107国道（北京—深圳）
		第二类	南北纵线国道（不通过北京）（共27条） 以"2+序号"命名：如210国道（包头—南宁）
		第三类	东西横线国道（不通过北京）（共29条） 以"3+序号"命名：如310国道（连云港—天水）
	省道		省、自治区、直辖市干线公路
	县道		县级公路
	乡道		乡村公路
	专用公路		供工业专区、军事要地等与外部联系

其中高速公路作为一种主要形式，实行封闭型管理，可以封闭、全立交、严格控制出入；保证汽车专用、限速通行，保证营运管理唯一性；并设中央分隔带、分道、分向行驶；具有完善的设施（安全、通信、监控、服务等）。高速公路设施与设备如表4-7所示。

表4-7　　　　　　　　　　　　高速公路设施与设备

高速公路设施与设备	外场设施	应急电话
		车辆检测器
		气象检测器
		可变情报板
		可变限速板和可变标识牌
		可调摄像机
	机房设施	主控台
		系统管理软件
		供电设施

2. 汽车货运站（场）

（1）汽车货运站（场）的主要功能

货运站（场）的基本功能为：提供运输组织、运输中转和货物装卸储运服务及中介代理服务、通信信息服务、辅助服务等。

① 运输组织功能

汽车站场可对经营区内的货源、货流等进行调查和预测，掌握运输车辆情况，制订货物运输计划。

② 中转和装卸储运功能

汽车运输站场可办理货物中转、零担货物收存与发送、水运和铁路运输货物的中转、集装箱货物的分解发送等业务。站场具有装卸车设备，一定的仓储设施与设备等。

③ 中介代理功能

站场可为服务区客户代办各种货运业务，为货主和车主提供双向服务，帮助他们选择最佳线路，组织多式联运等带有中介性质的服务。

④ 通信信息服务功能

站场可对一定时期内货物的流量、流向、流时进行统计，为货运站组织管理提供依据；站场掌握车流、货源信息，可为货主和车主提供信息，帮助牵线搭桥。

（2）货运站的类型

目前，我国汽车运输的货运形式大致可分为整车货运、零担货运、集装箱货运、快速货运四种运输方式。与这四种运输形式对应的货运站可分为整车货运站、零担货运站（含快速货运）、集装箱货运站和由上述两种或两种以上站组成的综合型货运站。

① 整车货运站

整车货运站主要办理大批量整车货物运输业务。承担货运车辆在站内的停放和保管作业；整车货运站一般不提供仓储设备，主要提供运力，具有大型载货汽车和高效的装卸机械。

② 零担货运站（含快速货运）

零担货运站是指专门经营零担货物运输的汽车站。零担货是指一次托运计费质量不到 3 吨，单件不超过 200 千克，体积不超过 1.5 立方米的货物。

③ 集装箱货运站

集装箱货运站是指承担集装箱中转运输任务的货运站。可开展港口、火车站与货主之间的门到门运输；中转集装箱的拆箱、装箱、仓储、接送；空、重集装箱的装卸、堆放和集装箱的检查、清洗、消毒、维修；车辆、设备的检查、清洗、维修和存放；代办报关、报检等货运代理业务。

3．货运汽车

货运车辆按用途和使用条件可分为普通货运汽车和专用货运汽车两大类。

普通货运汽车是指具有栏板式车厢，用于运载普通货物的汽车；专用货运汽车是指装置有专用设备、具备专用功能、承担专门运输任务的汽车，如汽车列车、厢式货车、冷藏保温车、罐式车、自卸车等。

普通栏板式货车具有整车重心低、载重量适中的特点。适合于装运百货和杂品。普通栏板式货车如图 4-3 所示。

厢式车在物流领域是应用最广泛的一种车型。由于其小巧灵便，因此，无论大街小巷均可长驱直入，是"门到门"运输使用的主要工具。厢式车如图 4-4 所示。

图 4-3　普通栏板式货车　　　　　　　　　　图 4-4　厢式车

自卸车是一种可以自动后翻或侧翻，使货物自动卸下的车辆。在矿山和建筑工地使用较多。自卸车如图 4-5 所示。

罐式车装有罐状容器，密封性强，一般用于运送易挥发、易燃物，危险品和粉状物料等。罐式车如图 4-6 所示。

汽车列车是指一辆汽车（货车或牵引车）与一辆或一辆以上挂车的组合。汽车和牵引车为汽车列车的驱动车节，称为主车；被主车牵引的从动车节称为挂车，如图4-7所示。

冷藏保温汽车是指装有冷冻或保温设备的厢式货车，车上的制冷装置为货物提供最适宜的温度和湿度条件，用来满足对温湿度有特殊要求的货物运输需要，如图4-8所示。

图4-5　自卸车　　　　　　　　图4-6　罐式车　　　　　　　　图4-7　汽车列车

集装箱运输车是指专门用来运输集装箱的专用汽车。它主要用于港口码头、铁路货场与集装箱堆场之间的运输。集装箱运输车如图4-9所示。

图4-8　冷藏保温车　　　　　　　　　　图4-9　集装箱运输车

4.4.2　铁路运输设施设备

铁路运输设施设备包括铁路、机车车辆、信号设备和站场。这里主要介绍机车车辆和车站。

1. 铁路机车与车辆

（1）铁路机车

铁路机车按动力类型来分，分为蒸汽机车、内燃机车和电力机车。

（2）车辆

车辆是运载货物的工具，本身不具备动力，靠机车牵引。车辆的种类有棚车、平车、敞车、罐车、保温车（冷藏车）等。

棚车是有侧墙、端墙、地板和车顶，在侧墙上开有滑门和通风窗的铁路货车，主要用于装载怕日晒、怕潮湿的货物和较贵重的货物。如化肥、布匹、仪器及日用品等，如图4-10所示。

平车是指不带端、侧板的货车。平车主要用于运送钢材、木材、汽车、拖拉机、机器、桥梁构件和沙石等货物，如图4-11所示。

敞车的车体由端墙、侧墙及地板组成，主要用来装运不怕湿的散装或包装货物，如煤炭、矿石、木材、钢材、机械设备及集装箱货物等。若在所装运的货物上面加盖防水篷布，也可代替棚车装运怕湿货物。因此，敞车具有很大的通用性，在货车中的数量也最多，如图 4-12 所示。

罐车车体为一卧式圆筒，装有安全调压装置，专用于装运液体、液化气体和压缩气体等货物，也有少数罐车是用来装运粉状货物的，如图 4-13 所示。

图 4-10　棚车

图 4-11　平车

图 4-12　敞车

图 4-13　罐车

保温车又称为冷藏车，车体外形与棚车相似，但车体外表涂成银灰色，以便于反射阳光，减少太阳辐射的影响。保温车主要用于运送鲜鱼、肉类、蔬菜、水果等新鲜易腐货物。保温车根据其制冷方式又可以分为加冰保温车和机械保温车，如图 4-14 所示。

2. 铁路车站

铁路车站是铁路运输的基本生产单位，旅客的上下车和货物装卸车及其有关作业都是在车站进行的。

铁路车站按作业性质可划分为：中间站、区段站、编组站；按业务性质可划分为：客运站、货运站、客货运站；按等级分为：特等站、1 等～5 等站。

图 4-14　保温车

（1）中间站的主要作业包括：货物承运、装卸、保管与交付。中间站的主要设备：货物仓库、站台、装卸机械；到发线、牵出线和货物线；信号及通信设备。

（2）区段站多设在中等城市和铁路网上牵引区段的分界线。主要任务是办理货物列车的中转作业。

火车区段站的主要设备与中间站基本相同。运转设备包括到发线、调车场、牵出线、机车走行线等；机务设备包括机务段或机务折返段；车辆设备包括列车检修所和站修所。

（3）编组站主要任务是解编各类货物列车；组织和取送本地区车流（小运转列车）；供应列车动力，整备检修机车；列车的日常技术保养。编组站的主要设备有办理运转作业的调车设备；行车设备；机务设备（机务段）和车辆设备（车辆段）。

4.4.3 航空运输设施设备

航空运输设备由机场、飞机和通信导航设备组成。这里主要介绍机场和飞机的有关知识。

1. 机场

机场是供飞机起飞、着陆、停驻、维护、补充给养、组织飞行保障活动所用的场所。机场是民航运输网络中的节点，是航空运输的起点、终点和经停点。机场可实现运输方式的转换，是空中运输和地面运输的转接点，机场也称为航空站。

从不同的角度出发，机场可以做以下分类。

按航线性质可分为：国际航线机场和国内航线机场。

按在民航运输网络中的作用可分为：枢纽机场、干线机场和支线机场。枢纽机场是指国内国际航线密集的机场。在我国，北京、上海、广州三大机场属于枢纽机场；干线机场是指各直辖市、省会、自治区首府以及一些重要城市或旅游城市（如大连、厦门、桂林和深圳等）的机场，共有30多个。

2. 飞机

飞机按机舱载货方式分全货机和客货两用机。

（1）全货机是指机舱全都可以用于装载货物甚至是集装箱的飞机，一般载重较大，有较大的舱门，或机身可转折，便于装卸货物；货机修理维护简易，可在复杂气候下飞行，如图4-15所示。目前，世界上最大的全货机装载量可以达到250吨，通常的商用大型全货机载重量在100吨左右。

图4-15 货运飞机

（2）客货两用机，即普通客机，上舱（主舱）用于载客，下舱（腹舱）用于载货。

波音系列是常见的机型，B737系列机型不接托盘货，货物单件毛重不能超过80kg。货舱总容积为$20m^3 \sim 30m^3$，货物业务载量为3t～5t。

4.4.4 水路运输设施设备

水路运输设施设备主要包括港口、船舶和航道。这里主要介绍港口、船舶的有关知识。

1. 港口

港口是供船舶安全停靠，及完成货物由船到岸、由岸到船或由船到船的转运，并为船舶提供补给、修理等技术服务和生活服务的场所。现代港口具有综合物流中心的功能，可提供货物、集装箱的中转、装卸和仓储等综合物流服务。

（1）港口的分类

① 按用途划分，港口可分为：货主港、商业港、军用港、避风港。货主港是指企业自己使用的港口。商业港是供商船进出使用的公共性质的港口。军用港是用于军事目的的港口。避风港是为船只躲避台风等灾害而设置的港口。

② 按地理条件划分，港口可分为：河口港、海港、河港、湖港、水库港。

河口港是指河流入海口处的港口，如上海港。海港是指海岸线上的港口，如大连港。河港是指河流沿岸上的港口，如武汉港。湖港是指湖泊岸壁的港口。水库港是指水库岸壁的港口。

③ 从运输角度划分，港口可分为：支线集散型港口、海上转动型港口、水陆腹地型港口。

支线集散型港口具有较小码头或部分中型码头，主要挂靠支线运输船舶和短程干线运输船舶。海上转动型港口具有大型码头，是海上运输主要航线的连接点和支线的汇集点，主要功能是在港区内接收、堆存和装船发送货物。水陆腹地型港口，为国际运输主要航线的端点港，是水陆交通枢纽，主要功能是服务于内陆腹地的集散运输，兼营海上转运业务。

（2）港口的主要设备设施

港口的设备设施可以分为港口陆域设施设备和港口水域设施设备。例如，港口装卸机械，码头与泊位、仓库与堆场、港口铁路与道路等；港口设备设施如图4-16所示。

（a）岸边集装箱起重机　　　　　　　　（b）港口铁路线路

图4-16　港口设施设备

2. 船舶

（1）干散货船（散装货船）

干散货船是用以装载无包装的大宗单一货物的船舶，一般多为单甲板船。干散货船的分类如表4-8所示。

表 4-8		干散货船分类	
干散货船分类	按积载因数（每吨货物所占的体积）不同分	散装货船	装载粮食、煤等货物积载因数相近的船舶
		矿砂船	装载积载因数较小的矿砂等货物的船舶

续表

干散货船分类	按总载重量（DW）分	好望角型船	DW>10 万吨
		巴拿马型船	DW>6 万吨
		轻便型散货船	3.5 万吨<DW<4 万吨
		小型散货船	2 万吨<DW<2.7 万吨

（2）杂货船（普通货船）

用于装载一般包装、袋装、箱装和桶装的普通货物船舶，如图 4-17 所示。杂货船的特点如表 4-9 所示。

图 4-17　杂货船

表 4-9　　　　　　　　　　　　　　杂货船特点

杂货船的特点	载重量较小。远洋杂货船 DW=1 万~1.4 万吨；近洋 DW < 5 000 吨；沿海 DW 在 3 000 吨以下
	杂货船一般设有 2 层~3 层甲板，多个货舱，多采用尾机型
	杂货船一般设有首楼，机舱上部有桥楼
	万吨级杂货船一般设有压载深舱，也可用来装载液体货物
	杂货船一般设有以吊杆为主的起货设备，每个货舱设有一个舱口
	一般为低速船
	采用单机单桨

（3）冷藏船

冷藏并运输鱼、肉、果蔬等货物的船舶。冷藏船具有货舱，是一个大冷藏库；四周隔热，设置制冷装置；严格控制舱内的温度、湿度、二氧化碳含量等参数的特点。

（4）木材船

专门用于装载木材或原木的船舶，如图 4-18 所示。

其结构特点是舱口大，舱内无梁柱和其他妨碍装卸的设备；船舱及甲板均可装载木材；船两侧设有 1 米以上的船舷。

（5）原油船

专门用于运载原油的船舶，如图 4-19 所示。其特点是装载量大，一般为单底（发展方向为双层底）；甲板无大的舱口，用泵和管道装卸原油；舱内设有加热设备。

图 4-18 木材船

图 4-19 原油船

（6）集装箱船

专门用于载运集装箱的船舶，如图 4-20 所示。其特点是舱口宽而长，总纵强度低；多为单层底，中尾机型，单机单桨。多数不装起货设备，需停靠专用集装箱码头。集装箱船平均航速在 20n mile/h 左右，最高可达 33n mile/h。

按箱数，集装箱船大致分为 1000TEU/2000TEU/3000TEU，现已发展到 6000TEU 以上。TEU 是以长度为 20 英尺（6.09m）的集装箱为国际计量单位，也称国际标准箱单位，通常用来表示船舶装载集装箱的能力，也是集装箱和港口吞吐量的重要统计、换算单位。

（7）滚装船

主要用于运输汽车和集装箱的船舶，如图 4-21 所示。这种船本身无须装卸设备，一般在船侧或船的首、尾有开口斜坡连接码头，装卸货物时，或者是汽车，或者是集装箱（装在拖车上的）直接开进或开出船舱。

优点是不依赖码头上的装卸设备，装卸速度快，可加速船舶周转。

图 4-20 集装箱船

图 4-21 滚装船

（8）液化气运输船

专门运输液化气体（液化石油气、天然气等）的船舶，如图 4-22 所示。按液化气的贮存方式不同液化气运输船可分成三类：压力式液化气船，低温压力式液化气船和低温式液化气船。

（9）载驳船

专门运载货驳的船舶，又称子母船，用于河海联运，如图 4-23 所示。

作业过程是先将驳船（为尺度统一的船，又称为子船）装上货物，再将驳船装上载驳船（又称母船），运至目的港后，将驳船卸下水域，由内河推船分送至目的港装卸货物并等待另一次运输。特点是不需码头和堆场，装卸效率高，便于海—河联运；但造价高，货驳的集散组织复杂。

图 4-22　液化气运输船

图 4-23　载驳船

4.4.5　管道运输设施设备

1. 输油管道的设施设备

长距离输油管道由输油站和管线两大部分组成。输油站包括首站、末站、中间泵站等；输油管道的线路（即管线）包括管道，沿线阀室，穿越江河、山谷等的设施和管道阴极防腐保护设施等。为保证长距离输油管道的正常运营，管道还设有供电和通信设施。具体设备如下。

① 输油泵站

输油泵站的基本任务是供给油流一定的能量（压力能或热能），将油品输送到终点站（末站）。

② 输油加热炉

在原油输送过程中，采用加热炉为原油提供热能，其目的是使原油温度升高，防止输送过程中原油在输油管道中凝结，减少结蜡，降低动能损耗。

③ 储油罐

为储存石油及其产品的设备。可分为地下油罐、半地下油罐和地上油罐。

④ 管道系统

一般采用有缝或无缝钢管。无缝钢管壁薄、质轻、安全可靠，但造价高，多用于工作压力大、作业频繁的主要输油管线上。

焊接钢管又称有缝钢管，是目前输油管路的主要用管，制造材料多为普通碳素钢和合金钢，制造工艺有单面焊和双面焊两种。

⑤ 清管设备

油品运输过程中，管道结蜡使管径缩小，造成输油阻力增加、油品运输能力下降，严重时可使原油丧失流动性，导致凝管事故发生。处理管道结蜡有效而经济的方法是机械清蜡，即从泵站收发装置处放入清蜡球或其他类型的刮蜡器械，利用泵输送原油在管内顶挤清蜡工具，使蜡清除并随油输走。

2. 天然气管道运输设施设备

输气管道系统主要由矿场集气管网、干线输气管道（网）、城市配气管网以及与此相关的站、场等设备组成。这些设备从气田的井口装置开始，经矿场集气、净化及干线输送，再经配气管网送到用户，形成一个统一的、密闭的输气系统。

（1）矿场集气

集气过程指从井口开始，经分离、计量、调压、净化和集中等一系列过程，到向干线输送为止。集气设备包括井场、集气管网、集气站、天然气处理厂、外输总站等。

（2）输气站

输气站包括压气站、调压计量站和分输站等。压气站的核心设备是压气机和压气机车间。任务是对气体进行调压、计量、净化、加压和冷却，使气体按要求沿着管道向前流动。

（3）干线输气

干线是指从矿场附近的输气首站开始到终点配气站为止。

（4）城市配气

城市配气指从配气站（即干线终点）开始，通过各级配气管网和气体调压所按用户要求直接向用户供气的过程。配气站是干线的终点，也是城市配气的起点与枢纽。气体在配气站内经分离、调压、计量和添味后输入城市配气管网。

3. 固体料浆管道运输设施设备

用管道输送各种固体物质的基本措施是将待输送固体物质粉碎为粉粒状，再与适量的液体配置成可泵送的浆液，通过长输管道输送这些浆液到目的地后，再将固体与液体分离送给用户。这种方式主要用于输送煤、铁矿石、磷矿石、铜矿石、铝矾土和石灰石等矿物。

料浆管道运输系统可分为以下三个不同组成部分。

（1）浆液制备系统

以煤为例，煤浆制备过程包括洗煤、选煤、破碎、场内运输、浆化、储存等环节。

（2）中间泵站

中间泵站的任务是为煤浆补充压力能，停运时则提供清水冲洗管道。

（3）后处理系统

煤浆的后处理系统包括脱水、储存等部分。

模拟实训

【实训主题】

调研本地运输企业的运输作业流程。

【实训目的】

通过对本地区运输企业状况和流程的了解，培养学生对运输流程整体的感性认识。

【实训内容】

重点调研运输企业的发货流程。

【实训过程设计】

（1）教师将学生分组。

（2）教师讲解实训项目的要求和目的。

（3）分组进行实地调研。

（4）小组讨论，撰写调研报告。

（5）分组做 PPT 汇报。

（6）全班进行分组讨论，指导教师对讲解内容给予评价和总结，最后给出正确结论。

课后练习

一、单选题

1. 运输向用户提供的不是有形产品，而是一种服务，它创造了物品的（   ），并以该效用为主，辅以多种增值服务功能，满足了用户的需求。

    A. 时间效用　　　　B. 经济效用　　　　C. 空间效用　　　　D. 增值效用

2. 物品从产地直接运到销地，以减少中间环节的运输方式是（   ）。

    A. 直拨运输　　　　B. 直达运输　　　　C. 产销平衡　　　　D. 合整装载运输

3. 下列运输方式中，成本最低的是（   ）。

    A. 铁路运输　　　　B. 航空运输　　　　C. 水路运输　　　　D. 公路运输

4. 运输规模越大，运输商品所花费的（   ）越小。

    A. 固定成本　　　　B. 变动成本　　　　C. 联合成本　　　　D. 单位成本

5. 以下运输方式中，计划性较强，行驶阻力较小的是（   ）。

    A. 公路运输　　　　B. 铁路运输　　　　C. 水路运输　　　　D. 航空运输

6. 下列运输方式中，哪一种运输方式能实现门到门的服务（   ）。

    A. 铁路运输　　　　B. 航空运输　　　　C. 水路运输　　　　D. 公路运输

7. 运输提供了物品位移和（   ）的职能。

    A. 短期存储　　　　B. 简单加工　　　　C. 信息流转　　　　D. 增值服务

8. 下列运输方式中，哪一种运输方式速度最快，安全性最高，货损率最低（   ）。

    A. 公路运输　　　　B. 铁路运输　　　　C. 水路运输　　　　D. 航空运输

9. 滚装船主要用于运输（   ）和集装箱。

    A. 汽车　　　　　　B. 散装货物　　　　C. 原油　　　　　　D. 木材

10. 铁路信号按照型号的形式可以分为（   ）。

    A. 视觉信号和听觉信号　　　　　　　　B. 固定信号和移动信号

    C. 视觉信号和触觉信号　　　　　　　　D. 固定信号、移动信号和手信号

二、多选题

1. 运输的功能包括（   ）。

A. 产品转移　　　　B. 增加就业　　　　C. 产品储存　　　　D. 使用价值实现

2. 以下运输活动中，属于不合理运输的是（　　　）。

A. 迂回运输　　　　B. 对流运输　　　　C. 支线运输　　　　D. 干线运输

3. 按水路运输的地点可分为（　　　）。

A. 海上运输　　　　B. 干线运输　　　　C. 内河运输　　　　D. 支线运输

4. 航空运输的特点是（　　　）。

A. 成本高　　　　　B. 易受地形影响　　C. 易受气象影响　　D. 运量小

5. 按运输中途是否换载分为（　　　）。

A. 一般运输　　　　B. 联合运输　　　　C. 直达运输　　　　D. 中转运输

6. 按运输的范围分为（　　　）。

A. 干线运输　　　　B. 支线运输　　　　C. 二次运输　　　　D. 厂内运输

7. （　　　）属于联合运输形式。

A. 干线运输　　　　B. 集装箱运输　　　C. 托盘运输　　　　D. 厂内运输

8. 运输合理化的影响因素有（　　　）。

A. 运输距离　　　　B. 运输环节　　　　C. 运输工具

D. 运输时间　　　　E. 运输费用

9. 通过（　　　），可以开展中短距离运输分流，减少长途运输的压力。

A. 以公代铁　　　　B. 以公代水　　　　C. 以空代水　　　　D. 以铁代水

10. 铁路信号按发出信号的机具能否移动分（　　　）。

A. 固定信号　　　　B. 移动信号　　　　C. 视觉信号　　　　D. 手信号

三、判断题

1. 用运输工具储存产品是昂贵的，从总成本的角度来看，用运输工具储存往往是不合理的，甚至是浪费的。（　　　）

2. 运输管理的两条基本原理分别是规模经济和距离经济。其中规模经济的特点是随着装运规模的增长，每单位重量的运输成本下降。例如，整车装运的每磅成本低于零担装运。（　　　）

3. 支线运输是利用铁路、公路干线、大型船舶的固定航线进行的长距离、大载量的运输，是进行距离空间位移的重要运输形式。（　　　）

4. 一般来说，铁路的单位运输成本比公路运输和航空运输要低得多，但一般高于水路运输。（　　　）

5. 多式联运的货物全程运输是通过多式联运经营人与各种运输方式、各区段的实际承运人订立分运（或分包）合同来完成的，多式联运经营人对货物全程负责。（　　　）

6. 目前我国存在的主要不合理运输形式有单程空驶、对流运输、迂回运输、重复运输和直达运输。（　　　）

7. 直达的优势在一次运输批量和用户一次需求量达到一整车时表现最为突出。直达一定优于中转。（　　　）

8. 配载运输是指充分利用运输工具载重量和容积的运输方式，可提高运输工具实载率。（　　　）

9. 目前我国汽车运输的货运形式大致可分为整车货运、快速货运、零担货运、集装箱货运四种运输方式。与这四种运输形式对应的货运站可分为整车货运站、零担货运站（含快速货运）、集装箱货运站和由上述两种或两种以上站组成的综合型货运站。（　　　）

10. 集装箱运输具有挡风、避光、抗震等作用，能够最大限度减少货损、方便运输、装船和卸港，手续简化，提高工作效率。（　　　）

四、论述题

1. 论述运输合理化的影响因素？
2. 论述多式联运的特征？
3. 论述运输合理化的一般途径？
4. 论述五种基本运输形式的特点？
5. 论述公路、铁路、水路和航空运输四种基本运输形式所涉及的基本设备设施？

五、案例分析题

运输合理化节约成本

沃尔玛公司是世界上最大的商业零售企业之一，在物流运营过程中，尽可能地降低成本是其经营的哲学。

沃尔玛物流运输方式有空运、水运、卡车公路运输等。在中国，沃尔玛百分之百地采用公路运输，所以如何降低卡车运输成本，是沃尔玛物流管理面临的一个重要问题，为此沃尔玛主要采取了以下措施。

（1）沃尔玛选用尽可能大的卡车，大约有16米加长的货柜，比集装箱运输卡车更长或更高。沃尔玛把卡车装得非常满，产品从车厢的底部一直装到顶部，这样非常有助于节约成本。

（2）沃尔玛的车辆都是自有的，司机也是自己公司的员工。沃尔玛的车队大约有5 000名非司机员工，3 700多名司机，车队司机每周一次的运输里程可以达7 000千米～8 000千米。

沃尔玛知道，卡车运输风险较高，易发生交通事故，因此保证安全是节约成本最重要的环节。沃尔玛的口号是"安全第一，礼貌第一"，而不是"速度第一"。在运输过程中，卡车司机们都非常遵守交通规则。沃尔玛定期在公路上对运输车队进行检查：卡车上面都带有公司的号码，如果看到司机违章驾驶，调查人员就可以根据车上的号码报告，以便于进行惩处。沃尔玛认为，卡车不出事故，就是节省公司的费用，就是最大限度地降低物流成本。由于狠抓了安全驾驶，运输车队已经创造了300万千米无事故的纪录。

（3）沃尔玛采用全球定位系统对车辆进行定位，因此在任何时候，调度中心都可以知道这些车辆在什么地方，离商店有多远，商品还需要多长时间才能运到商店。这种估算可以精确到小时。这样做不仅可以提高整个物流系统的效率，还有助于降低成本。

（4）沃尔玛连锁商场的物流部门24小时工作，无论白天或晚上都能为卡车及时卸货。另外，沃尔玛的运输车队还在夜间运输，从而做到了当日下午进行集货，夜间进行异地运输，翌日上午即可送货上门，保证在15～18个小时内完成整个运输过程。这是沃尔玛能在速度上获得优势的重要措施。

（5）沃尔玛的卡车把商品运到商场后，商场工作人员可以将它们整个地卸下来，而不用对每件商品逐个检查，这样双方就可以节省很多时间和精力，从而加快沃尔玛物流的循环过程，降低物流成本。这里有一个非常重要的先决条件，就是沃尔玛的物流系统能够确保商场所得到的产品是与发货单完全一致的。

（6）沃尔玛的运输成本比供货厂商自己的运输成本要低，所以厂商也使用沃尔玛的卡车来运输货物，他们将商品从工厂直接运送到商场，大大节省了商品流通过程中的仓储成本和转运成本。

沃尔玛的集中配送中心把上述措施有机地组合在一起，做出了一个最经济合理的安排，从而使沃尔玛的运输车队能以最低的成本高效率地运行。

问题

（1）简述物流运输合理化的途径和"五要素"。

（2）通过该案例，分析如何从综合物流系统的角度降低运输成本。

（3）简评"尽可能实现大批量运输，避免小批量多批次运输就是提高物流运输效率，节约物流成本"这句话的合理性。

第5章
仓储管理

学习目标

【知识目标】

- 掌握仓储的概念
- 了解仓储的作用和类型
- 理解仓储管理的概念和原则
- 了解仓库的类型
- 掌握仓储的作业流程

【能力目标】

- 能运用所学知识分析物流网络中仓储所起的作用
- 能够按仓储作业流程模拟仓储作业

案例导入

亚马逊的物流成功之道

网络零售巨头亚马逊始终以改善客户体验为出发点和着力点，用良好的客户体验和优质的服务增加用户黏性和忠诚度。在商品品质得到保证的前提下，客户网络购物的体验效果就取决于物流体验效果了。因此，亚马逊自创立第三年起就开始投资自建仓储，截至2016年年底，亚马逊在北美拥有约924万平方米的物流仓储中心，海外仓储面积达到561万平方米。

自建物流中心有利于亚马逊对仓储环节进行更好地把控，提升物流效率。在美国，UPS、FedEx等第三方物流配送时间通常需要1周左右，而亚马逊自建仓储物流可以将配送时效提升至2天内，部分商品和地区甚至可以实现当日送达。亚马逊自建仓储除了为自营商品提供物流服务外，亚马逊平台上的第三方卖家也可以选择将货物储存在亚马逊仓库，缴纳一定的物流租借费用，当接到客户订单时，由亚马逊物流统一包装商品，并快速、安全地配送至消费者手中。

启示

在本案例中，亚马逊通过自建仓储，加大对仓储环节的把控力度，起到保障市场供应、缩短配送时间、提高物流效率，改善客户物流体验的作用。对任何一个企业来说，仓储总是连着采购、生产和销售的，是供应链中不可或缺的一部分。仓储在供应链中有多种角色和功能，管理好仓储对提升供应链效率、降低物流成本具有重要作用。作为物流从业人员，应该理解和利用好仓储的功能与作用，这对企业供应链管理具有重要意义。

5.1 | 认识仓储

5.1.1 仓储的概念

仓储指通过仓库对暂时不用的物品进行储存和保管。开展仓储活动需要有仓库作为储存保管物资的场所，还需要利用相关的设备对物资进行入库、存放、出库操作。中华人民共和国国家标准《物流术语》（GB/T 18354—2006）给出的仓储定义是：利用仓库及相关设施设备进行物品的入库、存贮、出库的活动。

根据仓储周期的长短，仓储可分为静态仓储和动态仓储。当生产的产品不能被马上消耗掉，需要用仓库存放较长时间时，就形成了静态仓储；当把货物存入仓库是为了供生产使用或是为了保障销售，就形成了动态仓储。例如，小麦收获之后，不会马上被消耗掉，需要存放到粮仓中进行妥善保管，在较长的时间里慢慢供应市场，这就是静态仓储；在我们所熟悉的大型超市里，水果蔬菜等生鲜商品都是边销售边补货，商品在超市内停留的时间很短，这就是动态仓储。

大家可以想象，任何一种产品，当其加工制造完成之后，在生产地需要利用仓库进行储存和保管以等待进入市场；在销售地，在产品卖给最终消费者之前，也需要利用仓库进行储存和保管，以保护产品和保证市场供应；在把产品从生产地运送到销售地的过程中，为了满足运输中转、流通加工等的需要，也需利用仓库对产品进行暂时的储存和保管，如图 5-1 所示。由此可以看出，仓储是物流过程中必不可少的环节，仓储活动对整个物流过程的效率、质量等有很大影响。

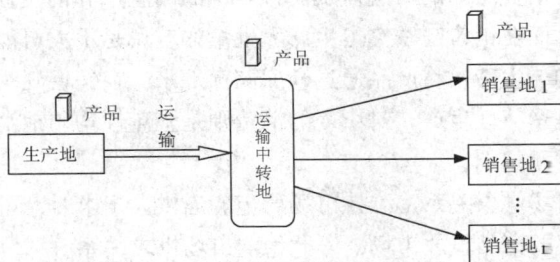

图 5-1 物流过程中的仓储

5.1.2 仓储的作用

仓储的具体作用体现在以下几个方面。

1. 保障生产顺利进行

在生产、制造、加工领域，生产用的原材料需要不间断的供应，产成品下线后要有地方存放，这样才能保证生产连续进行。例如，服装厂生产服装需要储备一定数量的布料、扣子、拉链才能保证生产不间断，当把原材料加工成为成衣后，需要及时将成品从生产线上移走存放到成品库，才能保证生产线加工下一批产品。因此，仓储是保障生产顺利进行的必要手段。

2. 保障销售和订单履行

在流通领域，为了能够及时满足消费者的需求，批发商或零售商需要储存一定量的商品以保证市场供应，这就形成了批发商仓储和零售商仓储，它们的作用就是保障销售。在电子商务时代，电商平台卖家需要事先在仓储配送中心备货，以便客户下单后能快速交付商品。仓储的作用之一就是保障订单履行。

【案例5.1】 欧德堡牛奶如何从亏损做到线上第一

欧德堡牛奶是德国进口牛奶，2012年入驻京东电商平台。由于进口牛奶由原产地德国到达我国须经过国际长距离运输，且需要办理清关等手续，物流耗时长，补货慢，在2014年以前，欧德堡牛奶的现货率只有70%，也就是说每10个人下订单，有3个人可能会遭遇"缺货"的尴尬。因现货率低导致缺货，仅2014年春节，欧德堡牛奶经销商就损失了200万元。为解决缺货问题，欧德堡经销商决定与京东联合建立"协同仓"，仓中的商品及库存数据通过互联网与京东共享，欧德堡牛奶通过海关进口查验之后即进入"协同仓"，客户在京东平台上下单后，直接从"协同仓"发货，包裹经过快递运输、分拣、配送到达客户手中。2014年5月，欧德堡在北京开设了第一个"协同仓"。北京"协同仓"的开设，让欧德堡在华北区的现货率提升到了95%以上，配送时效也大大提升，在京东"618"大促节销量暴涨10倍的情况下，99%的订单实现了当日购当日达的承诺。之后，欧德堡与京东联手在全国范围内搭建了30 000平方米的"协同仓"。依托京东强大的仓储物流体系以及"协同仓"模式，欧德堡在2016年销售额达到4亿元，成长为进口牛奶中的冠军品牌。

启示

请大家说出，仓储在促进欧德堡牛奶销售额上升中起到什么作用？

---

3. 调节生产和消费、供应与需求

仓储可以调节生产和消费之间的时间差别。许多产品的生产和消费存在时间差异，例如，空调的消费具有季节性，然而在销售旺季突击生产大批量的空调是不大可能的也是不经济的，空调厂家只有安排全年性的均匀生产，将产品通过仓库储存下来，在销售旺季供应市场，才能达到经济生产的目标。而小麦是季节性生产，对小麦的消费则是全年性均匀地消费，同样需要利用仓储调节生产和消费之间的时间差别。

仓储还可用来调节市场供求关系，维持市场稳定。当供大于求时，可将商品储存起来；当商品供不应求时，再将储存的商品投放市场，以此稳定市场供求关系。

4. 衔接运输、平衡产能

仓储可以衔接不同运输方式，例如，衔接水路运输和公路运输，解决船舶和汽车运力不平衡的矛盾；仓储可以衔接上下游生产工序，作为中间在制品的储存场所，可以平衡上下游工序的生产，保证生产物流畅通。

5．运输整合和货物配载

由于运输具有规模效益特性，运输的批量越大，单位运输成本就越低。运输整合是指将多种货物通过配载（轻重搭配、大小搭配等）达到充分利用运输工具载重量和容积的目的，或者将众多供应商所提供的产品整合成一票运输，以实现大批量运输的目的。将多种货物配载或将多票货物整合成一票运输，需要通过仓储来实现，如图 5-2 所示。

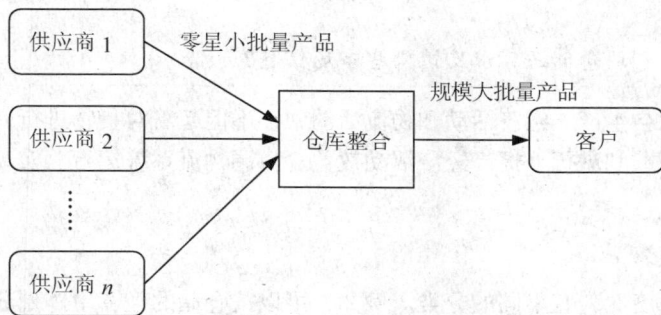

图 5-2　仓库的运输整合作用

6．承载物品分拣和转运

物流过程中，往往需要根据客户订单或物品的流向对物品进行分类拣选、配货、打包，然后配载到不同的运输工具并送往各地的客户手中。在实际运作中，许多运输是不能从甲地直达丙地的，往往需要由甲地经过乙地中转再运往丙地，这就是运输中的"转运"。物品的分拣和转运都离不开仓储，如图 5-3 所示。

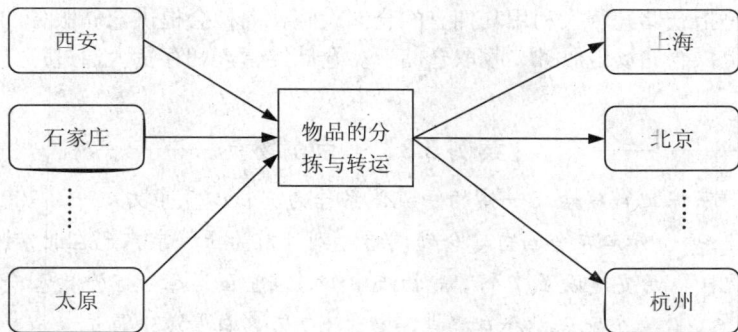

图 5-3　物品的分拣和转运

7．开展流通加工等增值服务

在物流过程中，可以利用仓储阶段进行流通加工，既不影响商品的流通速度，同时又能更好地满足用户的需要，增加物流企业的效益。例如，在手机配送仓库内，根据客户需要写入特定的小游戏软件，就是利用仓储实现增值服务的例子。

8．市场信息传感器的作用

仓储是市场信息的传感器。对于生产者来说，可以根据物品的库存信息，调整生产计划；对于经销商、批发商、零售商等流通者，可以根据物品的库存信息，决定订货计划；对于终端消费者，可以根据物品的存量信息，决定购买策略。

【案例5.2】　电商仓储的数据分析服务

　　YZ公司是一家专业的第三方物流公司，其位于东莞虎门的电商仓库主要为虎门服装集散中心的批发商提供服装仓储服务。除了服装的入库、在库保管、订单处理、拣货、复核包装、出库、配送等常规物流服务外，该仓库还应客户要求提供更换包装和数据分析服务。数据分析服务就是通过对库存数据进行分析，预测市场需求，管理产品生命周期，提高批发商的现金回流速度。

　　启示

　　请大家思考，利用仓储还可以反馈哪些市场信息？

　　总之，仓储在社会生产、经济活动和物流活动中，不但起着对货物进行储存和保管的作用，而且还起着保障生产顺利进行、提高经济活动效益、协调物流系统运行、实现物流增值服务等的作用。

5.1.3　仓储的类型

　　仓储从不同的角度看，有不同的分类。例如，可以按仓储的经营主体划分，按仓储的主要作用划分，按仓储的保管条件划分，按仓储物的所有权划分等。本文主要介绍前三种分类方法。

　　1. 按仓储的经营主体划分

　　（1）企业自营型仓储

　　企业自营型仓储是指企业使用自有的仓库存放自身生产或经营所需物品的行为。例如，生产企业利用自己拥有的仓库存放和保管生产需要的原材料、中间半成品和成品。流通企业使用自己拥有的仓库存放和保管其经营的商品。

　　（2）营业型仓储

　　营业型仓储是指仓储经营人利用其拥有的仓储设施，向社会提供仓储服务的行为，包括提供货物仓储服务和提供仓储场地服务，收取仓储费。仓储经营人和存货人通过订立仓储合同建立服务关系。

【案例5.3】　京东物流

　　一直以来，京东把自建仓配一体的物流体系作为其核心竞争力之一。2009年京东自购933 380平方米土地，开始在全国自建仓储网络。到目前为止，京东已在北京、上海、广州、成都、武汉、沈阳、西安建设了7个智能物流中心，在全国运营335个大型仓库，总面积约710万平方米，6 900余个配送站和自提点，超过6.7万名自营派送员工。消费者在京东平台下单购买京东自营商品后，京东物流通过一级仓储中心、二级仓储中心将货物运送至目的地的京东站点或者直接配送到消费者手中，带给客户良好的物流体验。

　　2016年11月，京东集团宣布物流全面开放，推出"京东物流"全新品牌标识。京东物流以品牌化运营方式向社会开放其三大物流服务体系：仓配一体化供应链服务、京东快递服务和京东物流云服务。

　　启示

　　请大家思考，在上述案例中，根据经营主体和服务对象，京东仓储属于哪种类型的仓储？

　　（3）公共仓储

　　公共仓储是公用事业的配套服务设施，为车站、码头提供仓储配套服务。公共仓储主要是为车站、码头的货物作业和运输服务。但对于存货人而言，它也有营业型仓储的性质，只是仓储费用包含在了运输费用中。

（4）战略储备仓储

战略储备仓储是政府根据国防安全、社会稳定的需要，对战略性物资进行储备的行为。战略储备的物资主要有粮食、石油、有色金属等。战略储备仓储由政府控制，特别重视储备物资的安全性，储备的时间较长。

2．按仓储的主要作用划分

（1）生产仓储

生产仓储为生产领域服务，主要用来储存和保管生产所需的原材料、在制品和待销售的产成品。

（2）流通仓储

流通仓储为流通领域服务，主要用来储存和保管流通企业待销售的商品，包括批发环节仓储、零售环节等。

（3）中转仓储

中转仓储是衔接不同运输方式的仓储，主要设置在生产地和消费地之间的交通枢纽地，如港口、车站等。中转仓储具有货物大进大出的特性，储存期限短，注重货物的周转率。

（4）保税仓储

保税仓储是指使用海关核准的保税仓库存放保税货物的仓储行为。保税货物主要是指不用于国内销售、暂时进境并还需要复运出境的货物或海关予以缓税的进口货物。

（5）加工仓储

加工仓储主要用来对商品进行选择、分类、整理、更换、包装、贴标等流通加工活动，以满足市场和客户的特定需求。

3．按仓储的保管条件划分

（1）常温仓储

常温仓储是利用常温仓库对物品进行入库、储存、出库活动。

（2）冷链仓储

冷链仓储是指利用低温、冷藏库开展物品的入库、储存、出库活动。

【案例5.4】　生鲜电商物流

　　生鲜电商物流是指通过互联网销售生鲜类产品所形成的物流运作过程。近几年，我国生鲜电商市场交易规模的迅速增长，催生了生鲜电商物流的快速发展。易果生鲜、安鲜达、天天果园等都是典型的生鲜电商企业。除此之外，阿里系、京东电商平台以及中国邮政、顺丰等快递物流企业也积极布局生鲜农产品冷链物流。例如，中国邮政速递物流公司全年围绕"果鲜、河（湖）鲜、冷鲜"三大主题，打造"极速鲜"平台，成功运作阳澄湖大闸蟹、烟台樱桃、查干湖鱼、广东荔枝、灵武长枣等生鲜类寄递项目。近年来，顺丰投入巨资自建食品冷库，购置冷链车，开通冷链航空线路，将生鲜寄递作为其主营业务之一。

　　构建生鲜电商全程冷链物流体系，在生鲜商品产地、区域分拨中心、配送地均需要建设冷链仓储。仓储内部通常分为几个温度带，包括常温区（10℃～25℃）、冷藏区（0℃～10℃）、冷冻区（-22℃～-18℃）等，以满足不同生鲜类商品的保鲜要求。产地冷链仓储主要是对生鲜商品进行预冷、初加工、分级、打包、装箱、集货等操作，区域分拨中心主要是对冷链商品进行拆包、暂存、分拣、包装、转运等，前置仓储保障"最后一公里"配送。

启示

请大家思考，冷链仓储的内部结构和作业特点与常温仓储有何不同？

图 5-4 冷链物流过程

5.2 认识仓储管理

5.2.1 仓储管理的概念

仓储管理是指对仓储设施布局和设计以及仓储作业所进行的计划、组织、协调与控制（根据 GB/T 18354—2006《物流术语》）。仓储管理既包括战略层面仓库的选址与建设，也包括作业层面的出入库、储存保管、分拣配送作业管理等。具体地讲，仓储管理的内容包含以下几个方面。

1. 仓库的选址与建设

仓库的选址与建设主要是决定仓库建在什么地方，建设多大面积，采用什么样的库房结构，库区平面布局如何规划，库内作业区域如何划分等。作为物流网络中的节点，仓库的选址与建设是一个战略层面的管理问题，因为仓库的位置和能力直接影响物流网络的优化和效率，影响企业未来业务的发展。

2. 仓库机械设备的选择与配置

仓库机械设备的选择与配置主要是根据仓库管理目标、货物的特点、吞吐量大小、作业方式等决定配置哪些仓储设备（如叉车、货架、托盘、分拣设备等），配置多少等。仓库机械设备的配置直接影响库容的利用率和作业效率。

3. 仓库作业管理

仓库作业管理是指对仓储活动的出入库作业、库内保管作业、装卸搬运作业、分拣包装配送作业等进行管理，以保障生产顺利进行。

4. 仓库作业的考核

仓库作业考核是指建立覆盖收货入库、库内保管、分拣出库作业全流程的业绩考核指标（KPI 指标），利用业绩考核指标管控作业质量、促进作业效率的提升。

5. 仓库安全与消防

建立仓库安全与消防管理制度，做好防盗、防欺诈、防火、防爆等日常安全管理工作。

6. 信息技术在仓库中的应用

考虑如何运用条码、RFID、计算机网络、仓库管理信息系统等技术提升仓库的管理水平和作业效率。

7. 新技术、新方法在仓库管理中的应用

根据仓库业务的发展和运营中出现的问题，研究如何利用新技术、新方法解决遇到的问题和挑战。

本书主要介绍仓储作业层面的管理。

【案例5.5】 耐克筹建自己的物流中心

近年来，耐克在大中国区年销售额不断增长，面对业务的快速扩张，其首先要解决的问题不是品牌，不是营销，而是一个能够高效管理库存和快速补货的强大物流支持系统。基于公司业务发展目标，耐克集团决定筹建自己的物流中心，以降低成本、提高效率，尤其是满足包含多种产品的大订单精准发货的需求。为了实现以上目标，耐克集团不惜投入10亿元巨资，筹建耐克中国物流中心。

耐克将中国物流中心选址在江苏太仓。物流中心选址的原则是：既要靠近耐克的制造工厂，耐克的主要市场和分销商、经销商，还要有合适的空间可利用。耐克中国物流中心选在江苏太仓，靠近耐克服装、运动鞋的外包生产商——台湾裕盛体育有限公司的太仓基地，这将大大降低产品的运输费用，减少中转时间。

耐克中国物流中心建筑面积20万平方米，拥有超过10万个货品托盘，年吞吐能力超过2.4亿件次，可同时满足79个集装箱货车装卸货。物流中心投入使用后，耐克将缩短15%的交货时间，一件货品从门店下单到发货将只需要数小时。

耐克中国物流中心具备强大的信息采集和处理能力。所有入库货品都嵌入RFID电子标签。通过扫描标签，工人们即可根据电子显示屏上的信息来分拣配送货品，扫描的信息还可通过专门的数据端口与耐克的全球信息系统连接，使得管理部门每天都可以得到完整的共享数据。

耐克中国物流中心的仓库里，配有长达9千米的连续传送带、顺序拣货机、无线射频扫描仪、自动化仓库管理系统等，这些设施和设备的使用使物流中心仓库在分拣效率、吞吐能力、适应能力方面均达到了全球最高水平。

启示

仓储是供应链中不可缺少的环节，总是出现在采购与生产之间，生产的上道工序与下道工序之间，生产与销售之间，批发与零售之间，不同运输方式转换之间等。由于物流环节之间总是存在各种不均衡性的矛盾，仓储正是解决这种不均衡性的手段。从许多实际案例中可知，对物流链条的整合优化最后都归结为仓储节点的建设、管理与控制。由此也可看出，仓储管理是供应链管理的核心环节。

5.2.2 仓储管理的原则

仓储管理应遵循五项原则：质量原则、效率原则、安全原则、效益原则、服务原则。

1. 质量原则

通过仓储管理保证作业质量，仓库管理者应建立各项作业的标准操作规程，各项作业都有质量标准，并要求员工严格按照标准进行作业。

2. 效率原则

所谓的效率就是以最少的投入，获得最多的产出。仓储的效率体现在：收货入库时间短，货物存放仓容利用率高，拣选出库时间短，装卸车时间短，货物损耗、破损率低等。

3. 安全原则

仓储活动中有许多不安全因素，例如，盗窃和诈骗隐患，火灾隐患，工人违规操作带来的危险性，储存物品具有的毒性、腐蚀性、辐射性、易燃易爆性等。仓储管理要建立健全安全管理制度，切实贯彻"安全第一，预防为主"的安全生产方针。

4. 效益原则

利润是一个企业生产效益的具体体现。仓储业务同样也要追求利润最大化。通过仓储管理，企业尽量提高经营收入，降低经营成本，实现仓储利润最大化。

5. 服务原则

仓储活动就是向社会提供物流服务。仓储管理要以客户为中心，研究如何提高服务质量，改善服务水平。但服务质量的提高必然带来仓储运营成本的上升，因此，仓储管理最大的挑战是平衡服务水平与服务成本之间的关系。

5.3 | 仓储设施设备

5.3.1 仓库

1. 仓库的概念

仓库是保管、存储物品的建筑物和场所的总称。开展仓储活动离不开仓库，仓库的形式有很多，可以是封闭或半封闭的建筑物，也可以是露天的场地等。只要是供人们用来存放货物，保护货物的数量、质量不受损失的建筑物或场所都称为仓库。下面介绍几种不同类型的仓库。

2. 仓库的类型

（1）根据存储货物建筑物和场所的封闭程度划分

有封闭式仓库，半封闭式仓库，露天货场，如图5-5～图5-7所示。人们也将封闭式仓库称作库房，半封闭式仓库称作货棚，露天货场也可称作货场或堆场。

| 图5-5 封闭式仓库 | 图5-6 货棚 | 图5-7 露天货场 |

（2）根据库内货物的存放形态划分

有地面型仓库，货架型仓库，自动化立体仓库。地面型仓库也称作平面库，货物的存放形态为直接码放在地面上，如图5-8所示。货架型仓库也称作立体库，货物的存放形态为码放在货架上，如图5-9所示。自动化立体仓库也称高架仓库，由高层货架、巷道堆垛起重机、入库出库输送系统、自动化控制系统、计算机仓库管理系统及其周边设备组成，可对集装单元物品实现自动存取和出库入库作业，如图5-10所示。

图 5-8　地面型仓库

图 5-9　货架型仓库

图 5-10　自动化立体仓库

（3）根据仓库建筑物的结构划分

有平房仓库、楼房仓库、罐式仓库、简易仓库。

平房仓库只有一层，所有作业区在一个大平面上，便于货物的搬运和各区域仓储作业的衔接与管理，是使用最广泛的一种仓库建筑类型，如图 5-11 所示。

楼房仓库有多层，货物在楼层间搬运需要使用垂直输送设备或螺旋滑道，这可能成为物流的瓶颈，但多层库房占地面积小，库容大，因此，在人口稠密、土地使用价格较高的地区使用，适宜存放体积较小、重量较轻的高附加值货物，如图 5-12 所示。

罐式仓库构造特殊，一般呈球形或柱形，主要用于存储石油、天然气和液体化工产品等，如图 5-13 所示。

简易仓库构造简单，建造成本低，一般用于弥补仓库不足而又不能及时建库的场合，简易货棚就是其中一种。

图 5-11　平房仓库

图 5-12　楼房仓库

图 5-13　罐式仓库

5.3.2　货架

1. 货架的概念

货架是用立柱、隔板或横梁等组成的立体储存物品的设施（根据 GB/T18354—2006《物流术语》标准）。在仓储活动中，货架的使用非常广泛，大家在超市、图书馆都见过货架。货架具有多种作用，例如，利用货架存放货物可以充分利用仓库的空间，提高仓库储存能力；利用货架存放货物可以减轻物品间的相互积压，减少物品的损坏；利用货架存放货物便于存取和清点；利用货架存放货物，可以防潮、防尘等。

2. 货架的类型

为满足不同场合、存储不同种类货物的需要，货架有很多种形式。按不同的标准可将货架分为以下两类。

（1）按货架载重量分类

货架按载重量可以分为轻型货架、中型货架和重型货架3类。轻型货架每层载重量在150kg以下；中型货架每层载重量在150kg～500kg，重型货架每层载重量在500kg以上。

（2）按货架结构特点分类

货架按结构特点可分为层架、层格架、橱架、抽屉架、悬臂架、栅型架等，仓储部门可根据货物的形状、物理特性、体积大小等合理选用。

3．常用货架的特点和适用场合

（1）轻型货架

轻型货架相对托盘货架而言，一般采用插接方式组装，结构简单，货架的高度和深度较小，适合于储存轻型或小件货物，一般由人力直接进行存取作业，是超市仓储和人工作业仓储的主要设备，如图5-14所示。

（2）托盘货架

托盘货架是连同托盘可以一起放置的货架或带有托盘的台板式货架。托盘货架刚性好、层与层之间高度可以自由调节，利于货物保管，可利用叉车进行货物的存取，可提高仓容利用率，目前已经是各类货架仓库的主流设备，如图5-15所示。

图5-14 轻型货架

图5-15 托盘货架

（3）驶入式货架

驶入式货架又称贯通式货架或通廊形货架，这种货架的特点是作为托盘单元货物的储存货位与叉车的作业通道是合一的，叉车可以驶入存取托盘。其优点是这种货架节省了叉车通道，在支撑导轨上，托盘按深度方向一个接一个存放，存储密度高，可充分利用仓容。但这种货架对托盘质量和规格要求较高，主要利用前移式叉车进行存取，叉车存取货物从货架同一侧进出，只能"先存后取，后存先取"，适合于大批量少品种，对先进先出要求不高或批量存取仓库选用，如图5-16所示。

（4）悬臂式货架

悬臂式货架由3个～4个塔形悬臂和纵梁相连而成，适用于长形物品、环形物品、板材、管材和不规则物品，一般配合具有长大物料侧向装卸搬运功能的侧面式叉车使用，如图5-17所示。

（5）流利式货架

流利式货架又称滑移式货架，在货架每层安装有一定坡度的流利条，商品在自身重力的作用下，由后端（高端）滑向前端（低端），可实现从货架后面通道存货，前面通道取货，存取作业方便，互不干扰，可实现先进先出。这种货架存储密度高，适合大量货物的短期存放和拣选。可配电子标签，实现亮灯拣选。流利式货架广泛应用于出货频率较高的仓库、配送中心、装配车间等

（见图 5-18）。

图 5-16　驶入式货架

图 5-17　悬臂式货架

图 5-18　流利式货架

（6）移动式货架

移动式货架是在货架底部装有滚轮，可在地面上滑动的货架。移动式货架平时密集相连排列，以减少仓库通道数，地面使用率达 80%。取货物时，只需移出需要的通道即可直接存取任一物品，不受先进先出的限制。图 5-19 所示为适用于档案馆、资料馆、银行等重要物品储存场合的移动式货架。

扫一扫

玫琳凯化妆品
发货作业演示

（7）阁楼式货架

阁楼式货架是一种根据场地情况，将货架设计成二层或多层阁楼，配有楼梯、扶手等的货架。货架底层不但是保管货物的场所，也是上层建筑承重梁的支撑，承重梁的跨距大大减小，建筑费用大大降低。阁楼式货架适用于库房较高、物品较轻、储货量较大的场合，也可用于现有旧仓库的改造，以提高仓库空间利用率，如图 5-20 所示。

图 5-19　移动式货架

图 5-20　阁楼式货架

5.3.3　托盘

1．托盘的概念

托盘是在运输、搬运和存储过程中，将物品规整为货物单元时，作为承载面并包括承载面上辅助结构件的装置（根据国家标准《物流术语》GB/T 18354—2006）。托盘是典型的集装单元设备，在托盘平台上集装一定数量的单件物品，以托盘集装单元的形式进行装卸、搬运、存储、运输等，可以提高作业效率。例如，用托盘搬运和装卸，可以比用人工搬运和装卸提高30%的效率，大大缩短装卸车的时间。

2．托盘的类型

由于装卸搬运活动的操作对象和操作环境十分复杂，为了适应不同场合的需要，托盘设计成很多种形式，根据结构、材质和适用性，将托盘分为以下类型。

（1）按结构不同

可分为平托盘、箱式托盘、柱式托盘、轮式托盘。

（2）按材质不同

可分为木托盘、钢托盘、塑料托盘、纸质托盘、铝托盘、胶合板托盘及复合材料托盘等多种。

（3）按适用性

可分为通用托盘和专用托盘。

3．常用典型托盘

（1）平托盘

平托盘是指在承载面和支撑面间夹以纵梁，构成可集装物料，可使用叉车进行搬运作业的货盘，如图5-21所示。平托盘使用范围最广，通用性最好，只要一提托盘，一般都是指平托盘。

平托盘按照台面类型又可细分为单面使用型、双面使用型、翼型等。单面型是只有一面铺板的平托盘，如图5-22所示；双面型是上下两面都铺板的平托盘，如图5-23所示；翼型托盘两侧的突出端可以为托盘的托起操作提供更多操作位置的选择，如图5-24所示。

图5-21　平托盘　　　　　图5-22　单面使用型托盘　　　　　图5-23　双面使用型托盘

根据叉车叉入方式不同，平托盘又可细分为单向叉入型、双向叉入型、四向叉入型三种。单向叉入型是指货叉只能从一侧叉入，双向叉入型是指货叉可以从托盘的两侧叉入，四向叉入型是指货叉可从托盘的四个侧面叉入，其中四向叉入型最为灵活方便，双向叉入型和四向叉入型结构图如图5-25和图5-26所示。

平托盘根据材质不同，又可细分为：木制平托盘、塑料平托盘、钢制平托盘、复合材料平托盘以及纸制平托盘等五种。其中以木制平托盘和塑料平托盘应用最为广泛。

塑料平托盘根据表面的形状，又可细分为：单面型、双面型、平板型、网格型。单面型塑料平托盘只有一面可用来码放货物；双面型塑料平托盘正反面都可以使用，广泛用于堆码方式使用及货架使用；平板型塑料平托盘其表面为平面状或有少许网孔；网格型塑料平托盘其表面大部分都为网格状。平板型塑料平托盘如图 5-27 所示，网格型塑料平托盘如图 5-28 所示。

图 5-24　翼型托盘　　　　　图 5-25　双向叉入型　　　　　图 5-26　四向叉入型

　　塑料平托盘根据反面的结构，又可细分为：九脚型、川字型、田字型。九脚型塑料平托盘，在其背面共有九个脚，三个脚呈并排、三组脚呈平行状。川字型塑料平托盘是在九脚型塑料平托盘基础上 反面呈川字型分布；田字型塑料平托盘是在九脚型塑料平托盘的基础上，反面呈田字型分布。九脚型塑料平托盘如图 5-29 所示，川字型塑料平托盘如图 5-30 所示，田字型塑料平托盘如图 5-31 所示。

图 5-27　平板型塑料平托盘　　　　　　　图 5-28　网格型塑料平托盘

图 5-29　九脚型塑料平托盘

图 5-30　川字型塑料平托盘　　　　　　　图 5-31　田字型塑料平托盘

（2）箱式托盘

　　箱式托盘是在平托盘基础上发展起来的，四面有侧板，有的也可有顶盖，如图 5-32 所示。四周侧板有板式、栅式和网式。四周侧板为栅式的箱式托盘也称笼式托盘。箱式托盘防护能力强，可防止塌垛和货损，可装载异型不能稳定堆码的货物，或用于装载小五金类散件或散状物料的集装，满足仓储作业要求。

图 5-32　箱式托盘

（3）柱式托盘

柱式托盘也是在平托盘基础上发展起来的，其基本结构是托盘的 4 个角有钢制立柱，柱子上端可用横梁连接，形成框架，如图 5-33 所示。柱式托盘多用于包装物料、棒料、管材等的集装。柱式托盘还可以作为可移动的货架、货位，不用时还可叠套存放，节约空间。

（4）轮式托盘

轮式托盘与柱式托盘和箱式托盘相比，下部多了小型的轮子，如图 5-34 所示。轮式托盘的优势是能短距离移动、自行搬运或进行滚上滚下式的装卸等。

图 5-33　柱式托盘

图 5-34　轮式托盘

4．托盘的规格标准

托盘的尺寸规格直接关系着它与其他设备的协调性。托盘的规格尺寸应与货车车辆宽度、货车站台相适应，托盘尺寸规格也决定着仓库支柱的间距、货架尺寸等。因此，托盘尺寸规格标准化是实现托盘联运的前提，是实现物流机械化、物流设施标准化、产品包装标准化的基础。

目前，国际标准化组织（ISO）承认的托盘尺寸国际规格有以下几种：

（1）1 200mm×800mm，欧洲规格；

（2）1 200mm×1 000mm，欧洲一部分，加拿大，墨西哥规格；

（3）1 219mm×1 016mm，美国规格；

（4）1 100mm×1 100mm，亚洲规格。

我国执行的托盘规格标准：2007 年 10 月 11 日，经国家质量监督检验检疫总局和中国国家标准化管理委员会批准，将 1 200mm×1 000mm 和 1 100mm×1 100mm 两种规格作为我国托盘国家标准，并优先推荐使用 1 200mm×1 000mm 规格。托盘规格的统一，有助于提高我国物流系统的整体运作效率。

【案例 5.6】　菜鸟云仓的设备配置

位于长三角地区的菜鸟云仓是一座 2 层建筑物。一楼作业区域由收货区和配送交接区构成，二楼作业区域包括存储区、制单区、复核包装区、拣选区、称重区、办公区等。库内商品主要是电商平台销售的休闲零食、牛奶、洗护、酒类、方便面五类商品。仓储区域分为五个区域，分别存放上述五类商品。牛奶、酒类、洗护类商品码放在托盘上，就地存放。休闲零食、方便面类商品直接码放在层架上。

为提高仓库的作业能力，菜鸟云仓配置了 100 多台手动托盘搬运车、40 余台电动托盘搬运车、10 余台平衡式电动叉车和高位叉车等多种搬运设备，安装了 90 余条动力滚筒输送机和皮带输送机，700 余台计算机设备、电子秤、RFID 手持终端等，日处理订单能力达到 100 万单，很好地支撑了"双 11"、"双 12"、年中"618"等大型促销活动。

启示

货架和托盘是最常用的仓储存储设备，除此之外，仓储作业还需要使用装卸搬运、拣货、包装、称重计量等设备，请大家上网搜集仓储设施设备的信息，并说出这些设施设备的作用。

5.4 | 仓储作业管理

5.4.1　仓储作业流程

仓储作业流程包括商品入库、在库保管、商品出库三个阶段。每个阶段又包含一系列更加具体的仓储活动，如图 5-35 所示。仓储作业管理就是对这些作业活动进行计划、组织、控制和协调，以保障仓储服务水平，降低仓储成本。

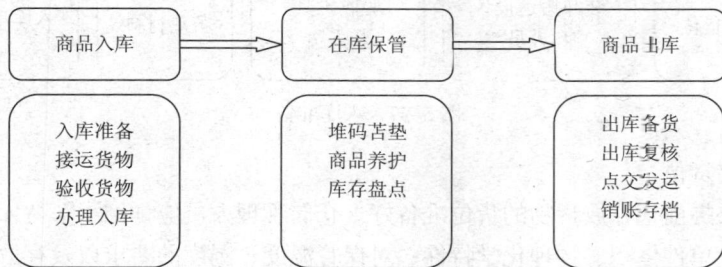

图 5-35　仓储作业过程

5.4.2　入库作业

【案例 5.7】　菜鸟云仓的收货入库

在货物未到仓库之前，仓库作业人员就能通过信息系统收到菜鸟公司预发的到货清单，然后根据系统到货清单打印出到货通知单，根据到货通知单提前安排好卸车人员、装卸搬运设备，制订好准备放置货物的储位计划。待货物到达仓库相应卸货码头后，立即进行卸车，用托盘搬运车将货物放到指定暂存区。在暂存区，仓库派专门人员进行货物登记，包括纸质到货登记和系统到货登记，仓库和送货司机之间采用纸质交接单进行交接签收。交接验收时，查看货物外包装有无破损、水湿等状况，查验货物数量、质量和商品有效期，若有问题则现场拍照取证，发商家确认，待商家确认处理方式后再做处理，若无异常，则用电动托盘搬运车将货物搬运到垂直电梯，送到二楼预先计划好的存储区存放。

启示

请大家思考，菜鸟公司提前发到货通知的意义是什么？仓库收到到货通知后，做哪些准备工作？

商品入库作业主要包括四个环节：入库准备、接运货物、验收货物、办理入库。入库作业流程如图 5-36 所示。

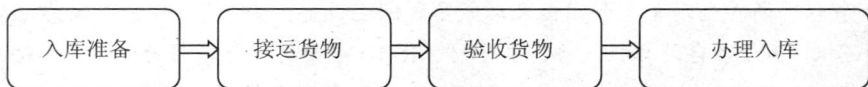

图 5-36　入库作业流程

1. 入库准备

入库准备是仓库部门根据仓储合同、入库通知单或入库计划，准备存储货位、安排装卸搬运设备和人员、安排货物验收工具和人员、准备货物苫垫材料以及使用到的单证等，以保证入库作业顺利完成。入库准备工作内容如图 5-37 所示。

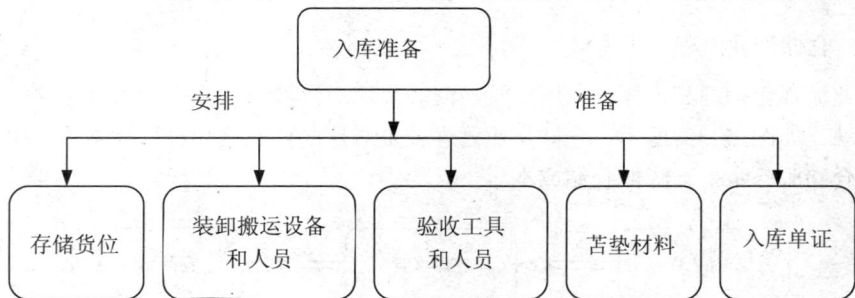

图 5-37　入库准备

（1）准备存储货位

入库之前，要提前把存放货物的货位准备好。仓储管理人员应详细了解待入库货物的品种、数量、包装形态、单件体积、物理化学特性、对保管温度、湿度的要求以及存放周期等，然后根据分区分类存放原则和先进先出要求，妥善安排货位。货位安排计划确定后，仓储管理人员要检查拟使用的货位状况，必要时对货位进行清扫、消毒、维修照明与通风等。

（2）安排装卸搬运设备和人员

货物到达后，要进行卸车和搬运作业。仓储管理人员应了解货物到达的时间、批量等信息，及时安排装卸搬运设备和作业人员。仓库常用的装卸搬运设备有人力搬运小车、电动叉车、传送带等。

（3）安排验收工具和人员

货物入库前，要对货物进行验收。验收工作应与装卸搬运作业紧密衔接，验收准备工作的主要内容就是根据货物验收的需要，安排验收使用的工具和验收人员。一般来说，验收工作需要准备点数工具、称重工具、丈量工具、开箱工具、测试仪器及记录用的文件单证等，作业人员则需要根据验收货物量的大小、验收作业时间要求、验收需要的技能等进行安排。

扫一扫

快递卸车、分拣、
出库系统视频

（4）准备苫垫材料

货物在入库前，需要根据存放要求，确定苫垫方案，并准备需要的苫垫材料，苫垫作业需要的加固工具等，并事先组织衬垫铺设作业。

（5）准备入库单证

货物入库时，在交接、验收、存放等阶段都需要记录相关的信息。因此，入库前，要准备好各种记录单证、报表、垛卡、账簿等。

不同的仓库、不同性质和包装形态的货物，其入库准备工作会有所不同。实践中，需要根据具体情况确定入库准备的具体内容，但对每一个仓库来说，都需要认真做好入库准备工作，这直接影响入库作业的效率和质量。

2．接运货物

接运货物是指仓库与货主或运输承运人之间办理货物的交接。货物的接运主要有四种形式。

（1）上门提货

仓库接到货主的入库通知，到货主单位提货。例如，仓储部门自派车辆到商品的生产厂家或生产地接运货物。

（2）到车站、码头提货

仓库接到运输承运人的到货通知，到车站、码头提货，如图 5-38 所示。

（3）仓库接货

仓库接货是指货物由货主方安排车辆，将货物运送到仓库，仓储部门在自己仓库接收货物的方式，如图 5-39 所示。

（4）铁路专用线接货

铁路专用线是指由仓库投资修建并进行管理的、与国家铁路或者其他铁路线路接轨的岔线，主要为本仓库服务，其长度一般不超过 30 千米，运输动力使用的是与其相接轨的铁路的动力。铁路专用线接货就是指仓库部门通过自有铁路专用线接收通过铁路部门运送买的货物，如图 5-40 所示。

| 图 5-38　车站提货 | 图 5-39　仓库接货 | 图 5-40　铁路专用线接货 |

在上述四种接运方式中，上门提货和到车站、码头提货方式下，仓库需要组织库外运输，这就需要考虑车辆的调度、运输路线的安排、运输途中货物的安全等。而在仓库接货和铁路专用线接货方式下，仓库不需要组织库外运输。

3. 验收货物

验收是入库环节的一项重点工作，其目的是确保入库商品质量完好，数量、品名、规格正确。验收货物包括两方面的内容，一是核对凭证，二是检验货物。

（1）核对凭证

入库货物应具有以下凭证：入库通知单、订货合同副本；货物的材质证明、装箱单、磅码单、发货明细等；运输单位提供的运单。验收部门如果发现待入库货物有残损情况，需要承运部门提供货运记录或普通记录，以作为交涉责任的依据。

核对入库凭证就是检查上述凭证是否具备，并仔细核对凭证的内容与实物是否相符。例如，将入库通知单、订货合同与供货单位提供的货物凭证逐一核对，将装箱单与箱贴核对等。只有内容相符，才能进行对货物数量和品质的检验。

（2）检验货物

检验货物是对入库凭证中所列实物进行查验。通常查验货物的外包装是否有破损、变形、水湿情况，数量是否与入库通知相一致，商品质量是否完好。一般外包装检验和数量检验采用全验，质量检验采用抽验的方式，但对价值高、批量小、精密的商品，质量检验也可采用全验方式。

【案例5.8】　入库验收策略

手机备件库入库商品包括手机的机头、主板、显示屏、键盘、贴膜、壳等配件。收货员在收货时，对量小、价高的备件应进行开箱点数，例如，若收的是手机的机头类、主板类配件，则需将装箱单与箱贴核对，对每箱货开箱点数，在验收单上签字后，将货物拉入库房。对手机的其他配件类货物，数量较大时，只核对装箱单与箱贴，直接点托盘数即可，就不开箱点数了。

对于配件的质量检验，机头类配件需查验外观是否有划痕，若是旧返新的货品需要逐一检查，若是新出厂的机头类货品则按30%比例抽验；屏类货品需要查看是否有漏液和碎裂情况，按100%比例全验，且每个屏都需揭开保护膜进行验视；对于其他配件类货品，按30%比例抽验货品的质量。

启示

请大家思考，仓库在入库检验时，采用怎样的验收策略来平衡验收效率和验收质量，做到既能兼顾仓库利益不受损，又能兼顾入库验收作业效率得到保障？

---

4. 办理入库

办理入库包括交接、登账、堆码、上架。

（1）交接

交接是指仓库对收到的货物向送货人进行确认，办理表示已经收到货物的手续。办理交接时，除了交接实物外，还要交接货物的随附文件。在对入库货物进行外包装查验、数量查验、质量查验之后，剔出有问题的货物，接收符合要求的货物，然后根据实际接收数量在送货单、交接清单、入库单、查验单、残损单证、事故报告单等相关单证上填写信息并签字，表示仓库已接收货物，完成了与送货人的交接。

（2）登账

入库货物需要反映在仓库的明细账上。登账的主要内容有：货物名称、规格、数量、累计数或结存数、存货人或提货人、批次、金额、货位号或运输工具、接（发）货经办人等。目前，绝大多数仓库均有仓储管理信息系统，登账就是将入库货物信息录入到仓储管理信息系统中。

扫一扫

世界先进的大型
物流中心
演示视频

（3）堆码和上架

将验收后的货物搬运到库内指定位置，码放在事先确定好的存储货位。根据保管方式不同，可以码放在地面，也可码放在货架上。

5.4.3　在库保管作业

商品入库之后，便进入在库保管阶段。该阶段的工作主要是对在库商品进行妥善的保管和养护，以保证商品原有价值和原有数量不发生变化，并为后续物流活动提供支持。商品在库保管作业包括对商品进行堆码、苫垫、养护，库存盘点与检查，库存水平和库存损耗的合理控制等。

1．货物在库内的存放方式

在学习堆码之前，首先了解货物在库内有哪些存放方式。货物在仓库存放可采用散堆方式、垛堆方式、货架存放方式、成组堆码方式。

（1）散堆方式

散堆方式是指将无包装的散货在仓库或露天货场上堆成货堆的存放方式，如图 5-41 所示。这种方式适用于散装的粮食、煤炭、矿石、硫黄等物品的存放，可以节约包装费用，便于利用连续输送机械进行散料的装卸、搬运，或利用物料自身的重力进行卸车等。

（2）垛堆方式

垛堆方式是指将有包装（如箱、桶）的货物或长、大件货物堆成货垛存放，如图 5-42 所示。垛堆方式可以提高仓容利用率，做到仓库内整齐，便于作业和保管，在库存管理中应用非常广泛。

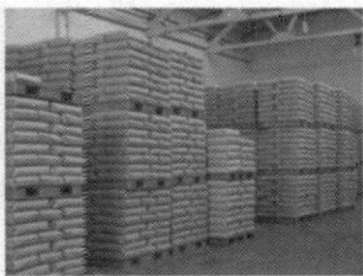

（3）货架存放方式

货架存放方式是指利用货架存放货物，适合于小件货物或不宜堆高的货物。

（4）成组堆码方式

成组堆码方式是指采用成组工具堆放货物。例如，利用托盘、货板、网格等将物品组成一组，然后堆叠存放，一般每垛 3 层～4 层，如图 5-43 所示。这种堆码方式可提高仓容利用率，同时也便于实现货物的安全搬运。

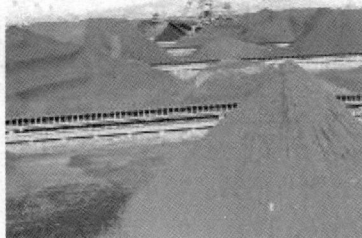

图 5-41　散堆方式　　　　　　　图 5-42　垛堆方式　　　　　　图 5-43　成组堆码方式

2．堆码要求和堆码方法

将货物堆成货垛的操作称为堆码。中华人民共和国国家标准 GB/T18354—2006《物流术语》给出的堆码定义是：将物品整齐、规则地摆放成货垛的作业。

【案例5.9】 不合格的堆码

堆码存放是仓库中最常见的货物存放方式。合理堆码可以提高仓容利用率，便于作业和保管，但如果堆码不合理，不但仓容不整齐，还会造成商品的损坏。图5-44是某仓库的一张堆码图，请大家思考，这样的堆码可能会给商品保管带来什么后果？

图5-44 不合格的堆码

（1）堆码的要求

堆码要遵循六个要求：合理、牢固、定量、整齐、节约、方便。

合理是指搬运活性合理、分垛合理、垛型合理、重量合理、间距合理、顺序合理。

牢固是指适当选择垛底面积、堆垛高度和垫衬材料，提高货垛的稳定性，保证堆码的牢固、安全、不偏不歪和货物不受损害。

定量是指在堆码时，每个货垛都应有固定的数量（如"五五化"堆垛），一般为整数，称重货物不是整数时，必须明确标出重量。定量堆码是为了便于盘点和检查。

整齐是指同类货物垛型要统一，货垛排列要整齐有序，货垛横成行，纵成列，形成良好的库容。货物包装上的标志一律朝外，便于日后查看和拣货。

节约是指避免重复作业，节约苫垫物品，减少消耗，节约场地，提高仓容利用率。

方便是指堆码方式要便于装卸搬运，便于收发保管，便于日常维护保养，便于检查点数，便于灭火消防，利于物品保管和安全。

（2）堆码的方法

采用何种方式堆码主要取决于物品本身的性质、形状、体积、包装等。常见的堆码方法有重叠式、纵横交错式、压缝式、仰伏相间式、通风式、栽柱式等，如图5-45所示。

● **重叠式堆码**：各层码放方式相同，上下对应，没有交叉。这种堆码方式简单、易操作，但稳定性较差，容易发生纵向分裂，适合于袋装、箱装、箩筐装物品，以及平板、薄片状物品的堆码。

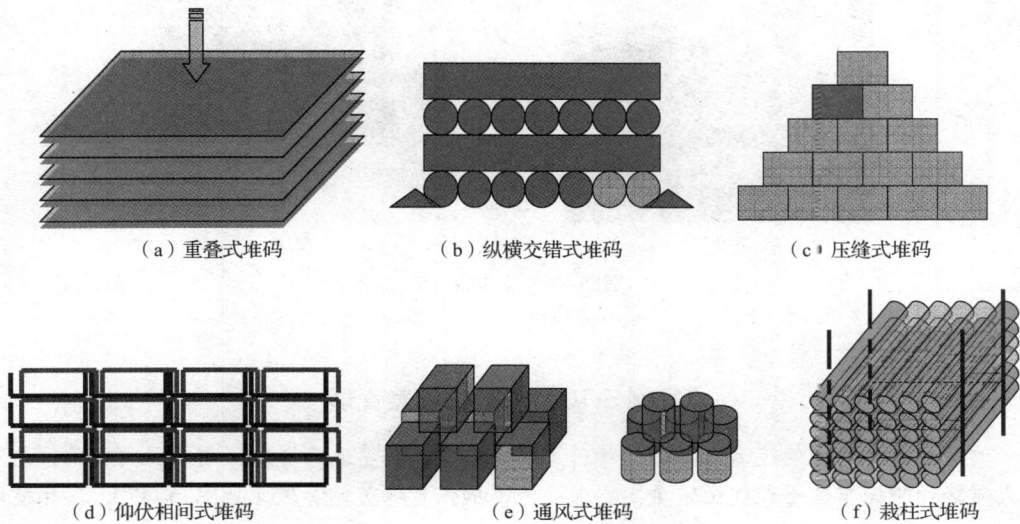

（a）重叠式堆码　　　　　　（b）纵横交错式堆码　　　　　　（c）压缝式堆码

（d）仰伏相间式堆码　　　　　　（e）通风式堆码　　　　　　（f）栽柱式堆码

图 5-45　常见的堆码方法

- 纵横交错式堆码：相邻两层货物的摆放旋转 90 度，一层横向放置，另一层纵向放置。这种堆码方式各层之间搭接良好，货垛稳定性高，但操作较复杂。适用于管材、捆状、狭长箱装物资等的堆码。

- 压缝式堆码：一层横放、一层直放，两层横直交错的堆码方法，上层包装压在下层两箱缝上，特点是稳固，不易倒垛，但不易计算数量。

- 仰伏相间式堆码：对上下两面有大小差别或凹凸的物品，如槽钢、钢轨等，将物品仰放一层，反面伏放一层，仰伏相向相扣。

- 通风式堆码是指对需要通风保管的商品，堆码时每件商品和另一件商品之间都留有一定的空隙便于通风。

- 栽柱式堆码是指在货垛的两旁各栽上 2 根～3 根木柱或钢棒，然后将材料平铺在柱中每层或隔几层在两侧相对应的柱子上用铁丝拉紧以防倒塌。

- 衬垫式堆码是指在每层或每隔二层商品之间夹进衬垫物（如木板），利用衬垫物使货垛的横断面平整、商品互相牵制以加强货垛的稳固性。衬垫式堆码适用于不规则且较重的物品，如无包装电机、水泵等。

"五五化"堆垛是指以五为基本计算单位，堆码成各种总数为五的倍数的货垛，以五或五的倍数在固定区域内堆放，使货物"五五成行、五五成方、五五成包、五五成堆、五五成层"，堆放整齐，上下垂直，过目知数。这种堆码方式便于对货物的数量控制、清点盘存。

3. 货垛的苫垫

货物在库内存放阶段，不但要合理堆码，还要进行合理的苫垫，尤其是对露天存放的货物，更要做好苫垫工作。苫垫是指用合适的材料对货垛的上部进行苫盖，对货垛的底部进行铺垫，如图 5-46 所示。苫垫的目的是为了保护货物。

货垛苫盖

垫垛

图 5-46　货垛的苫垫

（1）货垛的苫盖

【案例 5.10】　货垛苫盖管理

远港物流公司地处连云港，仓储物料主要为粉矿。春季连云港地区向来风大少雨，这对露天货场的货垛苫盖管理提出了更高要求。为了加强货垛苫盖管理（见图 5-47），防止货物亏吨，减少场地扬尘，远港物流公司物流部提出了一系列改进措施。首先物流部加强对装卸人员的技能培训和责任心教育，要求物料拆箱后要及时苫盖，防止扬尘与水分散失给货物造成出库时亏吨。物流部还增加现场巡查频率，安排专门人员进行货垛检查、货垛苫盖维护工作，发现被风刮开的篷布要及时盖好，围堰包拉绳松掉的和断掉的要做到及时系好和更换。

启示

请大家思考，本案例中货垛苫盖的作用是什么？

图 5-47　货垛的苫盖管理

苫盖就是用苫盖材料遮盖货物。苫盖的目的是为了避免自然界的阳光、风尘、雨雪、露霜、潮气等侵蚀或损害货物，以及减少或减缓某些货物因自身特性造成的挥发、老化、干裂等现象。

货垛苫盖方法（见图 5-48）主要有：就垛苫盖法、鱼鳞式苫盖法、活动棚架苫盖法。

• 就垛苫盖法是指直接将大面积苫盖材料覆盖在货垛上遮盖。就垛苫盖法适用于屋脊垛和大件包装商品的苫盖，一般采用大面积的帆布、油布、塑料膜等。就垛苫盖法操作便利，但通风不好，适用于对通风要求不高的物品，同时要注意地面干燥。

• 鱼鳞式苫盖法是将苫盖材料自货垛的底部逐渐向上围盖，苫盖材料之间呈鱼鳞式逐层交叠。该法一般采用面积较小的席、瓦等做苫盖材料。鱼鳞式苫盖法具有较好的通风条件，但每件苫盖材料都需要固定，操作比较烦琐复杂。

• 活动棚架苫盖法是将苫盖物预制成一定形状的棚架，在棚架腿上装有滑轮使之可灵活移动，在货物堆垛完毕后，将活动棚架移到货垛处遮盖货垛。活动棚架苫盖法较为快捷，具用良好的通风条件，但活动棚本身需要占用仓库位置，也需要较高的购置成本。

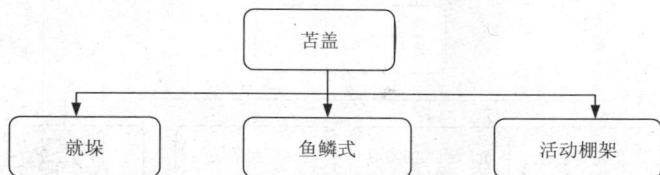

```
          ┌──────────┐
          │   苫盖   │
          └────┬─────┘
     ┌─────────┼──────────┐
┌────┴───┐ ┌──┴────┐ ┌───┴────┐
│  就垛  │ │ 鱼鳞式 │ │活动棚架│
└────────┘ └───────┘ └────────┘
```

图 5-48 苫盖方法

在进行货垛苫盖时，需要注意以下要求。

选择合适的苫盖材料：苫盖材料是否符合防火要求，是否对货物有不利影响，是否无毒无害，此外，需考虑成本是否低廉，是否不宜损坏，是否能重复使用等。

苫盖要牢固：特别是露天货场存放物品的苫盖，每张苫盖材料都要牢固固定，必要时在苫盖物外用绳索、绳网绑扎或者采用重物镇压，确保苫盖材料不被大风揭开。

苫盖接口要紧密：苫盖材料的接口要有一定深度的互相叠盖，不能迎风叠口或留空隙，苫盖材料必须拉挺、平整，不得有折叠和凹陷，以防止积水。

苫盖材料的底部应与垫垛平齐：苫盖材料不腾空或拖地，并牢固地绑扎在垫垛外侧或地面的绳桩上，衬垫材料不露出垛外，以防雨水顺延渗入垛内。

常用的苫盖材料有：帆布、芦席、竹席、塑料膜、铁皮铁瓦、玻璃瓦、塑料瓦等。

（2）垫垛

垫垛是指在物品码垛前，在预定的货位地面位置，使用衬垫材料进行铺垫。

垫垛的目的包括：使地面平整，使堆垛货物与地面隔离以防止地面潮气和积水浸湿货物，使垛底通风，使泄漏物留存在衬垫之内，不会流动扩散。此外，利用强度较大的衬垫物使货垛的压力分散，避免损害地坪等。

垫垛的基本要求包括：所使用的衬垫物与拟存货物不会发生不良影响，具有足够的抗压强度；地面要平整坚实、衬垫物要摆平放正，并保持同一方向；衬垫物间距适当，直接接触货物的衬垫面积与货垛底面积相同，衬垫物不应伸出货垛外；衬垫物要有足够的高度，露天堆场要达到 0.3m～0.5m，库房内 0.2m 即可；露天货场的地面一定要铺平夯实，以免堆码后由于地面下沉造成货垛倾斜倒塌。

常用的衬垫物有：枕木、废钢轨、货板架、木板、石墩、防潮纸等。

4．物品的养护

物品养护是指物品在储存过程中所进行的保养和维护。物品养护的目的是要维护库存商品的数量和质量不发生变化，保护商品的使用价值。

物品由于自身的物理、化学、生化特性，在储存期间，容易发生物理变化、化学变化、生化变化、价值变化。常见的物理变化有挥发、潮解、凝固等，化学变化有氧化、锈蚀、分解等，生化变化有呼吸、发芽、后熟、霉腐、虫蛀等，这些变化可导致物品自然损耗、价值降低、质量受损等。影响物品发生物理变化、化学变化、生化变化的内因是物品自身的理化特性，外因则主要是环境的温度、湿度、大气、日光、尘土、杂物、虫鼠雀害等。控制储存环境的温度、湿度、卫生状况等，可减缓或抑制上述变化。所以，在库物品的养护工作主要有：仓库温湿度控制，仓库虫害的防治、物品霉腐的防治、金属制品的防锈和除锈等（见图5-49）。

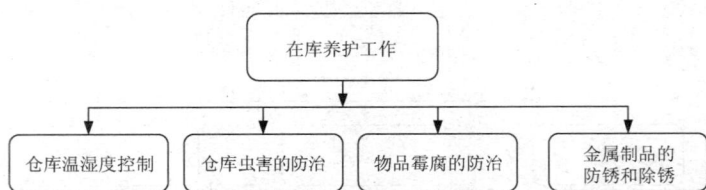

图5-49 仓库养护工作

（1）仓库温湿度控制

控制与调节库房温度的一般方法有通风、除湿、密封等。

通风方式主要有自然通风和机械通风。一般情况下利用自然通风。利用自然通风需要注意通风时机：当库外的温度和绝对湿度低于库内空气的温度和绝对湿度时可通风。

空气除湿可利用物理或化学的方法将空气中的水分除去。一般利用除湿机或吸潮剂除湿。吸湿剂除湿是将吸湿剂放置在需要吸湿的空间，使其与空气自然接触，吸收空气中的水分。常用的吸湿剂有氧化钙、氯化钙、木炭、炉灰、草灰等。

密封是用密封材料将储存的物资封闭起来，使之与周围大气相隔离，防止或减弱自然界不利因素对物品的影响。密封除了具有防潮作用外，还可起到防霉、防锈蚀、防干裂、防虫害的作用。密封按照体内填充物料间隙的介质不同，又分为大气密封、干燥密封、充氮密封、去氧密封；按照密封的体积不同，又分为整库密封、按垛密封、货架（柜、橱）密封、按件/箱密封。

（2）仓库虫害的防治

仓库虫害与霉变的防治方法有：杜绝仓库害虫来源和药物杀虫。

杜绝仓库害虫来源的方法主要是：①对商品原材料做杀虫、防虫处理；②对入库商品的虫害做检查和处理；③对仓库环境、库位、用品用具进行卫生消毒。

药物防治方法主要是使用各种杀虫剂杀灭害虫，这是当前防治仓库害虫的主要措施。常用的防虫、杀虫药剂有以下几种。

驱避剂类药物，常用的驱避剂有精萘和樟脑精等。原理是利用易挥发并具有特殊气味和毒性的固体药物，使挥发出来的气体在物品周围保持一定的浓度，从而起到驱避毒杀仓库害虫的作用。

杀虫剂类药物，这类药物主要是通过触杀、胃毒作用杀灭害虫。触杀剂和胃毒剂很多，常用于仓库及环境消毒的有敌敌畏和敌百虫。

熏蒸剂类药物，其杀虫原理是杀毒剂的蒸气通过害虫的气门及气管进入害虫体内，使害虫中毒死亡。常用的有溴甲烷、磷化铝、环氧乙烷和硫黄等。熏蒸方法可以根据商品数量的多少，结合仓库建筑条件，酌情采用整库密封熏蒸、帐幕密封熏蒸、小室密封熏蒸、密封箱和密封缸熏蒸等形式。必须注意的是，上述几种熏蒸剂均系剧毒气体，使用时必须严格落实安全措施。

（3）物品霉腐的防治

物品霉腐的防治方法主要有：加强入库验收，加强仓库温度、湿度管理，选择合理的储存场所、合理堆码苫垫，做好日常的清洁卫生，使用化学药剂防霉，气相防霉，低温冷藏防霉腐等。

易霉腐物品入库，首先应该检验其包装是否潮湿及物品的含水量是否超过安全水分。运用密封、吸潮及通风相结合的方法，控制好库内温、湿度。特别是在梅雨季节，要将相对湿度控制在不适宜霉菌生长的范围内。为易霉腐物品选择合理的储存场所，将其安排在空气流通、光线较强、比较干燥的库位，避免与含水量大的商品同储在一起，货垛下垫隔潮垫。由于仓库里的积尘能够吸潮，容易使菌类寄生繁殖，因此要做好日常的卫生清洁。

防霉变最主要的方法是使用防霉腐剂。其基本原理是使微生物菌体蛋白凝固、沉淀、变性，或破坏酶系统使酶失去活性，而影响细胞呼吸和代谢；或改变细胞膜的通透性，使细胞破裂。

气相防霉变是使用具有挥发性的防霉防腐剂，利用其挥发生成的气体，直接与霉腐微生物接触，杀死或抑制霉腐微生物的生长，以达到防霉腐的目的。

低温冷藏防霉腐所需的温度与时间，应以具体商品而定，一般温度越低，持续时间越长，霉腐微生物的死亡率越高。

（4）金属制品的防锈和除锈

金属锈蚀的原因一是金属材料本身的特性，二是大气中的因素。预防锈蚀主要是控制大气中导致金属锈蚀的因素。主要防锈方法和措施有：选择合理储存场所、保持库房和货场干燥、涂油防锈、气相防锈、塑料封存。

气相防锈是利用挥发性缓蚀剂，在机械产品周围挥发出缓蚀气体，来阻隔腐蚀介质的腐蚀作用，以实现防锈目的。涂油防锈是选择适合金属材料和金属制品使用条件的防锈油，如硬膜防锈油、软膜防锈油，在金属制品表面涂抹。

金属制品的除锈方法主要有：手工除锈、机械除锈、化学除锈。

手工除锈是使用一定工具对金属制品进行擦、刷、磨等，去除锈蚀。机械除锈是利用机械设备清除金属制品表面的锈蚀，常见的有滚筒式除锈、抛光机除锈。化学除锈是利用能够溶解锈蚀物的化学品（除锈剂）除去金属制品表面的锈迹。

5. 库存盘点与检查

盘点就是对储存场所的存货进行数量清点的作业。库存物品不断地进出库，长期积累下来，库存账、卡的存货信息与实物数量容易出现不符的现象，部分产品也可能会出现过期或质量问题。为了及时、有效地掌握库存物品的数量和质量状况，储存场所需要定期或临时对库存物品进行盘点检查。

（1）盘点与检查的内容

库存盘点，不但要盘点库存品数量，还要检查库存品的有效期、质量等状况，如图 5-50 所示，具体内容如下。

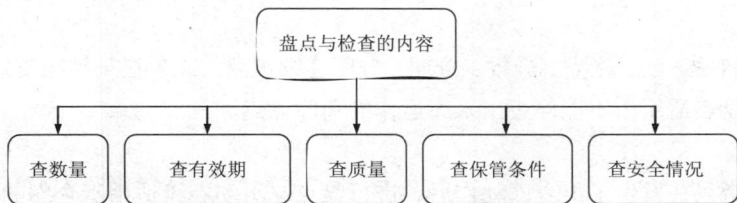

图 5-50　盘点与检查的内容

① 查存货数量

通过点数和计数，查清库存物品的实际数量，核对库存账目与实际数量是否相符。

② 查存货有效期

食品、电子类产品等需要进行有效期管理。通过库存盘点，核对商品有效期，发现收货存在的问题，确保按有效期先进先出。

③ 查存货质量

通过盘点，检查库存物品的质量是否有变化，及时处理变质商品。

④ 查保管条件

通过盘点，检查库存物品的现有保管条件是否符合要求，例如温度、湿度、灰尘、卫生、虫害防治等状况。

⑤ 查安全情况

通过盘点，检查存储场所的安全和消防设备是否处于正常状态，例如灭火器、摄像头、窗户、门锁等。

（2）盘点的方法

根据盘点的时间周期和频率，可将库存物品的盘点方法分为：全盘、循环盘、不动不盘、交接盘、抽样盘，如图5-51（a）所示。

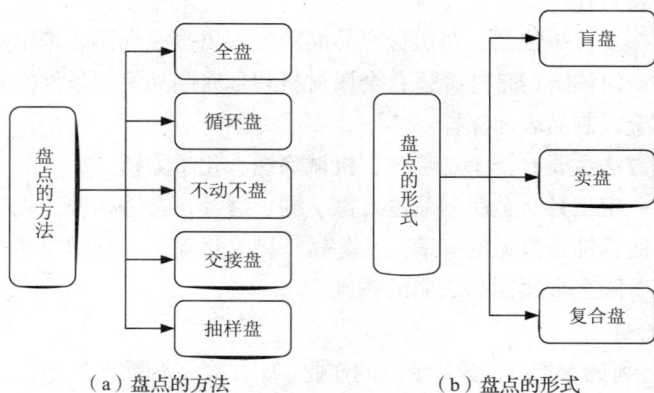

（a）盘点的方法　　　　（b）盘点的形式

图 5-51　盘点的方法和形式

① 全盘

全盘又叫期末盘点，是指在规定的期末清点所有存货物品数量的方法。通常以年、季、月为盘点周期，形成月度盘、季度盘、年度盘。全面盘点工作量大，盘点期间会影响仓库工作，一般是为了满足财务要求而进行的盘点。

② 循环盘

循环盘是将物品逐区、逐类、分批、分期、分库连续盘点，或者在某类物资达到最低存量时，加以盘点。循环盘点适用于不能停止出入库运作的仓库盘点。

③ 不动不盘

不动不盘是指只在发生了出入库动作后，进行盘点。不动不盘适用于仓库的日常盘点，是应用得最多的一种盘点方式。

④ 交接盘

交接盘是指在交接班时进行的盘点。适用于零售业、贵重物品的盘点。

⑤ 抽样盘

抽样盘是指库存如果有多个品种，取其中几种物品进行盘点。

（3）盘点的形式

根据盘点的仔细程度，盘点的形式可分为盲盘、实盘、复合盘，如图5-51（b）所示。

① 盲盘

盲盘是指打印一个空白盘点表，盘点人员必须仔细查验库存物品，填好盘点表内所有信息。

② 实盘

实盘是指将库存物品的所有数据打印出来，盘点人员只需到现场去清点和核对相关信息的准确性，若发现差异则注明，留待修订。

③ 复合盘

复合盘是盲盘和实盘两种形式的混合使用，打一份物品清单，但不写数量，盘点人员需到现场清点数量，将数量填在清单中。

【案例5.11】 菜鸟云仓的盘点

菜鸟云仓每周进行一次商品有效期盘点，有效期盘点不必停止出入库作业。仓库内许多货物如饼干、牛奶、奶粉等有严格的有效期管理要求，有效期盘点的目的就是对货物的有效期信息进行管理，确保货物出库时能够做到先进先出。该仓库某次效期盘点发现问题如下：货位为06-03-11-22的舒化无乳糖牛奶，信息系统显示效期为20170720，但实物为20170702，经查是收货组上架录入信息错误，将20170702录入为20170720，有效期相差18天。货位为K06-01-06-22的全脂营养奶粉存在20170319、20170331、20170615三个有效期，盘点后做优先拣选标记，指示拣货组优先拣选20170319有效期的奶粉。

菜鸟云仓每月进行一次全面盘点，全面盘点时需要停止出入库作业。全面盘点是针对仓库内所有电商旗舰店的货物进行盘点。盘点时，由信息系统导出库存数据，按盘点格式打印纸质盘点单，然后进行实物盘点，核对数量。

此外，菜鸟云仓还按货主对存货进行账面盘点。盘点时，如果从信息系统中导出的存货数量加上订单占用数量少于50件，则通知货主补货。

启示

请大家说出菜鸟仓库有几种盘点作业，每种盘点作业的特点和目的是什么？分别用了什么样的盘点方法和方式？

5.4.4 出库作业

1. 出库的概念

商品出库是仓库根据提货单、调拨单或拣货单，按其所列商品编号、名称、规格、数量等信息，组织拣货、复核、包装、点交、登账等一系列工作的总称。出库是仓储作业管理的最后一个环节，直接与运输部门和物品使用单位打交道，其作业质量直接影响仓储企业的经济效益和客户满意度。

2. 商品出库的作业流程

传统仓库，出库作业主要包括：催提、核单、备货、复核、包装、点交、登账、清理八大步骤，如图5-52所示。

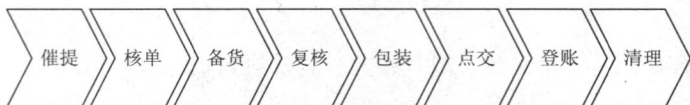

图 5-52　出库作业一般程序

催提是仓库对将要到期的货物，对客户做催提工作。在一些仓库的出库作业中，这个环节不一定出现；核单是对出库凭证进行审核；备货是按出库凭证所列商品的名称、规格、数量、批次等进行货物拣选备货工作；复核是为避免物品出错，对备货后的物品应进行复核，主要复核编号、数量、名称、规格、型号、批次等。包装是对出库的物品进行包装，以满足运输部门或用户的要求，对于整箱货出库，包装可能就不需要了；点交是将出库货物及随货证件逐笔向提货人当面点交，并在交清后请提货人签字；登账是指仓库管理人员在出库单上填写实发数、发货日期等，并签字；最后，仓库管理人员应对出库腾出的货位进行清理。

【案例 5.12】　菜鸟云仓的拣货出库

在电商仓库，出库是由客户订单拉动的。电商平台信息系统直接将客户订单信息推送到仓库管理信息系统，仓库制单组接收推送来的订单信息，在信息系统中进行汇单，按一定的拣选策略生成拣货单和配送电子面单，然后打印输出拣货单和电子面单（对应收货人信息），一并交给拣货组。拣货人员根据拣货单到指定库位拣货，并将拣出的货物放到托盘上，拣货完成后，用电动托盘搬运车将拣出的货物连同拣货单放到出库复核区待复核。

在出库复核区，通过扫描电子面单，系统读取并显示该电子面单收货人所购买的商品数量总和和每种商品明细信息，包括商品条码、名称、数量，已完成复核的数量和未复核的商品数量。复核人员依据系统提示查找相应商品，依次扫描对应商品的条码，系统自动完成条码比对，实现拣选环节的复核。

复核完毕，拣货员根据商品的数量和体积选取合适的包装箱型，将该单对应的所有商品放入包装箱内，并填充适量的气泡枕，用胶带封箱。然后，将热敏电子面单粘贴到箱子最大面上，再将粘贴好电子面单的箱子放到传送带上，传送到配送交接区，等待快递取件。

启示

请画出菜鸟云仓的拣货出库流程。它与传统仓库出库作业流程有什么异同？

5.5 | 库存控制

5.5.1　库存概述

1. 库存的概念

中华人民共和国国家标准《物流术语》（GB/T18354—2006）对库存的定义是：储存作为今后按预定的目的使用而处于闲置或非生产状态的物品。广义的库存还包括处于制造加工状态和运输状态的物品。

2. 库存的分类

（1）从生产过程角度划分

分为原材料库存、在制品库存、产成品库存、维修库存。

① 原材料库存

原材料库存指企业为了生产加工产品而持有的原材料、零部件的库存。原材料库存是针对制造业来说的，在流通型企业中是没有原材料库存的。

② 在制品库存

在制品库存是指在生产过程中，经过部分加工但尚未完成的、在销售之前还需要进一步加工的零部件或半成品的存货。例如，面包生产过程中的面坯，服装生产过程中剪裁好的衣身、袖子、衣领，炼钢生产过程中的钢水、板坯等，都是在制品。通常，生产一件产品需要多个加工工艺，经历多个生产阶段，因而会产生在制品库存。

③ 产成品库存

产成品库存是指已经完成加工过程、可供销售的存货。由于市场在特定时期内对产成品的需求量是无法准确预测的，因此生产企业需要储备部分产成品以备不时之需。

④ 维修库存

维修库存是指用于产品售后维修与养护的物品或备件的库存。例如，维修机械设备所需要的易损件：轴承、齿轮等；用于手机维修需要的液晶屏、键盘、机壳等；用于机电设备保养需要的石油润滑脂等。

（2）按库存的目的分

企业持有的库存，按照持有库存的目的可以分为周转库存、安全库存、预期库存、在途库存。

① 周转库存

周转库存是为满足日常生产经营需要而建立保有的库存。周转库存的大小与采购数量有关。企业为了享受数量折扣，需要批量采购、批量运输、批量生产，这就形成了周期性的周转库存。随着每天生产的消耗，周转库存水平会下降，降低到一定程度时企业需要再次采购、补货。

② 安全库存

安全库存是企业为了应付意外事故发生，保证生产、经营平稳运行而设置的库存。也就是说，安全库存是为应对市场需求量突然增大、库存消耗突然加快、供应商供货延迟等意外状况发生，防止缺货造成客户流失、生产中断等而设置的缓冲库存。

③ 预期库存

预期库存是指用于调节需求与供应的不平衡、生产与消费的不平衡等而设置的库存，例如，在淡季为旺季储备预期库存，在收获季节为全年生产或消费储备库存等。

④ 在途库存

在途库存是指处于相邻两个工作地之间的库存，或处于相邻两个销售组织之间的库存，包括运输途中的库存和停放在两地之间的库存。

5.5.2 常用库存控制方法

一般情况下，设置库存的目的主要是为了防止缺货。库存的作用好比水库或蓄水池的作用。拥有一定量的库存可以保证对生产或经营活动的供应，可以快速满足客户的订货需求，但是，持有库存是要产生成本的，例如储存场地成本、资金占压成本、货物保管成本等。因此，在满足供应的前提下，库存应尽量小，也就是说，管理者需要在保证供应和库存成本之间寻找平衡，使库存处于合理的水平，这就要掌握科学的库存控制方法。

1. 定量订货法

定量订货法是指当库存物品数量下降到预先设定的订货点时，即按照一定的订货批量（经济订货批量）补充订货的一种库存控制方法。采用定量订货法必须预先设定订货点和订货批量两个参数。

（1）订货点的确定

订货点是发出订货通知时的最低库存量。这个最低库存量的确定要考虑3个因素：订货提前期，日均库存消耗量，安全库存量。订货提前期是发出订货通知到物品入库之间的时间间隔，也称作交货期。

订货点 = 订货提前期 × 日均消耗量 + 安全库存量

（2）订货批量的确定

订货批量 Q 是指每次订货的数量。在定量订货法中，每次订货的数量都是相同的，通常以经济订货批量 EOQ 作为其订货批量。经济订货批量是使总库存成本最小的订货批量。

年总库存成本＝物品购进成本＋订货成本＋保管成本

$$TC = DP + \frac{D}{Q}C + \frac{Q}{2}H \qquad (1)$$

其中：TC——年总库存成本；

D——年总需求量；

P——单位物品的购入成本；

C——每次订货成本；

H——单位物品年储存成本（$H = PF$，F 为年仓储保管费率）；

Q——订货批量；

$\frac{Q}{2}$——年平均库存量。

将上式对 Q 求导数，令导函数为零，得到经济订货批量：

$$EOQ = Q^* = \sqrt{\frac{2CD}{H}} = \sqrt{\frac{2CD}{PF}} \qquad (2)$$

将 Q^* 代入（1）式，得到最小年总库存成本：$TC = DP + HQ^*$

年订购次数：$n = \frac{D}{Q^*} = \sqrt{\frac{DH}{2C}}$

平均订货周期：$T = \frac{365}{n} = \frac{365Q^*}{D}$

（3）定量订货法的优缺点

采用定量订货法控制库存的优点是方法简单，管理方便。由于每次订货批量都固定，便于订货单位安排物品的验收、入库、保管作业。这种方法适合于库存物品消耗量固定、价值较低、订货时间较短的物品。

定量订货法也有其缺点，为了检测库存量是否降到订货点，企业必须随时掌握库存动态，因此，订货模式灵活性差，订货时间不能预先确定，对订货工作安排不利。

2. 定期订货法

定期订货法是指按照预先设定的时间间隔周期性地订货。定期订货法的基本原理是：预先确定一个订货周期和一个最高库存量，然后周期性地检查库存，到了订货时间，即发订货通知。订货批量的大小应使订货后的名义库存量达到最高库存量。

（1）订货周期的确定

订货周期就是订货间隔周期。在定期订货法中，订货间隔是固定的，订货间隔的长短直接决定库存水平的高低，因而也决定了库存费用的大小。

订货周期（订货间隔）一般根据经验确定，例如根据自然日历习惯，以周、月、季等为订货周期。也可根据企业的生产周期、供应周期而定，或借用经济订货批量的计算公式确定订货周期。

> 【思考与讨论】
>
> 如果订货周期定得太长，会产生什么问题？订货周期与最大库存量之间有什么关系？如果订货周期定得太短会带来什么问题？订货周期与订货费用之间有什么关系？

（2）最高库存量的确定

最高库存量以订货间隔期加上订货提前期这段时间内的库存消耗量为依据。计算公式为

$$最高库存量=平均每日耗用量×（平均订货提前期+订货周期）$$

（3）订货量的确定

定期订货法每次订货的批量是不固定的，其大小由下式测算：

订货量=平均每日耗用量×（订货提前期+订货周期）-现有库存量-在途到货量+顾客延迟购买量

（4）定期订货法的优缺点

定期订货法的优点是对库存量控制得较严格，缺点是每次订货都要彻底检查现有库存量。这种方法适合于必须严格管理的重要货物。

> 【思考与讨论】
>
> 定期订货法与定量订货法的区别有哪些？

3．ABC分类管理法

对于库存物品种类较多的仓库，总是有的物品数量少，价值却较大，占用资金较多，有些物品价值较小，数量却较多，有些物品出入库频繁，而有些物品存货较长等。显然，对所有的物品都采用同样的库存控制方法是不合适的，而应该按一定的标准对物品进行区分，根据轻重缓急区别化管理。

ABC分类管理法就是依据一定的原则对众多物品进行分类，对不同类别的物品采取不同的库存管理策略。

（1）ABC分类的原则

在库存管理中，一般将单价高、资金占用金额大、品种少的物品划为A类，将单价低、资金占用金额小、品种多的物品划为C类，介于二者之间的划为B类。分类原则如表5-1所示。

表5-1　　　　　　　　　　　　　ABC分类原则

类别	品目数	资金占用额
A类	5%～15%	60%～80%
B类	20%～30%	20%～30%
C类	60%～80%	5%～15%

（2）库存管理策略

ABC分类管理法是以控制存货资金为原则的管理方法，根据不同的资金占用量和物品品目类别

实施不同的管理策略。例如，对 A 类物品进行重点管理，A 类物品其现场管理要更加严格，应将其放在更安全的地方，检查和盘点的频率更高，库存记录要准确；对 B 类物品进行次重点管理，现场管理投入的精力比 A 类物品少一些，库存检查和盘点的周期可以比 A 类物品长一些；而对 C 类物品给予一般管理，现场管理可以更粗放一些，但鉴于 C 类物品品种多，出差错的可能性也比较大，因此也必须定期进行库存检查和盘点，但周期可以比 B 类物品更长一些，如表 5-2 所示。

表 5-2 ABC 分类管理法

项目/级别	A 类物品库存	B 类物品库存	C 类物品库存
控制程度	严密控制	一般控制	简单控制
库存量计算	依库存模型详细计算	一般计算	简单计算或不计算
进出记录	详细记录	一般记录	简单记录
存货检查频度	密集	一般	很低

（3）ABC 分类步骤

第一步，将物品按年耗用金额从大到小进行排序。

第二步，分别算出总价值和总数的百分比并进行累计。

第三步，按照表 5-1 的分类标准，选择断点进行分类，确定 A、B、C 三类物品。

扫一扫

ABC 库存
管理法视频

例：思思计算机公司库存品如表 5-3 所示，请用 ABC 分类法分出哪些商品属于 A 类，哪些商品属于 B 类，哪些商品属于 C 类。

表 5-3 思思计算机公司库存品

品名	总价（元）	总量（件）
显示器	35 000	20
CPU	25 000	20
键盘	5 000	100
主板	24 000	18
DVD	15 000	15
鼠标	3 000	150
内存条	10 000	50
机箱	8 000	20
网卡	6 000	40

解：第一步，现将物品按金额从大到小排序，如表 5-4 所示。

表 5-4 思思计算机公司库存品金额排序

品名	总价（元）	总量（件）
显示器	35 000	20
CPU	25 000	20
主板	24 000	18
DVD	15 000	15
内存条	10 000	50
机箱	8 000	20

品名	总价（元）	总量（件）
网卡	6 000	40
键盘	5 000	100
鼠标	3 000	150
总计	131 000	433

第二步，分别计算每件物品所占的百分比，并计算累计百分比，如表5-5所示。

表5-5　　　　　　　　　　　思思计算机公司库存所占百分比

品名	总价（元）	百分比（%）	累计（%）	总量（件）	百分比（%）	累计（%）
显示器	35 000	26.7	26.7	20	4.6	4.6
CPU	25 000	19.2	45.9	20	4.6	9.2
主板	24 000	18.3	64.2	18	4.2	13.4
DVD	**15 000**	**11.4**	**75.6**	**15**	**3.4**	**16.8**
内存条	10 000	7.6	83.2	50	11.6	28.4
机箱	8 000	6	89.2	20	4.6	33
网卡	**6 000**	**4.7**	**93.9**	**40**	**9.2**	**42.2**
键盘	5 000	3.9	97.8	100	23.2	65.4
鼠标	3 000	2.2	100	150	34.6	100
总计	**131 000**	**100**		**433**	**100**	

第三步，按照表5-1的分类标准进行断点。显示器、CPU、主板和DVD价值的累计百分比为75.6%，数量累计百分比为16.8%，这一类物品为A类；内存条、机箱和网卡价值的累计百分比为18.3%，数量累计百分比为25.4%，为B类；键盘和鼠标价值的累计百分比为6.1%，数量累计百分比为57.8%，为C类。

4．CVA管理法

CVA（Critical Value Analysis）管理法又称关键因素分析法，它的基本思想是把存货按照关键性分成3类～5类，如表5-6所示。

（1）最高优先级——经营的关键性物资，不允许缺货。

（2）较高优先级——基础性物资，允许偶尔缺货。

（3）中等优先级——重要性物资，允许合理范围内缺货。

（4）较低优先级——经营中需用的物资，但可替代性高，允许缺货。

表5-6　　　　　　　　　　　关键因素分析法

库存类型	特点	管理措施
最高优先级	经营管理中的关键物品，或A类重点客户的存货	不允许缺货
较高优先级	生产经营中的基础性物品，或B类客户的存货	允许偶尔缺货
中等优先级	生产经营中比较重要的物品，或C类客户的存货	允许合理范围内缺货
较低优先级	生产经营中需要，但可替代的物品	允许缺货

模拟实训

【实训主题】

模拟仓储作业，掌握仓储作业管理的基本操作技能。

【实训目的】

（1）通过模拟仓储出入库作业，使学生掌握入库作业流程、出库作业流程。

（2）通过模拟库内货物保管作业，使学生掌握货位的分配和使用、货物码放方法、货物盘点方法。

【实训内容】

临近期末，教材科接到通知，订购的下学期教材40箱将于6月30日上午9点左右送达，每箱内有教材40册。接到通知后，教材科立即做接货准备工作。上午9点10分，送货车辆到达，送货司机将货物卸下，收货人员与司机办理交接后，将货物拉入库房码放。下午2点30分，教材科通知各班分批次前来领取教材。其中，物流专业学生领取《运输管理实务》75册、《采购管理实务》75册，计算机专业学生领取《C语言程序设计》120册、《数据结构》80册。请完成以下任务。

（1）模拟收货入库作业，包括做接货准备，验收货物，办理入库手续，将图书按使用的专业分门别类码放在教材科的仓库内。

（2）按照教材领取单办理出库作业，出库完毕后，对库内余下的教材进行清点，并打印盘点报告单。

【实训过程设计】

（1）准备实训环境

制作模拟物品40箱，箱面标注图书名称。准备模拟用图书。规划模拟仓库，包括收货区、储存区、出库暂存区。

（2）教学实施

① 将学生分组；

② 回顾仓储出入库作业流程；

③ 模拟入库准备工作。指导学生安排收货员、仓库管理员、出库员、运输司机等，准备搬运工具和存储场地；

④ 分小组模拟收货入库作业。运输司机负责卸货，收货员负责点数、查验外包装，填写验收报告单，与司机办理交接签收，将货物拉入库房。保管员负责将货物按照教材类别分别堆码，并登记库存明细账。

⑤ 分小组模拟教材出库作业。出库员根据教材领取单到相应库位拣取教材，放到出库暂存区，进行复核，与图书领取者交接。

⑥ 出库完毕，保管员负责清点剩余图书并登记库存明细账。

⑦ 分组完成实训报告，讲述实训中的作业流程和体验。

⑧ 评比和总结。

课后练习

一、单选题

1. 在物流系统中，起着缓冲、调节和平衡作用的物流活动是（ ）。

A. 运输　　　　　　B. 配送　　　　　　C. 装卸　　　　　　D. 仓储

2. 流通仓储主要用来储存和保管（　　　）。

　　A. 流通企业待销售的商品　　　　　　B. 生产原材料

　　C. 产成品　　　　　　　　　　　　　C. 半成品

3. 衔接不同运输方式的仓储称为（　　　）。

　　A. 中转仓储　　　B. 流通仓储　　　C. 生产仓储　　　D. 营业型仓储

4. 下面哪一种仓库最方便货物的搬运和各区域仓储作业的衔接与管理（　　　）。

　　A. 平房仓库　　　B. 楼房仓库　　　C. 半封闭式仓库　　D. 简易仓库

5. 轻型货架每层载重量在（　　　）。

　　A. 150kg 以下　　B. 100kg 以下　　C. 100kg～200kg　　D. 200kg～500kg

6. 下面哪种货架可配电子标签，实现亮灯拣选（　　　）。

　　A. 驶入式货架　　B. 托盘货架　　　C. 悬臂式货架　　　D. 流利式货架

7. 下面哪种货架不能实现先进先出作业（　　　）。

　　A. 流利式货架　　B. 移动式货架　　C. 驶入式货架　　　D. 托盘货架

8. CVA 管理法的基本思想是把存货按照关键性分成 3 类～5 类，其中最高优先级是指经营的关键物资，（　　　）。

　　A. 不允许缺货　　　　　　　　　　　B. 允许偶尔缺货

　　C. 允许合理范围内的缺货　　　　　　D. 允许缺货

9. 生产季节性商品的企业，为了协调旺季和淡季需求的不均匀性，通常采用在淡季生产储备一定数量的商品以调节旺季的巨大需求，这种储备克服了（　　　）。

　　A. 时间间隔　　　B. 场所间隔　　　C. 所有权间隔　　D. 使用权间隔

10. 关于 ABC 库存分类法，下列描述正确的有（　　　）。

　　A. 实质就是把占品种量少，而占价值比例大的货物分离出来，加以重点管理

　　B. ABC 三类库存中，A 类最重要，B、C 类远远没有 A 类重要

　　C. ABC 分类具有很强的目的性

　　D. ABC 分类法只能将多种商品分为三类

二、多选题

1. 仓储的功能有（　　　）。

　　A. 储存与保管的功能　　　　　　　　B. 调节供需的功能

　　C. 衔接运输的功能　　　　　　　　　D. 保障销售的功能

2. 按仓储的主要作用划分，仓储分为（　　　）等。

　　A. 流通仓储　　　B. 保税仓储　　　C. 加工仓储　　　D. 战略储备仓储

3. 根据库内货物的存放形态，仓库可分为（　　　）。

　　A. 地面型仓库　　B. 简易仓库　　　C. 货架型仓库　　D. 自动化立体仓库

4. 按货架结构特点，货架可分为（　　　）等。

　　A. 层架　　　　　B. 层格架　　　　C. 橱架　　　　　D. 悬臂架

5. 我国执行的托盘规格标准有（　　　）。

　　A. 1 200mm×800mm　　　　　　　　B. 1 219mm×1 016 mm

C. 1 200mm×1 000mm　　　　　　　D. 1 100mm×1 100mm

6. 入库作业主要包括（　　）和办理入库手续4个环节。

　　A. 查验凭证　　　　B. 入库准备　　　C. 接运货物　　　D. 验收货物

7. 验收货物的目的是要保证入库商品的（　　）。

　　A. 数量　　　　　　　　　　　　　　B. 品名、规格正确

　　C. 质量完好　　　　　　　　　　　　D. 便于建立货物档案

8. 货物在库内的存放方式有（　　）。

　　A. 散堆方式　　　　B. 垛堆方式　　　C. 货架存放　　　D. 成组堆码

9. 关于库存的概念，下列描述正确的有（　　）。

　　A. 库存是指企业在生产经营过程中为现在和将来的生产或者销售而储备的资源

　　B. 库存分为两种类型：由批量订货而带来的库存，即安全库存；以及由应付顾客需求与供应能力变化而引起的库存，即订货库存

　　C. 周转库存是指在正常的经营环境下，企业为满足日常需要而建立的库存

　　D. 流通库存是为了满足生产和生活消费的需要，补充制造和生活消费储备的不足而建立的库存

10. 下列可以称作库存的物资有（　　）。

　　A. 订货后的在途物资　　　　　　　　B. 零售店货架存货

　　C. 仓库中的物资　　　　　　　　　　D. 堆放在车间的原材料

三、论述题

1. 仓储有哪些作用？

2. 何谓地面型仓库，其具有什么特点？

3. 简述库存盘点的内容。列举常见盘点方法。

4. 简述传统仓库商品出库的作业流程。

5. 定量订货法和定期订货法各有什么优缺点？

四、案例分析题

安科公司的库存管理

安科公司是一家专门经营进口医疗用品的公司。2001年，该公司经营的产品有26个品种，共有69个客户购买其产品，年营业额为5 800万元人民币。安科公司这样的贸易公司，因为进口产品交货期较长，库存占用资金大，因此，库存管理尤为重要。

安科公司按销售额的大小，将其经营的26个产品排序，划分为ABC三类。排序在前3位的产品占总销售额的97%，因此把它们归为A类产品；第4种～第7种产品每种产品的销售额在0.1%～0.5%，把它们归为B类；其余的19种产品（共占销售额的1%），将其归为C类。

对于A类的3种产品，安科公司实行了连续性检查策略，每天检查库存情况，随时掌握准确的库存信息，在满足客户需要的前提下维持尽可能低的经常量和安全库存量。安科公司通过与国外供应商协商，并且对运输时间做了认真的分析，算出了该类产品的订货前置期为2个月（也就是从下订单到货物从安科公司的仓库发运出去，需要2个月的时间）。即如果预测在6月销售的产品，应该在4月1日下订单给供货商，才能保证产品在6月1日可以出库。其订单的流程如表5-7所示。

表 5-7		安科公司订单流程			
4 月 1 日	4 月 22 日	5 月 2 日	5 月 20 日	5 月 30 日	6 月 30 日
下订单给供应商（按预测 6 月的销售数量）	货物离开供应商仓库，开具发票，已经算出安科公司库存	船离开美国港口	船到达上海港口	货物入安科公司的仓库，可以发货给客户	全部货物销售完毕

由于该公司的产品每个月的销售量不稳定，因此，每次订货的数量就不同，要按照实际的预测数量进行订货。为了防止预测的不准确和工厂交货的不准确，该公司还要保持一定的安全库存。安全库存是下一个月预测销售数量的1/3。该公司对该类产品实行连续检查的库存管理，即每天对库存进行检查，一旦手中实际的存货量加上在途的产品数量等于下两个月的销售预测数量加上安全库存时，就下订单订货，订货数量为第三个月的预测数量。因其实际的销售量可能大于或小于预测值，所以，每次订货的间隔时间也不相同。这样进行管理后，这三种 A 类产品库存的状况基本达到了预期的效果。由此可见，对于货值高的 A 类产品应采用连续检查的库存管理方法。

对于 B 类产品的库存管理，该公司采用周期性检查策略。每个月连续检查库存并订货一次，目标是每月检查时有以后两个月的销售数量在库里（其中一个月的用量视为安全库存），另外在途中还有一个月的预测量。每月订货时，再根据当时实际剩余的实际库存数量，决定需订货的数量。这样就会使 B 类产品的库存周转率低于 A 类。

对于 C 类产品，该公司采用了定量订货的方式，根据历史销售数据，得到产品的半年销售量为该产品的最高库存量，并将其两个月的销售量作为最低库存。一旦库存达到最低库存时，就订货，将其补充到最高库存量。这种方法，比前两种更省时间，但库存周转率更低。

该公司实行了产品库存的 ABC 管理以后，虽然 A 类产品占用了最多的时间、精力进行管理，但得到了满意的库存周转率。而 B 类和 C 类产品，虽然库存的周转率较低，但相对于其很低的资金占用和很少的人力支出来说，这种管理也是个好办法。

在对产品进行 ABC 分类以后，该公司又对其客户按照购买量进行了分类。发现在69个客户中，前 5 位的客户购买量约占全部购买量的75%，于是将这 5 个客户定为 A 类客户；到第 25 位客户时，其购买量已达到95%。因此，把第 6 位～第 25 位的客户归为 B 类，其他的第 26 位～第69 位客户归为 C 类。对于 A 类客户，实行供应商管理库存，一直与他们保持密切联系，随时掌握他们的库存状况；对于 B 类客户，基本上可以用历史购买记录做出他们的需求预测，并以此作为订货的依据；而 C 类客户中有的是新客户，有的一年也只购买一次，因此，只在每次订货数量上多加一些，或者用安全库存进行调节。这样一方面可以提高库存周转率，另一方面也提高了对客户的服务水平，尤其是 A 类客户对此非常满意。

问题

（1）安科公司将产品分为哪几类进行管理？这种分类方式的优点是什么？

（2）安科公司怎样对 A、B、C 三类产品进行库存控制？

（3）安科公司如何利用客户的 ABC 分类管理提高库存周转率和客户的服务水平？

第6章
物品包装

案例导入

东洋制罐株式会社的包装产品

由东洋制罐开发的塑胶金属复合罐——TULC罐，为PET及铁皮合成的二片罐，主要使用对象是饮料罐。这种复合罐既节约材料又易于再循环，在制作过程中低能耗、低消耗，属于环境友好型产品。东洋制罐还研发生产一种超轻级的玻璃瓶。用这种材料生产的187mL的牛奶瓶的厚度只有1.63mm，质量为89g，而普通牛奶瓶厚度为2.26mm，质量为130g。它比普通瓶轻40%，可反复使用40次以上。该公司还生产不含木纤维的纸杯和可生物降解的纸塑杯子。东洋制罐为了使塑料包装桶、瓶在使用后方便处理，在塑料桶上设计几根环形折痕，废弃时可很方便地折叠缩小体积。这类塑料桶（瓶）种类很多，从500mL到10L容积不等的品种都有。

启示

为了便于运输、仓储和销售，必须对商品进行包装。研究包装，对有效降低物流成本、保护商品、方便储运、保护环境有重要意义。

6.1 | 认识包装

在社会再生产中，要实现商品的价值和使用价值，对商品进行包装是重要手段之一。包装处于生产过程的末尾和物流过程的开头。在物流的起始点，包装过的产品便具备了物流的条件，在后续物流过程中，包装起到保护产品、方便储运以及促进销售的作用。

6.1.1 包装的概念及其功能

【案例6.1】 一个价值600万美元的玻璃瓶

1898年鲁特玻璃公司一位年轻的工人亚历山大·山姆森根据女友穿着筒式连衣裙的形象设计出一个玻璃瓶。瓶子试制出来之后，获得大众交口称誉。有经营意识的亚历山大·山姆森立即到专利局申请专利。

可口可乐的决策者坎德勒在市场上看到了亚历山大·山姆森设计的玻璃瓶后，认为非常适合作为可口可乐的包装。最后可口可乐公司以600万美元的天价买下此专利。"仕女瓶"不仅美观，而且使用非常安全，易握不易滑落。更令人叫绝的是，其瓶身的中下部是扭纹型的，如同少女所穿的条纹裙子；而瓶子的中段则圆满丰硕，如同少女的臀部。此外，由于瓶子的结构是中大下小，当它盛装可口可乐时，给人的感觉是分量很多的。采用亚历山大·山姆森设计的玻璃瓶作为可口可乐的包装以后，可口可乐的销量飞速增长，在两年的时间内，销量翻了一倍。从此，采用山姆森玻璃瓶作为包装的可口可乐开始畅销美国，并迅速风靡世界。600万美元的投入，为可口可乐公司带来了数亿美元计的回报。

启示

包装有促进产品销售的作用。可口可乐的仕女瓶包装就起到了很好的促销作用。事实胜于雄辩，采用新包装后的可口可乐公司的销售量飞速增长，两年时间里销量翻了一番。

1. 包装的概念

中华人民共和国国家标准《物流术语》（GB/T18354—2006）关于包装的定义是：包装是指为在流通过程中保护产品、方便储运、促进销售，按一定技术方法而采用的容器、材料及辅助物等的总体名称，也指为了达到上述目的而采用容器、材料和辅助物的过程中施加一定技术方法等的操作活动。

2. 包装的功能

包装的功能主要体现在以下几个方面。

（1）保护产品

保护产品是包装的首要功能。只有实施有效的保护，才能使商品的品质不受损害，顺利完成产品从生产厂家到最终用户或消费者的空间转移。包装对产品的保护作用主要表现在以下几个方面。

第一，包装可防止物品发生物理变化。为了防止物品破损、变形，商品包装必须能够承受在装卸、运输、保管等过程中的各种冲击、振动、颠簸、压缩、摩擦等外力的作用。例如，在出库前，对方便面、饼干等易碎商品进行缓冲包装，可防止商品在运输及装卸搬运过程中被压碎，导致商品价值的降低。

第二，包装可以防止物品发生化学变化。为了防止物品受潮、发霉、变质、生锈等，物品包装必须能在一定程度上起到阻隔水分、潮气、光线及空气中各种有害气体的作用，避免外界不良因素的影响。

第三，包装可以防止有害生物对物品侵害。鼠、虫及其他有害生物对物品存在很大的破坏性，包装封闭不严，会给细菌、虫类造成侵入之机，导致物品变质腐败，特别是对食品危害性更大，鼠、白蚁等会直接吞蚀纸张、木材等物品。

第四，包装可防止异物流入，减少污染，避免物品丢失、散失。

扫一扫

包装作业视频

（2）方便流通

包装具有将商品集合，方便物流的功能。包装这方面作用表现在以下几个方面。

第一，提高效率。在物流的全过程中，包装会大大提高物流作业的效率和效果。货物包装适度，能降低物流成本，提升仓储效率。

第二，便利运输。包装的规格、形状、重量与物品运输关系密切。包装尺寸与运输车辆、船、飞机等运输工具箱、仓容积是否吻合，直接影响运输效率。

第三，便于装卸搬运。物品经过适当的包装，便于各种装卸、搬运机械的使用，有利于提高装卸、搬运机械的工作效率。包装的规格尺寸标准化后为集合包装提供了条件，从而极大地提高装载效率。

第四，便利储运。从搬运装卸角度看，物品出、入库时，如果包装规格尺寸、重量、形态上适合仓库内的作业，可以为仓库提供搬运、装卸的方便；从物品保管角度看，物品的包装为保管工作提供了方便条件，便于维护物品的原有使用价值。包装物的各种标识，使仓库的管理者易于识别、存取和盘点，有特殊要求的物品易于引起注意；从物品的验收角度看，易于开包、便于重新打包的包装方式为验收提供了方便性。包装的集合方法、定量性，为节约验收时间，加快验收速度也起到十分重要的作用。

（3）利于营销

销售包装是指与商品一起销售给消费者的包装，其主要目的在于美化商品、宣传商品，以扩大销售。商品的包装具有一定的利于营销的功能，可以称为"无声的促销员"。恰当的包装能够唤起人们的购买欲望。20世纪50年代中期，美国杜邦公司通过市场调查，提出"杜邦定理"：63%的消费者首先是根据商品的包装做出购买决策的。所以，商品能否引起消费者的购买欲望，进而产生购买行为，在一定程度上取决于包装的层次。很多产品正是由于包装的层次与产品的档次不匹配而失去销售机会。

（4）便于使用

包装应该具有便于开启和再封闭的功能，便于消费者对内装物的使用。消费者只有真正消费了商品，才最终实现了商品的价值。以前的马口铁装的罐头，就没做到这一点，真是"方便食品不方便"。例如"午餐肉"这种产品，因为顾客食用时开启不方便，几乎完全失去了市场，而仅仅是改变了包装，摇身一变就成为目前在国内拥有每年 1 190 亿元市场的"火腿肠"。而近年火腿肠"易撕口"的专利设计，又成为某火腿肠生产企业市场竞争的有力武器。

不易被仿冒的包装有保护知识产权的功能，例如，防伪标签。生产企业可以根据正常使用时的用量进行适当的包装，以起到便于使用和指导消费的作用。例如，改变酒瓶的大小，可以便于计量；味素包装的大小不同可以供餐厅和家庭选择；药品的包装不同可以供不同药量需要者进行选择等。包装的大小以及包装上的用法、用量、功能、要素组成等说明都极大地方便了消费者。

6.1.2 包装的类型

1．按功能分类

（1）工业包装

工业包装又称运输包装或外包装。工业包装是指主要以保护商品、方便物流为目的的包装。以保证商品在运输、保管、装卸搬运过程中不散包、不破损、不受潮、不污染、不变质、不变味、不变形、不腐蚀、不生锈、不生虫，即保持商品的数量和质量不变。

（2）商业包装

商业包装又称销售包装或内包装，是指以促进销售、方便使用为目的的包装。它既讲究包装外形的美观，其装潢又要有商业吸引力。

2．按性质分类

（1）单个包装

单个包装也称为小包装，是物品送到使用者手中的最小单位。用袋或其他容器对物品的一部分或全部包裹起来的状态，并且印有作为商品的标记或说明等信息资料。这种包装一般属于商业包装，若注意美观，能起到促进销售的作用。

（2）内包装

内包装是将物品或单个包装，或一个至数个归整包装，或置入中间容器中，为了对物品及单个包装起保护作用，中间容器内有时采用一定措施。

（3）外包装

外包装是基于物品输送的目的，要起到保护作用并且考虑输送搬运作业方便，一般置入箱、袋之中，根据需要对容器有缓冲防震、固定、防温、防水的技术措施要求。一般外包装有密封、增强功能，并且有相应的标识说明。

3．按照使用次数分类

（1）一次性包装

一次性包装只能使用一次，不再回收复用。

（2）复用包装

复用包装指的是回收后经过适当加工整理后仍可使用的包装。

（3）周转性包装

周转性包装是专门设计和制造的能够反复使用的包装容器。

4．按照适用范围分类

（1）专用包装

专用包装指的是专门针对某种产品进行设计和制造的包装，只能用于包装某种特定的产品。

（2）通用包装

通用包装指的是根据标准系列尺寸制造的包装，可用于包装各种标准尺寸的产品。

6.1.3 包装合理化原则

包装合理化是指包装能够有效地实现其各项基本功能，并符合经济合理性和可持续发展的原则。要做到包装合理化，需要满足以下几方面原则。

（1）安全原则

对物品进行包装，要根据其性质、尺寸、重量和运输特性选用包装材料，防止货物储运过程中发生破损、变质和污染。

【案例6.2】 双酚A塑料奶瓶为啥不能用

所谓双酚A，即双酚基丙烷（BPA），是PC的重要原料。PC就是聚碳酸酯的简称，英文名Polycarbonate，具有优异的电绝缘性、延伸性、尺寸稳定性及耐化学腐蚀性，有较高的强度、耐热性和耐寒性，价格低廉且能提升透明度和抗摔性。

人们在生活的各个角落都能见到PC塑料的影子，如食品包装容器、婴儿奶瓶等儿童用品。双酚A在加热时能析出到食物和饮料当中，可能扰乱人体的代谢过程，对婴儿发育、免疫力有影响，甚至致癌。此外，双酚A有雌性荷尔蒙效果，可能会导致婴儿出现女性化变化。

欧盟宣布自2011年3月1日起禁止生产含双酚A的塑料奶瓶，6月起禁止任何双酚A塑料奶瓶进口到欧盟成员方。

其实除了PC奶瓶以外，还有玻璃、PP（聚丙烯）、PPSU（聚砜）等奶瓶可以选，而这些都是不含双酚A的安全材质。买塑料奶瓶时，留意奶瓶底部三角形里的数字，选1、2、4、5的塑料制品较安全。

启示

包装具有保护产品、方便流通、促进销售和便于使用的功能。但是包装材料的安全性是包装发挥作用的大前提，是包装不可分割的重要组成部分。双酚A奶瓶使我们联想到塑料包装，特别是食品塑料包装的安全性问题。食品包装与食品安全有密切的关系，食品包装必须保证被包装食品的卫生安全，才能使食品成为放心食品。

（2）匹配原则

包装材料要与内装物相匹配，内装物之间、内装物与外封装、内壁之间不应有摩擦和碰撞，内装物在封装内不能出现晃动。同时要考虑包装与其他物流环节的配合。

（3）适度原则

选用轻便、结实、适度的包装材料，尽力避免过度包装，为客户节约材料、节约包装费用，提高装卸搬运和运输的效率。

（4）单纯原则

为了提高包装作业的效率，包装材料及规格，包装形状和种类应力求单纯，规格单一。

（5）集装单元化和标准化原则

集装单元化和标准化是包装过程中必须考虑的问题。包装实现了集装单元化和标准化，能批量化作业，提高装卸搬运、保管和运输效率，节约费用，实现物流机械化和自动化。包装单元化和标准化是现代化物流的重要标志，也是单元化物流的基础。

（6）绿色化原则

包装的绿色化是指开发使用有利于回收利用，易于降解、可持续发展的一种环保型包装，也就是说，其包装产品整个生命周期应符合生态环境保护的要求，应从绿色包装材料、包装设计和大力发展绿色包装产业三方面入手实现绿色包装。

扫一扫

快递垃圾
怎么处理

【案例6.3】　包装绿色化的途径

对快递包装适当"瘦身"可从源头上减少包装对环境的污染，包装合理化可以减轻物流系统的负荷。例如，UPS注重对快递包装进行改造，使包装能适用于大型化和集约化的运输，既有效减少单位包装成本，节约包装材料和费用，也有利于提高装卸、搬运、保管、运输的作业效率。此外，UPS还自主研发并使用环保材料制作包装，以达到环保的目的。

除了在包装"瘦身"和创新设计上做文章，提高包装的通用性也能降低损耗。TNT集团曾发起"行星与我规划"。其中要求TNT在物流服务全程操作中，所有集装箱和托盘等货运设备必须在公路和铁路运输中通用。这项措施减少了物流工作环节，光A4纸的用量每年就可节约至少580万吨，达到了保护环境的目的。

启示

绿色包装不再只是一个行业问题，还是一个综合性的社会问题。解决这些问题，国家、管理部门和企业义不容辞，需要社会各方共同参与、广泛支持，形成强大合力。

6.1.4　常见包装材料

【案例6.4】　法国的包装新技术——用爆米花代替泡沫的包装材料技术

鲁雷诺公司是法国的一家汽车制造商，它的领导人以爆米花为基础发明了一种能代替保护运输途中易碎品的泡沫聚苯乙烯的新型包装材料。一粒玉米被制成爆米花体积会膨胀25倍～30倍。用作包装的爆米花制成后经过筛选，保留爆成球状且大小相同的爆米花，这些爆米花将用于塑胶菲林包装。

启示

包装材料的创新和新的包装技术的应用，不仅可以降低包装成本，还可以实现包装材料的绿色环保和可持续发展，降低回收的难度，是个两全其美的选择。

包装材料的选择应该能够符合产品的特点，能够充分保护产品的品质，同时具有经济合理性。常见的包装材料主要有金属、玻璃、木材、纸、塑料等。

（1）纸制包装材料

纸质包装材料应用最为普遍，用量最多，品种最杂，既广泛运用于运输包装，也广泛运用于销售包装。这是由于纸包装材料耐摩擦、耐冲击、质地细腻、容易黏合、无味、无毒，价格相对较低的缘故。运输用大型纸袋可用3层～6层牛皮纸多层叠合而成，也可用牛皮纸和塑料薄膜做成复合多层构造。

纸箱的原料是各种规格的白纸板和瓦楞纸板，瓦楞纸纸箱之所以被广泛利用，有取代木箱的趋势，是因为它重量轻、耐冲击、容易进行机械加工和回收，价格也较便宜。但要求其强度和耐压能力必须达到一定指标，在选材和尺寸设计时也应加以注意。

【案例6.5】 可回收的利乐包装

随着我们生活水平的提高，健康意识的不断增强，对牛奶、果汁等饮料的需求量越来越大，由此产生的废弃利乐包装也越来越多。然而，由于消费者并不了解利乐包装可以再生利用，因此往往将废弃包装随手扔掉。其实，通过专业厂家的处理和加工，废弃利乐包装能够生产出再生纸、地板、垃圾桶、衣架、乒乓球拍、托盘等一大批生活用品和工业用料，既有益于环保，又能产生良好的经济效益。

利乐包装为六层复合纸包装，其中约75%的成分为优质长纤维纸浆，这些纸浆无疑是再生纸的优质原料。为了保护人类的生存环境，本着高度的社会责任感，利乐积极帮助开发利乐包装的回收再利用技术。一条新兴的废弃复合纸包装回收产业链正从南到北逐渐形成。北京、上海、杭州、深圳等地都建立了专业的回收厂。

不过，回收厂家普遍面临的问题是缺乏足够的废弃牛奶饮料纸包装原料，生产线还处于"吃不饱"的状态。因此，宣传利乐包装回收知识，培养大众回收习惯，建立便利的回收体系，是迫切需要解决的问题，同时也是一个漫长的过程，需要厂商和社会的共同努力。

利乐积极参与回收工作，协助政府和相关机构完善废弃物回收和处理系统，推动牛奶饮料纸包装回收再生产业链的优化和升级。目前，北京、上海、杭州、深圳、山东等地陆续出现了近十家循环再利用企业，一条覆盖华北、华东、华南的再生利用产业链已经初步形成。据统计，在中国市场，2012年消费后牛奶饮料纸包装的回收量达到11.3万吨，相当于113亿个250ml标准的利乐包装得到了有效再生利用，回收率接近25%，在过去三年里已经翻了一番。

2011年，利乐联合中国包装联合会及多家乳品饮料企业发起成立"包装物再生利用联盟"，着眼于行业的可持续发展，并携手环保部宣教中心及联盟发起"2010垃圾分类"公益教育活动，聚焦提升公众的环保意识和行动。

启示

包装的可回收重复利用是绿色包装发展的主要表现形式。仅设计可回收包装还不够，企业需要协助政府及相关机构完成再生利用产业链的建立，完成可回收包装的回收工作。

（2）木质包装材料

木质包装材料，一般用于外包装，因为木材具有抗压、抗震、抗挤、抗冲撞能力。木制容器包括木箱、胶合板箱及木桶等。为了节省木材，常使用框架箱、栅栏箱或木条胶合板箱，为了增加强度也有加铁箍的。对于重物包装，常在底部加木制垫货板。

（3）金属包装材料

常见的金属包装材料主要是钢材和铝材，既有刚性的薄板，包括镀锡薄钢片（马口铁）、铝板、合金铝板等，主要用于运输包装及销售包装的金属罐；也有软性的金属箔，如铝箔、合金铝箔等，主要用于销售包装。金属包装材料的优点：坚固、耐腐蚀，容易进行加工，而且防水、防潮、防摔，应用十分广泛。其缺点是：成本较高，有些材料如钢材容易生锈。

饮料、煤气、天然气等液体和气体一般用金属片和金属板做包装材料，其中，镀锡薄钢片和金属箔两大品种用量较大。金属箔，即金属压成的薄片，适合奶油、乳制品、糖果和肉类食品的包装。金属容器有罐、箱和桶等。罐用于食品、化学药品、牛奶、油质类物品，而桶主要用于以石油为主的非腐蚀性的半流体及粉体、固体的包装。

（4）塑料包装材料

塑料包装材料使用非常广泛，其优点是防潮，气密性好，稳定性好，耐酸、耐碱、耐腐蚀，透明度高等。缺点是难以分解和处理，容易对环境造成污染，焚烧后会产生有害气体。

塑料包装材料种类非常多。其中，高压聚乙烯制成的薄膜，因透气性好、透明结实，适用于蔬菜、水果的保鲜包装；聚丙烯的优点是无毒，可制成薄膜、瓶子、盖子，用于食品和药品的包装；聚苯乙烯可用来制作罐、盒、盘等包装容器和热缩性薄膜。发泡聚苯乙烯塑料，大都用来做包装衬垫和内装防震材料；聚氯乙烯可以用来制作周转塑料箱和硬质泡沫塑料，但在高温下可能分解出氯化氢气体，有腐蚀性；钙塑材料可用来制造钙塑瓦楞纸板、钙塑包装桶和包装盒等。塑料包装制品的应用日益广泛，塑料袋及塑料交织袋已成为牛皮纸袋的代用品。塑料制品还用于酒、食油等液体运输容器的革新，开发了纸袋结合包装，其方法是将折叠塑料袋容器放入瓦楞纸箱中，以代替传统的玻璃瓶、金属罐、木桶等。

（5）玻璃、陶瓷包装材料

玻璃和陶瓷的优点是有很好的耐腐蚀性，不变形，耐热性好，可回收利用；其缺点就是易碎，且包装物自身的重量较大。

用玻璃或陶瓷材料制成瓶、罐、坛子，用来盛装食品、饮料、酒类、药品等十分适宜。用作运输包装时，主要存装化工产品；用作销售包装时，主要存装酒饮、药品、化妆品等。

（6）复合材料

将两种或两种以上的包装材料结合在一起使用，可以充分发挥不同包装材料各自的优势，收到相得益彰的效果。常见的复合材料有几十种，广泛利用的有：塑料与塑料复合、塑料与玻璃复合、金属箔与塑料复合、纸张与塑料复合以及金属箔、塑料、玻璃复合等。

（7）包装用辅助材料

包装用的辅助材料主要如下。

① 黏合剂，用于材料的制造、制袋、制箱及封口作业。黏合剂有水型、溶液型、热融型和压敏型。近年来由于普遍采用高速制箱及封口的自动包装机，所以大量使用短时间内能够黏结的热融结合剂。

② 黏合带有橡胶带、热敏带、黏结带三种。橡胶带遇水可直接溶解，结合力强，黏结后完全固化，封口很结实；热敏带一经加热活化便产生黏结力，一旦结合，不好揭开且不易老化；黏结带是在带的一面涂上压敏性结合剂，如纸带、布带、玻璃纸袋、乙烯树脂带等，也有两面涂胶的双面胶带，这种带子用手压便可结合，十分方便。

【案例6.6】 纸箱封装

在电商物流作业中，纸箱封装均须用胶带封箱，胶带一般印有快递公司的Logo。胶带封装就是对寄递物品进行封固、封装操作，对较重或较大的封装箱（快递公司一般以超过5kg为限），胶带封口后还要用打包带捆扎进行二次加固，打包带应能承受货物的全部重量，并保证提起货物时不致断开。

启示

胶带封装是电商物流一个很重要的环节，胶带不但具有封口作用，还有加固作用。但胶带对环境也存在一定的污染，因此在使用胶带封装时，还要注意适度原则。

③ 捆扎材料。捆扎的作用是打捆、压缩、缠绕、保持形状、提高强度、封口防盗、便于处置和防止破损等。现在已很少用天然捆扎材料，而多用聚乙烯绳、聚丙烯绳、纸带、聚丙烯带、钢带、尼龙布等。

④ 填充物。是用于包装填充的一种防压防潮防震的化工产品，如图 6-1 所示。气泡膜具有良好的减震性、抗冲击性、热合性、无毒、无味、防潮、耐腐蚀、透明度好等优点。

气泡柱也是一种常用的包装填充材料，在电商物流中被广泛使用，以保护物流中的商品不被挤压变形或破损，如图 6-2 所示。

图 6-1　气泡膜　　　　　　　　　　图 6-2　气泡柱

缓冲气囊也是一种缓冲填充材料，具有良好的缓冲、空隙填充的作用。此外，还有 EPS 板（聚苯乙烯泡沫板），一般用来填充封装的空隙；防水缠绕膜主要用于内件的防水封装，同时可以有效减少物品的遗失、破损，如图 6-3～图 6-5 所示。

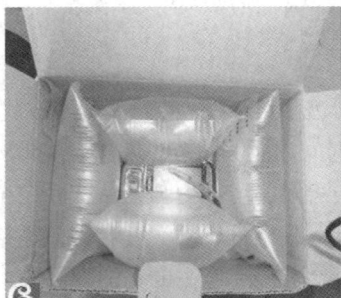

图 6-3　缓冲气囊　　　　　图 6-4　EPS 板　　　　　图 6-5　防水缠绕膜

6.2 ｜ 包装设备

包装设备是指能完成全部或部分产品和商品包装过程的设备。包装过程包括充填、裹包、封口等主要工序，以及与其相关的前后工序，如清洗、堆码和拆卸等。此外，包装还包括计量或在包装件上盖印等工序。使用机械包装产品可提高生产率，减轻劳动强度，适应大规模生产的需要，并满足清洁卫生的要求。

包装设备主要包括封口设备、裹包设备、贴标设备、清洗设备、干燥设备、杀菌设备等。包装设备中对于完成全部或部分包装过程的机器的分类有以下几种。

1．封口机

将产品盛装于包装容器内后，对容器进行封口的机器叫作封口机，图6-6和图6-7所示为两种不同类型的封口机。

2．裹包机

用绕性包装材料裹包产品局部或全部表面的机器，如托盘裹膜机，如图6-8所示。裹包机又分为半裹式裹包机和全裹式裹包机。

图6-6　小袋连续封口机　　　图6-7　大包间歇封口机　　　图6-8　托盘裹膜机

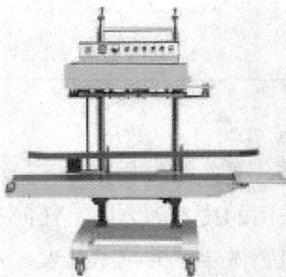

3．多功能包装机

多功能包装机是指能完成多项包装工序的机器。如成型—充填—封口机，包括有箱（盒）成型—充填—封口机，袋成型—充填—封口机，冲压成型—充填—封口机，热成型—灌装—封口机。

4．贴标签机

采用黏合剂或其他方式将标签展示在包装件或产品上的机器。具体可分为：黏合贴标机、套标机、订标签机、挂标签机、收缩标签机、不干胶标签机。

5．清洗机

对包装容器、包装材料、包装物、包装件进行清洗以达到预期清洁度要求的机器。清洗机有不同的种类，有干式清洗机、湿式清洗机、机械式清洗机、电解清洗机、电离清洗机、超声波清洗机和组合式清洗机。

6．干燥机

对包装容器、包装材料、包装辅助物以及包装件上的水分进行去除，并进行预期干燥的机器。干燥机分为热式干燥机、机械干燥机、化学干燥机、真空干燥机。

7．杀菌机

对产品、包装容器、包装材料、包装辅助物以及包装件上的有害生物进行杀灭，使其降低到允许范围内的机器。杀菌机有高温杀菌机、微波杀菌机。

8．捆扎机

使用捆扎带或绳捆扎产品或包装件，然后收紧并将捆扎带两端通过热效应熔融或使用包扣等材料连接好的机器。捆扎机有机械式捆扎机、液压式捆扎机、气动式捆扎机、穿带式捆扎机、捆结机和压缩打包机。

9．集装机

将包装单元集成或分解，形成一个合适的搬运单元的机器。集装机分为装箱机、堆码机和拆卸机。

10．辅助包装机

对包装材料、包装容器、包装辅助物和包装件执行非主要包装工序的有关机器。包括以下设备：打印机、整理机、检验机、选别机、输送机和投料机。

此外，包装设备又有多种分类方法。按功能可分为单功能包装机和多功能包装机；按使用目的可分为内包装机和外包装机；按包装品种又可分为专用包装机和通用包装机；按自动化水平分为半自动机和全自动机等。

6.3 | 包装操作技法

6.3.1　商品包装的一般技法

商品包装操作既包括技术处理，又包括包装充填、封口、捆扎、裹合、加标等技术活动。商品包装技法是指在包装作业时所采用的技术和方法。任何一个产品包装在制作和操作过程中都存在技术、方法问题。通过对产品包装做合理的技术处理，才能使产品包装形成一个高质量的有机整体。研究产品包装技法的目的是以最低的材料消耗和资金消耗，保证产品完美地送到用户手中，做到保护产品、节省材料、缩小体积、减少重量等。

商品包装操作技法主要如下。

（1）对内装物的合理置放、固定和加固

在方形的容器中装入形状各异的产品时，必须要注意产品的合理置放、固定和加固，以达到缩小体积、节省材料、减少损失的目的。例如，对于外形规则的产品，要注意套装，对于薄弱的部件，要注意加固，包装内重量要注意均衡，产品与产品之间要注意隔离和固定等。

（2）对松泡产品进行体积压缩

对于羽绒服、枕芯、絮被、毛线等松泡产品，包装时占用容器的容积太大，会导致运输储存费用增大，所以对于松泡产品需要压缩体积。其有效方法是真空包装技法，它可以大大缩小松泡产品的体积。

（3）合理选择外包装形状尺寸

有的商品进行包装后，需要装入集装箱运输，这就存在商品运输包装与集装箱之间的尺寸配合问题。如果彼此配合得好，就能在装箱时不出现空隙，有效利用箱容，并有效地保护商品。外包装形状尺寸的选择，要避免过高、过扁、过大、过重等。过高的包装会重心不稳，不易堆垛；过扁则给标志刷字和标志的辨认带来困难；过大包装量太多，不易销售，而且体积大也给流通带来困难；过重纸箱容易破损。

（4）合理选择内包装（盒）形状尺寸

内包装（盒）一般属于销售包装。在选择其形状尺寸时，要与外包装（尺寸）相配合。内包装（盒）的底面尺寸必须与包装模数协调，而且高度也应与外包装高度相匹配，如图6-9所示。当然内包装的形状尺寸还应考虑产品的置放和固定，但它作为销售包装，更重要的考虑是看其是否有助于销售，包括有利于展示、装潢、购买和携带等。例如，展销包装多属于扁平式，较少使用立方形，就是应销售需要而形成的。一盒送礼的巧克力，做成扁形就比较醒目、大方，如果做成立方体，产生的效果就有所不同。

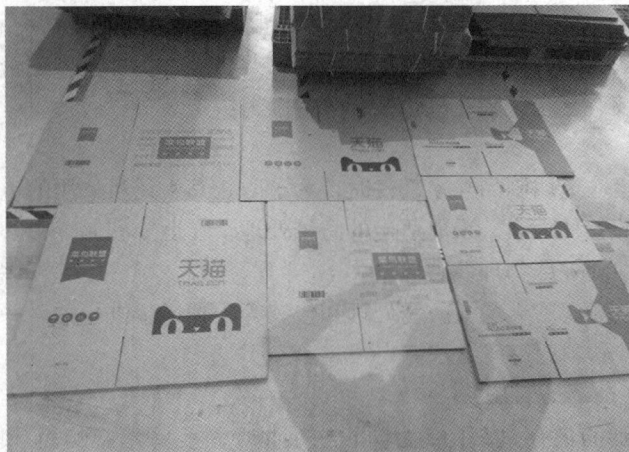

图 6-9　不同型号的包装箱

6.3.2　物流包装操作技法

物流包装是在商品包装的基础上进行的包装，是保证物流过程中物品安全可靠的必要手段。物流包装要和商品包装综合考虑，使其经济合理、安全可靠。目前常用的技法有以下几种。

1．物流包装捆扎技法

包装外捆扎对运输包装起着重要作用，有时还是关键性的作用。捆扎的直接目的是将单个物件或数个物件捆紧，以便于运输、储存和装卸。捆扎既能防止失盗又能保护内装物品，既能压缩容器减少保管费和运费又能加固容器。

捆扎有多种方法，一般根据包装形态、运输方式、容器强度、内装物重量等不同情况分别采用工字、十字、双十字等不同方法。

"工"字型包装，主要用于小型封装箱。"十"字型包装，主要用于中大型封装箱。"双十"字型包装，主要用于大型或内件过重的封装箱。

对于体积不大的普通运输包装，捆扎一般在打包机上进行。而对于托盘这种集合包装，用普通方法捆扎费工费力，所以发展形成了新的捆扎方法：收缩薄膜包装技术和拉伸薄膜包装技术。收缩薄膜包装技术是用收缩薄膜裹包集装的物件，然后对裹包好的物件进行适当的热处理，使薄膜收缩而紧紧贴于物件上，使集装的物件固定为一体；拉伸薄膜包装技术是一种新的包装技术，它依靠机械装置，在常温下将弹性薄膜围绕包装件伸拉、裹紧，最后在其末端进行封口而成，薄膜的弹性也使集装的物件紧紧固定为一体。

2．缓冲包装技法

缓冲包装技法又称防震包装，是为减缓内装物受到冲击和震动，使其免受损坏而采取一定防护措施的包装方法技术。缓冲包装技术方法主要有：妥善衬垫、现场发泡、浮吊包装、机械固定。

3．防潮包装技法

防潮包装技法就是采用防潮材料对产品进行包装，以隔绝外部空气相对湿度变化对产品的影响，使得包装内的相对湿度符合产品的要求，从而保护产品质量。防潮包装技法的目标是保持产品质量，采取的基本措施是以包装来避免外部空气湿度变化的影响。实施防潮包装是用低透湿度或透湿度为零的材料，将被包装物与外界潮湿大气相隔绝。

主要防潮包装技法有刚性容器密封、加干燥剂密封包装、不加干燥剂密封包装、多层密封包装、复合薄膜真空包装、复合薄膜充气包装和热收缩薄膜包装等。

4. 防锈包装技法

防锈包装技法是运输金属制品与零部件时，为了防止其生锈所采用的包装技术和方法。其目的是消除和减少致锈的各种因素，采取适当的防锈处理，在运输和储存中防止防锈材料的功能受到损伤，也防止一般性的外部物理性破坏。

防锈包装技法是按清洗、干燥、防锈处理和包装等步骤逐步进行的。一般采用金属表面涂覆防锈材料、气相蚀剂、塑料封存等方法。

5. 防霉包装技法

防霉包装是在流通与储存过程中，为防止内装物质量受霉菌影响而采取一定防护措施的包装。例如，对内装物进行防潮包装，降低包装容器的相对湿度，对内装物和包装材料进行防霉处理等。防霉包装能使包装及其内装物处于霉菌被抑制的特定条件下，保证内装物质量完好和延长保存期限。防霉技术可以根据产品和包装的性能和要求的不同，而采用不同的防霉途径和措施。

6. 防虫包装技法

商品在流通过程中要在仓库储存，而储存中主要危害物之一是仓虫。仓虫不仅蛀蚀商品和包装材料，而且其排泄物会污染商品。防虫包装就是为了保护内装物免受虫类侵害而采取一定防护措施的包装。例如，在包装材料中掺入杀虫剂，有时在包装容器中使用驱虫剂、杀虫剂或脱氧剂，以增强防虫效果。

7. 危险品包装技法

危险品种类繁多，按其危险性质，交通运输及公安消防部门规定了十大类，即爆炸性物品、氧化剂、压缩空气和液化气体、自燃物品、遇水燃烧物品、易燃液体、易燃固体、毒害品、腐蚀性物品、放射性物品等，有些物品同时具有两种以上危险性。危险品应根据其不同的危险性质采取相应的包装技法。例如，防爆可以采用塑料桶包装，然后将塑料桶装入铁桶或木箱中，铁桶或木箱应有自动放气装置；对有腐蚀性的商品采用涂有防腐材料的金属类容器；对有毒商品主要采取严密不漏气并与外界隔绝的包装等。

8. 集合包装法

集合包装法是将一定数量的包件件或包装产品装入具有一定规格、一定强度和长期周转使用的更大包装容器内，形成一个合适的搬运单元。它包括集装箱、集装托盘、集装袋、滑片集装、框架集装和无托盘集装等。

集合包装在现代运输包装系统中，越来越显示其优越性，主要表现有：便于实现产品装卸、运输的机械化和自动化；简化了产品流通环节，加速了产品流通；节省包装费用，降低运输成本；促进了包装规格的标准化。

6.4 | 包装标识

对于运输包装而言，包装标识主要有运输标识、指示性标识、警告性标识。

1. 运输标识

运输标识又称为唛头，通常由一些简单的几何图形和字母、数字及简单的文字组成，用以说明目的地、收货人或发货人、运输号、货物件数等。为了规范运输标识，国际标准化组织将唛头简化为四项：收货人或买方名称的英文缩写或简称；参考号（如发票号、运单号）、目的地、件数代号（如 1/200 代件数总数是 200，这是其中的第 1 件）。这些信息列成 4 行，每行不超过 17 个字符，要求用打印机一次做成。例如，

```
80EKRP—05008CN… … … … …    …收货人代号
1234 … … …   …   … 参考号（发票号或运单号）
NEW YORK … … … … … … …   … … 目的地
25 / 100 … … … … … … … … … 件数代号
```

2. 指示性标识

指示性标识通常又称为注意标识，指的是在包装物上以简单、醒目的图形和文字提示工作人员在运输、装卸搬运、仓储过程中应注意的一些事项，如小心轻放、防潮、向上、由此吊起、重心点等，如图 6-10 所示。

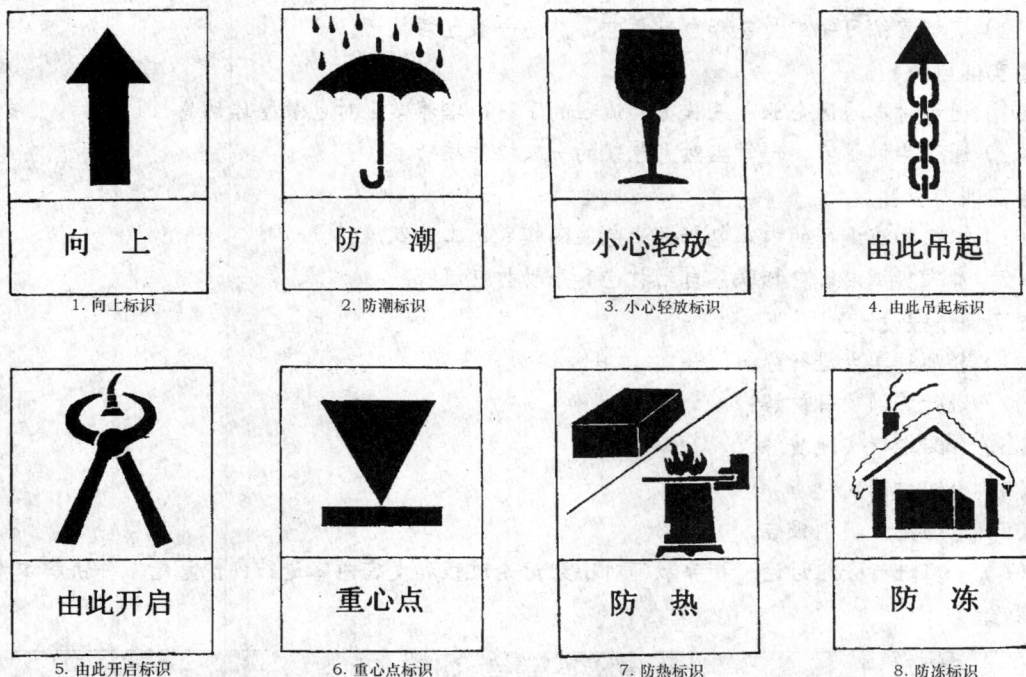

向 上	防 潮	小心轻放	由此吊起
1. 向上标识	2. 防潮标识	3. 小心轻放标识	4. 由此吊起标识
由此开启	重心点	防 热	防 冻
5. 由此开启标识	6. 重心点标识	7. 防热标识	8. 防冻标识

图 6-10　指示性标识

3. 警告性标识

警告性标识又称为危险品标识，对于易燃、易爆、有毒、腐蚀性、放射性等危险品，在其运输包装上清楚而明确地刷制相关的标识，以引起人们的注意，防范危险的发生，如图 6-11 所示。

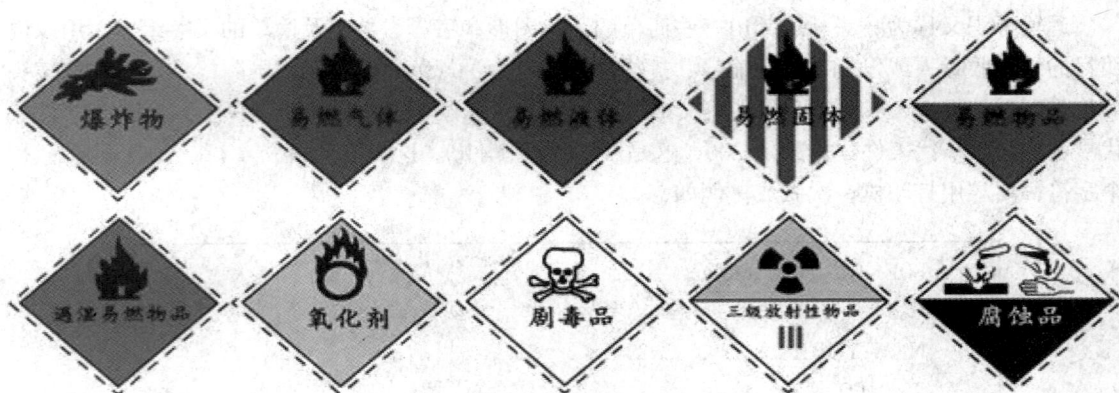

图6-11　警告性标识

模拟实训

【实训主题】

（1）调研本地生产企业或货物集散地等场所的物品包装状况及流程。

（2）实训室练习手工打包和自动打包，熟悉一般包装技巧。

【实训目的】

（1）通过对本地区企业包装状况和流程的了解，培养学生对包装整体的感性认识。

（2）通过实训练习，使学生熟悉包装的一般操作技巧。

【实训内容】

（1）本次物流调研的内容包括企业包装的模式、工艺及流程。

（2）本次实训内容包括联系自动打包和手动打包流程。

【实训过程设计】

（1）教师对学生进行分组。

（2）进行实训项目讲解。

（3）分组进行实地演练。

（4）小组讨论。

（5）分组完成实训报告。

（6）全班进行分组讨论。指导教师对小组讨论过程和发言内容进行评价总结，并讲解本案例的分析结论。

课后练习

一、单选题

1. 在社会再生产中，要实现商品的价值和使用价值，对商品进行（　　　）是重要手段之一，它处于生产过程的末尾和物流过程的开头。

A. 运输　　　　　　B. 仓储　　　　　　C. 包装　　　　　　D. 配送

2. 包装的首要功能是（　　　）。

    A. 保护产品　　　　　B. 方便流通　　　　　C. 利于营销　　　　　D. 便于使用

3. 商品的包装具有一定的（　　　）的功能，可以称为"无声的促销员"。恰当的包装能够唤起人们的购买欲望。

    A. 保护产品　　　　　B. 方便流通　　　　　C. 利于营销　　　　　D. 便于使用

4. 工业包装也称为（　　　），其目的是保证商品在运输、保管、装卸搬运过程中保持商品的完好。

    A. 运输包装　　　　　B. 商业包装　　　　　C. 促销包装　　　　　D. 防护包装

5. 内包装（盒）的底面尺寸必须与（　　　）协调，而且高度也应与外包装高度相匹配。

    A. 包装模数　　　　　B. 包装高度　　　　　C. 包装尺寸　　　　　D. 包装强度

6. 包装可以防止物品发生（　　　）。为了防止物品受潮、发霉、变质、生锈等，物品包装必须能在一定程度上起到阻隔水分、潮气、光线及空气中各种有害气体的作用，避免外界不良因素的影响。

    A. 物理变化　　　　　B. 化学变化　　　　　C. 生化变化　　　　　D. 价值变化

7. （　　　）的透湿性最好。

    A. 纸制材料　　　　　B. 金属材料　　　　　C. 木质材料

    D. 塑料材料　　　　　E. 玻璃和陶瓷

8. （　　　）包装是在流通与储存过程中，为防止内装物受霉菌影响而采取的防护性包装。

    A. 防虫　　　　　　　B. 防霉　　　　　　　C. 防潮　　　　　　　D. 防锈

9. 防潮包装是用（　　　）的材料，将被包装物与外界潮湿大气相隔绝。

    A. 低透湿度　　　　　B. 高透湿性　　　　　C. 高透气性　　　　　D. 低透气性

10. 运输标志中 1/200 代表（　　　）。

    A. 目的地　　　　　　B. 收货人或发货人　　C. 运输号　　　　　　D. 货物件数

二、多选题

1. 包装按功能分为（　　　）。

    A. 工业包装　　　　　B. 防湿包装　　　　　C. 防虫包装　　　　　D. 商业包装

2. 以下（　　　）是包装的功能。

    A. 保护功能　　　　　B. 促销功能　　　　　C. 便利功能　　　　　D. 美化功能

3. 包装合理化主要指包装的（　　　）。

    A. 安全与匹配　　　　　　　　　　　　B. 集装单元化与标准化

    C. 适度与单纯　　　　　　　　　　　　D. 绿色化

4. 下列哪些包装材料可以回收（　　　）。

    A. 纸制材料　　　　　B. 金属材料　　　　　C. 木质材料　　　　　D. 塑料材料

5. 包装具有将商品集合以方便物流的功能。包装这一作用表现在（　　　）方面。

    A. 提高效率　　　　　B. 便利运输　　　　　C. 便于装卸搬运　　　D. 便利储运

6. 包装按性质不同可分为（　　　）。

    A. 单个包装　　　　　B. 内包装　　　　　　C. 外包装　　　　　　D. 商业包装

7. 按照包装适用范围可分为（　　　）。

A. 单个包装　　　B. 内包装　　　C. 专用包装　　　D. 通用包装

8. 包装是物流系统组成的一部分，需要和（　　　）等环节一起综合考虑、全面协调。

A. 装卸搬运　　　B. 运输　　　C. 仓储　　　D. 流通加工

9. 包装用的辅助材料主要有（　　　）。

A. 热融结合剂　　　B. 橡胶带　　　C. 钢带　　　D. 胶带

10. 对于运输包装而言，包装标识主要有以下三种主要类别（　　　）。

A. 运输标识　　　B. 指示性标识　　　C. 警告性标识　　　D. 包装标识

三、判断题

1. 包装材料的选择直接关系到包装质量和包装费用，有时也影响运输、装卸搬运和仓储环节作业的进行。（　　　）

2. 包装按功能可分为工业包装和商业包装。工业包装也称为运输包装，其目的是保证商品在运输、保管、装卸搬运过程中保持商品的完好。（　　　）

3. 内包装（盒）一般属于销售包装。其形状尺寸的选择，要与外包装（尺寸）相配合。（　　　）

4. 作为物流的始点，包装完成之后，包装了的产品便具有了物流的条件，在整个物流过程中，包装起到保护产品、方便物流以及促进销售的作用。（　　　）

5. 销售包装又称为运输包装，销售包装是指将包装连同商品一起销售给消费者的包装，其主要目的在于美化商品、宣传商品，以扩大销售。（　　　）

6. 复合材料就是将几种以上的包装材料结合在一起使用，可以充分发挥不同包装材料各自的优势，达到相得益彰的效果。（　　　）

7. 包装设备是使产品包装实现机械化、自动化的根本保证。主要包括填充设备、罐装设备、封口设备、裹包设备、贴标设备、清洗设备、干燥设备、杀菌设备等。（　　　）

8. 运输标识中 25/100 代表件数总数是 200，这是其中的第 25 件。（　　　）

9. 警告性标识通常又称为注意标识，指的是在包装物上以简单、醒目的图形和文字提示工作人员在运输、装卸搬运、仓储过程中应注意的一些事项。（　　　）

10. 防锈包装技法是按清洗、干燥、防锈处理和包装等步骤逐步进行的。一般采用金属表面涂覆防锈材料、气相蚀剂、塑料封存等方法。（　　　）

四、论述题

1. 举例说明现实生活中的包装材料及其主要优点。
2. 阐述包装的主要功能。
3. 论述商品包装的一般操作技巧。
4. 论述物流包装的操作技法。

五、案例分析题

物流包装管理创新

　　某食品企业是一家生产酱醋调味食品的民营企业，在收购一家乡镇企业后，对企业经营性亏损的原因进行排查，发现包装管理列在市场营销管理之后，成为亏损的第二大原因，具体表现为：一是包装成本高；二是包装价值低；三是缺乏包装管理。在深入分析后，管理层认为包装管理已成为制约企业发展的"瓶颈"。因此，该公司下定决心狠抓企业包装管理，采取了以下 5 个主要

措施:

（1）建立专门组织体系，统一企业包装管理;

（2）制订明确规范的包装管理制度;

（3）进行包装装潢的招标设计，提升产品包装价值;

（4）采取包装采购联审方法，不断降低包装采购成本;

（5）针对不同包装需要，进行包装分类管理。

企业在强化包装管理的过程中，创造了包装的新价值，有力地推动了企业的发展。该企业总结经验，不断完善企业包装管理，提高包装的技术含量;引进现代先进技术和设备，调整企业产品包装以玻璃瓶为唯一包装的结构，把玻璃瓶、塑料瓶、复合纸盒、陶瓷等多种材质用于产品包装;提出发展和应用绿色包装，并设计新的运输、销售模式，逐步减少和不用包装（包装集成化）进行销售;积极运用现代信息技术，完善企业包装管理运作体系，提高运作效率。

该企业能以包装为"突破口"来解决产品的市场销售和企业内部管理的问题，体现了其独具特色的管理思维。实践证明该企业也确实取得了较好的效果。

问题

（1）如何处理好包装环节与物流其他环节运作和管理的关系?

（2）你认为应如何通过包装实现企业产品的价值增值? 工业包装与商业包装在实现产品价值增值中的作用有何不同?

第 7 章
装卸搬运

学习目标

【知识目标】

- 理解装卸搬运的概念、特点和作用
- 掌握装卸搬运合理化原则
- 认识常用的装卸搬运的设施设备
- 掌握装卸搬运的作业方式

【能力目标】

- 能够熟练操作简易装卸搬运设备
- 能够正确地组织装卸搬运作业

案例导入

装卸搬运是影响物流效率和效益的重要环节

在物流过程中，装卸搬运活动是不断出现和反复进行的，它出现的频率高于其他各项物流活动，每次装卸搬运活动都要花费很长时间，所以往往成为决定物流速度的关键，请看下面几组数据。

1. 据我国物流部门统计，火车货运以 500km 为"分歧点"，运距超过 500km，运输在途时间多于起止的装卸搬运时间；运距低于 500km，装卸搬运时间则超过实际运输时间。

2. 美国与日本之间的远洋船运，一个往返需 25 天，其中运输时间 13 天，装卸搬运时间 12 天。

3. 据我国对生产物流的统计，机械工厂每生产 1 吨成品，需进行 252 吨次的装卸搬运，其成本为加工成本的 15.5%。

由此可见，装卸搬运是影响物流效率的重要环节之一。

此外，装卸搬运费用在物流成本中所占的比重也较高。以我国为例，铁路运输始发和到达的装卸搬运作业费大致占总运费的 20%，船运装卸搬运作业费大致占总运费的 40%。并且，进行装卸搬运操作时往往需要接触货物，容易造成货物破损、散失、损耗、混合等损失，例如，袋装水泥纸袋破损和水泥散失主要发生在装卸过程中；玻璃、机械、器皿、煤炭等产品在装卸时最容易造成损失。因此，装卸搬运也是决定物流效益的重要环节之一。

启示

装卸搬运是影响物流效率、提升物流效益的重要环节之一。了解装卸搬运的特点、原则，认识装卸搬运常用的设施设备对于有效进行装卸搬运作业有着重要意义。

7.1 | 装卸搬运概述

在整个物流过程中，装卸搬运是不断出现和反复进行的活动。它的出现频率高于其他各种物流活动，并且每次装卸搬运都要占用很多的时间和消耗很多的劳动。因此，装卸搬运不仅成为决定物流速度的关键，而且也是影响物流成本高低的重要因素。

7.1.1 装卸搬运的概念

装卸搬运是指在同一地域范围内进行的，以改变物品的存放状态和空间位置为主要内容的物流活动。其主要包括对物品进行装运卸货、移运移送、堆垛拆垛、移转取出、分拣配货等作业活动，一般随物品运输和保管而附带发生。

7.1.2 装卸搬运的特点

（1）附属性。装卸搬运是物流开始及结束时必然发生的活动，但时常被人忽视，或被看作其他操作不可缺少的组成部分。例如，一般而言的"汽车运输"，就实际包含了相随的装卸搬运，仓库中泛指的保管活动，也含有装卸搬运活动。

（2）复杂性。装卸搬运是一种多工种、多环节联合作业的活动。物流装卸搬运的目的是为了满足物流需求。因此，经过换装、堆存的货物种类、品种、包装、性质多种多样，各不相同，运输这些货物的运输工具在种类、构造、尺寸等方面也不尽一致。这就给物流的装卸搬运工艺与装卸搬运组织造成了很大的困难。

（3）不均衡性。生产领域，由于生产活动有连续性和比例性，力求均衡，故企业内装卸搬运相对也比较均衡。然而，物资一旦进入流通领域，由于受到产需衔接、市场机制的制约，物流量便会出现波动。某种货物的畅销和滞销、远销和近销，销售批量的大与小，便会使货物实际流量发生巨大变化。从物流领域的内部观察，运输路线上"跑在中间、窝在两头"的现象广泛存在，装卸搬运量也会出现忽高忽低的现象。各种运输方式由于运量上的差别，运速的不同，使得港口、码头、车站等不同物流节点也会出现集中到货或货物停滞等待的不均衡装卸搬运。

7.1.3 装卸搬运的作用

装卸搬运的基本功能是改变物品的存放状态和空间位置。无论是在生产领域还是在流通领域，装卸搬运都是影响物流速度和物流费用的重要因素，影响着物流过程的正常进行，决定着物流系统的整体功能和效益。

（1）物流活动的支持作用。装卸搬运对其他物流活动有一定决定性。装卸搬运会影响其他物流活动的质量和速度，例如，装车不当，会引起运输过程中的损失；卸放不当，会引起货物转换至下一步运动的困难。许多物流活动在有效的装卸搬运支持下，才能实现高水平的运行。

（2）物流活动的衔接作用。任何其他物流活动互相过渡时，都需以装卸搬运来衔接。因而，装卸搬运往往成为整个物流的"瓶颈"，是物流各功能之间能否形成有机联系和紧密衔接的关键，而物流各功能间的有机联系和紧密衔接又是物流系统的关键。能否建立一个有效的物流系统，关键要看这一衔接是否有效。

7.1.4 装卸搬运的基本原则

【案例7.1】 装卸搬运合理化的重要性

云南双鹤医药有限公司是北京双鹤这艘"医药航母"部署在西南区的一艘"战舰"。虽然云南双鹤医药有限公司已形成规模化的产品生产和网络化的市场销售，但其流通过程中物流管理严重滞后，导致物流成本居高不下，不能形成价格优势，这严重阻碍了物流服务的开拓与发展，成为公司业务发展的"瓶颈"。

装卸搬运活动是衔接物流各环节活动正常进行的关键，而云南双鹤医药有限公司恰好忽视了这一点。公司由于搬运设备的现代化程度低，只有几个小型货架和手推车，大多数作业仍处于以人工作业为主的原始状态，工作效率低，且易损坏物品。另外，仓库的不合理设计，造成货物长距离的搬运。并且库内作业流程混乱，形成重复搬运，大约有70%的无效搬运。这种过多的搬运次数，损坏了商品，也浪费了企业的时间。

启示

装卸搬运系统的合理与否直接影响企业的生产效率和效益。装卸搬运系统在生产领域具有"闸门"和"咽喉"的作用，是企业的动脉，也是影响物流活动的重要因素。装卸搬运过程中如何做到省力、省时，如何消除无效搬运，做好上下环节的有效衔接是企业非常关注的问题。

装卸搬运活动是衔接物流各环节活动正常进行的关键，装卸搬运过程中应遵循以下原则。

（1）省力化

装卸作业中应尽可能地消除重力的不利影响，巧妙利用货物本身的重量和落差，设法利用重力移动物品，如使物品在倾斜的辊道运输机上，或利用滑槽、滑板，在重力作用下移动；减少从下往上的装卸搬运，以减轻负重；不能利用重量或落差时，也尽量水平装卸搬运，如仓库的作业月台与卡车车厢处于同一高度，手推车可以直接进出；卡车后面带尾板升降机，仓库作业月台设置装卸货升降装置等。总之，省力化装卸搬运原则是：能往下则不往上；能直行则不拐弯；能用机械则不用人力；能水平则不要上坡；能连续则不间断；能集装则不分散。在不得不采用人工作业时，也要注意重力的影响和作用。应减少人体的上下运动，避免反复从地面搬起重物，避免人力抬运或搬送过重物品。

（2）防止和消除无效作业

所谓无效作业是指在装卸作业活动中超出必要的装卸、搬运量的作业。为了有效地防止和消除无效作业，装卸活动应做到以下几个方面。①尽量减少装卸次数。②提高被装卸物料的纯度。物料的纯度，指物料中含有水分、杂质与物料本身使用无关物质的多少。物料的纯度越高，则装卸作业的有效程度就越高，反之，则无效作业就会增多。③包装要适宜。包装是物流中不可缺少的辅助作业手段。包装的轻型化、简单化、实用化会不同程度地减少作用于包装上的无效劳动。④缩短装卸搬运作业的距离。物料在装卸、搬运当中，要实现水平和垂直两个方向的位移。选择最短的路线完成这一活动，就可避免超越这一最短路线以上的无效劳动。

（3）提高装卸搬运的活性

装卸搬运活性是指从物的静止状态转变为装卸搬运运动状态的难易程度。如果很容易转变为下一步的装卸搬运而不需过多做装卸搬运前的准备工作，则活性就高；如果难于转变为下一步的装卸搬运，则活性就低。活性的高低，常用"搬运活性指数"来进行衡量。搬运活性指数是指搬运某种状态下的物品所需要进行的四项作业（集中、搬起、升起、运走）中已经不需要进行的作业数目，分为0～4共5个等级，如表7-1所示。

表7-1　　　　　　　　　　　　　　搬运活性指数表

物品状态	作业说明	作业种类				还需要作业数目	已不需要的作业数目	搬运活性指数
		集中	搬起	升起	运走			
散放在地上	集中、搬起、升起、运走	要	要	要	要	4	0	0
集装在箱中	搬起、升起、运走	否	要	要	要	3	1	1
托盘上	升起、运走	否	否	要	要	2	2	2
车中	运走（不用升起）	否	否	否	要	1	3	3
运动着的输送机	不要（保持运动）	否	否	否	否	0	4	4

（4）合理利用机械

搬运机械大多在以下情况使用：超重物品；搬运量大、耗费人力多，人力难以操作的物品；粉体或液体的物料搬运；速度太快或距离太长，人力不能胜任时；装卸作业高度差太大，人力无法操作时。随着科学技术的发展，即使在人可以操作的场合，为了提高生产率、安全性、服务性和作业的适应性等，也应将人力操作转由机械操作，以提高劳动效率。

（5）人性化

在需要人工装卸搬运的环境中，因为是重体力劳动，所以如果不考虑人的因素或不够尊重人格，一旦超过人的承受限度，就容易发生野蛮装卸和乱扔乱摔现象。搬运的东西在包装和捆包时既要考虑人的正常能力和抓、拿物品的方便性，也要注重安全性和防污染性等。国外一些国家早已重视了这一点，在设计包装尺寸和重量时，大都以中年妇女的搬运能力为标准。在装卸搬运过程中，确保作业安全和作业人员的人身安全也是非常重要的。企业要有严格的机械设备的检修制度，作业环境应做到留有安全作业空间、作业通道畅通、作业场所无障碍、地面要防滑等。

7.2 | 认识装卸搬运设备

装卸搬运设备是指用来搬移、装卸、升降和短距离输送物料的设备。它是物流系统中使用频度最大、使用数量最多的一类机械设备，是物流设备的重要组成部分，是进行装卸搬运作业的手段。装卸搬运设备按用途和结构分为搬运设备、连续输送设备、升降设备、起重设备。

7.2.1　搬运设备

常用的搬运设备有叉车和搬运小车。

叉车的种类很多，按动力可分为内燃式叉车、电动式叉车；按货叉安装位置不同可分为正面式、侧面式和多面式叉车。按其保持稳定性的方法可分为平衡式叉车、前移式叉车和插腿式叉车，如图 7-1 所示。

（a）内燃平衡式叉车　　　　　　　　（b）前移式叉车　　　　　　　　（c）插腿式电动叉车

图 7-1　常见叉车类型

除了叉车以外，装卸搬运过程中还会用到手推车和托盘搬运车。手推车有杠杆式手推车、手推台车、登高式手推车，如图 7-2 所示。托盘搬运车有手动托盘搬运车，又名地牛，如图 7-3 所示；电动托盘搬运车，如图 7-4 所示；自动导引小车，如图 7-5 所示。

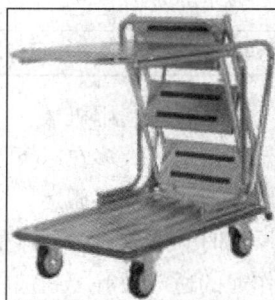

（a）杠杆式手推车　　　　　　　　（b）手推台车　　　　　　　　（c）登高式手推车

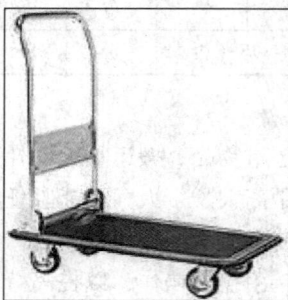

图 7-2　常见手推车

图 7-3　手动托盘搬运车　　　　图 7-4　电动托盘搬运车　　　　图 7-5　自动导引小车

7.2.2　连续输送设备

连续输送机械是以连续的方式沿着一定的线路从装货点到卸货点均匀输送散料和成件包装货物的机械装置，简称为输送机。常见的输送机有平板式输送机、悬挂式输送机、带式输送机、滚筒式输送机和链式输送机，如图 7-6 所示。

（a）平板式输送机　　　　　　　　　　　　（b）悬挂式输送机

（c）带式输送机　　　　　　（d）滚筒式输送机　　　　　　（e）链式输送机

图 7-6　输送机械

7.2.3　升降设备

升降设备按移动方式不同可分为移动式升降机、固定式升降机两大类。按升降机构不同又分为剪叉式、液压式升降机等，如图 7-7 所示。

（a）移动式剪叉升降机　　　　　　　　　　（b）固定式液压升降机

（c）牵引式液压升降机　　　　　　（d）车载式液压升降机

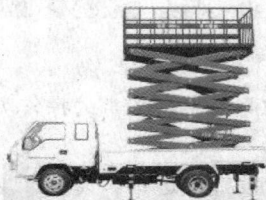

图 7-7　升降设备

7.2.4 起重设备

起重设备按结构可分为轻小型和重型设备。

（1）轻小型起重设备主要有千斤顶、滑车、葫芦、卷扬机等。它们结构简单、使用方便，适用于流动性和临时性的作业场合，如图7-8和图7-9所示。

图7-8 卧式千斤顶

图7-9 电动葫芦

（2）重型起重设备用得较多的有固定式起重机、门式起重机、移动式起重机、桥式起重机、缆索起重机等，如图7-10所示。

（a）固定式起重机

（b）门式起重机

（c）移动式起重机

（d）桥式起重机

（e）缆索起重机

图7-10 重型起重设备

模拟实训

【实训主题】

手动托盘搬运车和电动叉车的操作实训。

【实训目的】

（1）掌握手动托盘搬运车的使用方法。

（2）掌握电动托盘搬运车的使用方法。

（3）能够使用手动托盘搬运车和电动叉车完成货物的装卸搬运。

【实训内容】

练习手动托盘搬运车与电动叉车的使用。

【实训器材】

托盘、纸箱若干，电动叉车、手动液压托盘搬运车、托盘货架一套，障碍物若干。

【实训过程设计】

（1）教师讲解。

教师先讲解并演示电动叉车和手动液压托盘搬运车的操作要点。

（2）学生分组练习。

第一步，选择托盘和不同规格的纸质箱子，利用不同的方式进行堆码。

第二步，将完成堆码的托盘置于手动液压托盘搬运车之上，然后拉动搬运车在室内移动。教师可以指定搬运路线或者在搬运途中设置障碍物，让学生合理快速避开障碍物，完成搬运，练习托盘搬运车的前进、拐弯、升降等作业。

第三步，把手动托盘搬运车上的托盘搬运至仓储场地，由电动叉车完成上架及移库操作。

（3）考核。

教师根据考核标准对学生进行考核，考核方式教师可根据时间自行决定。

（4）实训作业。

每人按照要求认真撰写实训报告。

课后练习

一、单选题

1. 在同一地域范围内进行的，以改变物的存放状态和空间位置为主要内容和目的的活动称为（　　）。

    A. 运输　　　　　　B. 装卸搬运　　　　C. 配送　　　　　　D. 流通加工

2. 装卸搬运中需要遵循的一个原则是使货物处于搬运活性（　　）的状态。

    A. 低　　　　　　　B. 运动　　　　　　C. 静止　　　　　　D. 高

3. 下列不属于装卸搬运特点的是（　　）。

    A. 附属性　　　　　B. 不均衡性　　　　C. 复杂性　　　　　D. 机动性较差

4. 下列选项中属于装卸搬运技术装备中的输送机械的是（　　）。

    A. 起重机　　　　　B. 叉车　　　　　　C. 拖车　　　　　　D. 带式输送机

5. 叉车按动力可分为内燃式叉车和（　　）。

    A. 平衡式叉车　　　B. 插腿式叉车　　　C. 电动式叉车　　　D. 前移式叉车

6. 按照叉车保持稳定性的方法分类，下列选项不符合条件的是（　　）

    A. 平衡式叉车　　　B. 前移式叉车　　　C. 插腿式叉车　　　D. 侧面式叉车

7. 叉车与卡车相比，一般叉车的（　　）。

    A. 轮距较小，转弯半径大　　　　　　　B. 轮距较大，转弯半径大

    C. 轮距较小，转弯半径小　　　　　　　D. 轮距较大，转弯半径小

8. 将商品置于集装单元器具内时，其装卸活性有所提高，被定为（　　）。

    A. 1级活性　　　　B. 2级活性　　　　C. 3级活性　　　　D. 4级活性

9. 国外在设计包装尺寸和重量时，大都以中年妇女的搬运能力为标准，这体现了（　　　）原则。

    A. 省力化　　　　　　B. 人性化　　　　　　C. 重力化　　　　　　D. 轻薄化

10. 与其他环节相比，（　　　）具有伴随性的特点。

    A. 运输　　　　　　　B. 仓储　　　　　　　C. 配送　　　　　　　D. 装卸搬运

二、多选题

1. 装卸搬运作业特点包括（　　　）。

    A. 装卸搬运作业量大　　　　　　　　　B. 装卸搬运具有多样性和复杂性

    C. 装卸搬运作业不均衡　　　　　　　　D. 装卸搬运费用高

2. 叉车按货叉安装位置不同可分（　　　）。

    A. 正面式叉车　　　B. 侧面式叉车　　　C. 前移式叉车　　　D. 插腿式叉车

3. 防止和消除无效作业的途径是（　　　）。

    A. 尽量减少装卸次数　　　　　　　　　B. 提高被装卸物品的纯度

    C. 包装要适宜　　　　　　　　　　　　D. 减少装卸作业的距离

4. 装卸搬运是指在同一地域范围内进行的、以改变（　　　）为主要内容的物流活动。

    A. 物品的存放状态　B. 物品的移动状态　C. 物品的空间位置　D. 物品的时间价值

5. 以下属于轻小型起重设备的有（　　　）。

    A. 千斤顶　　　　　B. 升降葫芦　　　　C. 移动式起重机　　D. 手动托盘搬运车

6. 物流搬运技术装备的主要作用有（　　　）。

    A. 提高装卸效率，节约劳动力，降低装卸工人的劳动强度，改善劳动条件

    B. 缩短作业时间，加速车辆周转

    C. 提高装卸质量

    D. 降低物料搬运作业成本

    E. 充分利用货位，加速货位周转，减少货物堆码的场地面积

7. 装卸搬运合理化的目标是（　　　）。

    A. 距离要短　　　　B. 时间要少　　　　C. 质量要高　　　　D. 费用要省

8. 下列作业方式属于省力化装卸搬运原则的有（　　　）。

    A. 能往下则不往上　　　　　　　　　　B. 能直行则不拐弯

    C. 能水平则不要上坡　　　　　　　　　D. 能连续则不间断

    E. 能分散则不集装

9. 装卸搬运设备按用途和结构分为（　　　）。

    A. 起重设备　　　　B. 输送设备　　　　C. 搬运设备　　　　D. 升降设备

10. 以下属于搬运设备的有（　　　）。

    A. 牵引式液压升降机　　　　　　　　　B. 辊道式输送机

    C. 登高式手推车　　　　　　　　　　　D. 自动导引小车

三、判断题

1. 在装卸搬运技术装备中输送机械具体指的是汽车、平板车和拖拉机等。（　　　）

2. 装卸搬运技术装备可应用于生产企业内部物料的起重输送和搬运、用于船舶与车辆货物的装卸以及库场货物的堆垛等。（　　　）

3. 放在托盘里的货物比放在箱子里的货物的装卸搬运活性指数高。（　　　）

4. 搬运物料中含有的水分、杂质毕竟占少数，因此不会造成无效作业。（　　　）

5. 连续输送机械是以连续的方式沿着一定的线路从装货点到卸货点均匀输送散料和成件包装货物的机械装置，如带式输送机、辊道式输送机。（　　　）

6. 物料是装卸搬运的对象，也是影响装卸搬运设备和方法选择的间接因素。（　　　）

7. 严格地讲，装卸和搬运是两个相同概念的组合。（　　　）

8. 在生产过程中，装卸搬运通常称为货物装卸，流通过程中装卸搬运多称为物料搬运。（　　　）

9. 重力法是采用各种机械和专门的工作机构，通过舀、抓、铲等作业方式装卸货物的方法。（　　　）

10. 配送中心装卸搬运设施布置应以系统管理为指导思想，以装卸搬运系统作为整个物流系统的一个子系统，所以其设施布置应具有系统的观点。（　　　）

四、论述题

1. 简述装卸搬运的基本原则。

2. 阐述装卸搬运的作用。

3. 阐述装卸搬运的特点。

4. 简述常见的叉车类型。

5. 简述常见的连续输送设备。

五、案例分析题

联华公司的装卸搬运系统

联华公司是上海首家发展连锁经营的商业公司。经过 11 年的发展，该公司已成为中国最大的连锁商业企业之一。联华公司的快速发展，离不开高效、便捷的物流配送中心的大力支持。目前，联华共有 4 个配送中心，分别是 2 个常温配送中心、1 个便利物流中心、1 个生鲜加工配送中心，总面积 7 万余平方米。

联华便利物流中心总面积 8 000 平方米，由 4 层楼的复式结构组成。为了实现货物的装卸搬运，配送中心配置的主要装卸搬运机械设备为电动叉车 8 辆、手动托盘搬运车 20 辆、垂直升降机 2 台、笼车 1 000 辆、辊道式输送机 5 条、数字拣选设备 2 400 套。在装卸搬运时，操作过程如下。在来货卸下后，把其装在托盘上，由手动叉车将货物搬运至入库运载处，入库运载装置上升，将货物送上入库输送带。接到向第一层搬送指示的托盘在经过升降机平台时，不再需要上下搬运，将直接从当前位置经过一层的入库输送带自动分配到一层入库区等待入库；接到向二至四层搬送指示的托盘，将由托盘垂直升降机自动传输到所需楼层。当升降机到达指定楼层时，货物由各层的入库输送带自动搬送至入库区。货物下平台时，由叉车从输送带上取下托盘入库。出库时，工作人员根据订单进行拣选配货，拣选后的出库货物用笼车装载，由各层平台通过笼车垂直输送机送至一层的出货区，装入相应的运输车上。

先进、实用的装卸搬运系统为联华便利店的发展提供了强大的支持，使联华便利物流运作能力和效率大大提高。

问题

（1）该物流中心装卸搬运系统的设计对各平台间的搬送自动化做了哪些方面的考虑？

（2）你认为该物流中心装卸搬运系统有改进的余地吗？假如有，如何改进？

第8章
流通加工

学习目标

【知识目标】

- 了解流通加工的概念
- 理解流通加工的作用
- 掌握流通加工的方式和合理化的途径
- 了解流通加工相关设备

【能力目标】

- 能根据产品特点及客户需求正确选择流通加工方式
- 能使用流通加工设备

案例导入

食品的流通加工

食品流通加工的类型很多，只要我们留意超市里的货柜就可以看出，那里摆放的各类洗净的蔬菜、水果、肉末、鸡翅、香肠、咸菜等都是流通加工的结果。这些商品的分类、清洗、包装、装袋、贴商标及条码等都是在摆进货柜之前进行的加工作业。这些加工都不是在产地进行的，而是在脱离了生产领域，进入流通领域进行的。

启示

流通加工是一项低投入、高产出的物流活动，它对离开生产领域的商品进行再加工，以完善商品质量，提高产品的附加价值，降低物流成本，满足消费者的个性化需求。

8.1 | 流通加工概述

8.1.1　流通加工的概念

中华人民共和国国家标准《物流术语》（GB/T18354—2006）给出的流通加工（distribution processing）的定义是：物品在从生产地到使用地的过程中，根据需要施加包装、分割、计量、分拣、刷标志、栓标签、组装等简单作业的总称。

流通加工是物品从生产领域向消费领域流动的过程中，厂商为了促进销售、维护产品质量和提高物流效率而进行的加工。流通加工处于生产和流通的区间领域，并不改变商品的基本形态和功能，只是完善物品的使用功能，提高商品的附加价值，同时提高物流系统的效率。随着人们消费的个性化、多样化，流通加工在物流领域的作用越来越重要。从一定意义而言，流通加工是生产加工在流通领域的延伸。

8.1.2　流通加工的方式

————【案例8.1】　　阿迪达斯的流通加工 ————

阿迪达斯公司在美国有一家超级市场，在那里设立了组合式鞋店，里面摆放的不是做好了的鞋，而是做鞋用的半成品。其款式花色多样，有6种鞋跟、8种鞋底，均为塑料制造。鞋面的颜色以黑、白为主，搭带的颜色有80多种，款式有百余种。顾客进来可任意挑选自己所喜欢的各个部位，交给职员当场进行组合。只要10分钟，一双崭新的鞋便产生了。

这家鞋店昼夜营业，职员技术熟练，鞋子的售价与成批制造的价格差不多，有的还稍便宜些，所以顾客络绎不绝，销售额比邻近的鞋店高10倍。

启示

此案例中，鞋子以半成品的方式出现在鞋店，客户可以根据自己的喜好选择部件，在零售店组装成成品。这种在流通过程中进行的加工可以完善商品的价值。流通加工的目的就是满足客户个性化需求、提高商品附加值、促进销售、提高企业的收益。

物流环节常见的流通加工的方式通常有下列6种。

1. 冷冻加工

为了保鲜而进行的流通加工。生鲜物流中，为了使鲜鱼、鲜肉、药品等在流通过程中达到保鲜的目的，在流通之前对其进行冷冻加工。

2. 分选加工

为了提高产品附加值对鲜果和蔬菜进行流通加工。例如，对鲜果按照规格大小进行分选，对蔬菜择去多余的根叶等，可以提高商品的市场价值。分选加工主要用于农副产品规格、质量离散较大的情况，为获得一定规格的产品，采取人工或机械方式进行分选。

3. 精致加工

精制加工是指在农牧副渔等产品的产地或销售地设置加工点，去除无用部分，进行切分、洗净、分装等加工，进而可以分类销售。这种加工不但大大方便了购买者，而且还可以对加工过程中的淘汰物进行综合利用。例如，鱼类的精制加工所剔除的内脏可以制成某些药物或用作饲料，鱼鳞可以制作高级黏合剂，头尾可以制鱼粉等；蔬菜的加工剩余物可以制作饲料、肥料等。

4．分装加工

许多生鲜食品零售起点较低，而为了保证干线高效物流，出厂时包装一般比较大，也有一些是采用集装运输方式运达销售地区。为了便于销售，销售商在销售地区对商品按零售要求进行新的包装，大包装改小包装、散装改小包装、运输包装改销售包装等，以满足消费者对不同包装规格的需求，从而达到促销的目的。如葡萄酒是液体，采用大容器将原液从产地批量地运至消费地，在消费地再进行配制、装瓶、贴商标后出售，这样既可以节约运输费用，又能保障运输安全，使产品以较低的成本卖出较高的价格，附加值大幅度增加。

5．组装加工

组装加工是指在销售地区，由流通加工点对出厂配件、半成品进行拆箱组装，随即进行销售。

6．定制加工

定制加工是指特别为用户加工制造适合个性的非标准用品。这些用品往往不能由大企业生产，只好由流通加工企业为其"量身定制"。

8.1.3　流通加工的作用

--- 【案例8.2】　钢板的流通加工 ---

汽车、冰箱、冰柜、洗衣机等的生产制造企业每天需要大量的钢板。除了大型汽车制造企业外，一般规模的生产企业如若自己单独剪切，难以解决因用料高峰和低谷的差异引起的设备忙闲不均和人员浪费问题，如果委托专业钢板剪切加工企业，可以解决这个矛盾。

专业钢板剪切加工企业能够利用专业剪切设备，按照用户设计的规格尺寸和形状进行套裁加工，加工精度高、速度快、废料少、成本低。专业钢板剪切加工企业在国外数量很多，大部分由流通企业经营。这种流通加工企业不仅提供剪切加工服务和配送服务，还出售加工原材料和加工后的成品。中国储运股份有限公司近年与日本合作建立了钢材流通加工中心，利用现代剪裁设备从事钢板剪板和其他钢材的下料加工，即钢板剪切流通加工。

启示

本案例中，采用集中剪板、集中下料方式，可以避免单独剪板、下料的一些弊病，提高材料利用率，这就是流通加工的作用。

1．提高原材料利用率

通过流通加工进行集中下料，将生产厂商直接运来的简单规格产品，按用户的要求进行下料。例如将钢板进行剪板、切裁；木材加工成各种长度及大小的板、方等。集中下料可以优材优用、小材大用、合理套裁，明显地提高原材料的利用率，有很好的技术经济效果。

2．方便用户

用量小或满足临时需要的用户，不具备进行高效率初级加工的能力，通过流通加工可以使用户省去进行初级加工的投资、设备、人力，方便了用户。目前，发展较快的初级加工有：将水泥加工成生混凝土，将原木或板、方材加工成门窗，钢板预处理，整形等。

3．提高加工效率及设备利用率

在分散加工的情况下，加工设备由于生产周期和生产节奏的限制，设备利用时松时紧，使得加工过程不均衡，设备加工能力不能得到充分发挥。而流通加工面向全社会，加工数量大，加工范围广，加工任务多。

8.2 | 流通加工合理化

8.2.1 不合理的流通加工

流通加工具有很多好的作用，但是如果利用不当，也会产生很多负面作用。流通加工合理化就是实现流通加工的最优配置，使流通加工环节的厂商对是否设置流通加工环节、在什么地方设置、选择什么类型的加工、采用什么样的技术装备等做出正确抉择。为了能做到避免各种不合理的流通加工形式，下面先了解不合理的流通加工有哪些表现形式。

1. 流通加工地点设置的不合理

流通加工地点的设置是决定整个流通加工是否有效的重要因素。一般来说，为满足单品种大批量生产与多样化需求的流通加工，加工地点应设置在需求地区，这样方能凸显大批量的干线运输与多品种末端配送的物流优势。如果将流通加工地设置在生产地区，一方面，为了满足用户多样化的需求，会出现多品种、小批量的产品由产地向需求地的长距离的运输；另一方面，在生产地增加了一个加工环节，同时也会增加近距离运输、保管、装卸等一系列物流活动。

即使是产地或需求地设置流通加工的选择是正确的，还有流通加工在小地域范围内的正确选址问题。如果处理不善，仍然会出现不合理状况。例如，交通不便，流通加工与生产企业或用户之间距离较远，加工点周围的社会环境条件不好等。

2. 流通加工方式选择不当

流通加工方式包括流通加工对象、流通加工工艺、流通加工技术、流通加工程度等。流通加工方式的确定实际上是与生产加工的合理分工。若分工不合理，把本来应由生产加工完成的作业错误地交给流通加工来完成，或者把本来应由流通加工完成的作业错误地交给生产过程去完成，都会造成不合理。

流通加工不是对生产加工的代替，而是一种补充和完善。所以，一般来说，产品如果工艺复杂，技术装备要求较高，或加工可以由生产过程延续或轻易解决的，都不宜再设置流通加工。如果流通加工方式选择不当，就可能会出现与生产争利的恶果。

3. 流通加工作用不大，形成多余环节

有的流通加工过于简单，或者对提升商品附加值和促进消费的作用都不大，甚至有时由于流通加工的盲目性，不但未能解决品种、规格、包装等问题，而且却增加了作业环节。

4. 流通加工成本过高，效益不好

流通加工的一个重要优势就是它有较大的投入产出比，因而能有效地起到补充、完善的作用。如果流通加工成本过高，则不能实现以较低投入获得更高使用价值的目的，势必会影响它的经济效益。

8.2.2 实现流通加工合理化的途径

要实现流通加工的合理化，主要应从以下几个方面加以考虑。

1．加工和配送结合

将流通加工设置在配送点中，一方面企业可以按配送的需要进行加工，另一方面因为加工又是配送作业流程中分货、拣货、配货的重要一环，如果加工后的产品直接投入到配货作业，那么这就无须单独设置一个加工的中间环节，从而使流通加工与中转流通巧妙地结合在一起。同时，配送之前必要的加工，可以使配送服务水平大大提高，是当前使流通加工合理化的重要形式，在煤炭、水泥等产品的流通中已经表现出较大的优势。

2．加工和配套结合

"配套"是指将使用上有联系的商品集合成套地供应给用户使用。例如，方便食品的配套。方便食品中的方便面、盘菜、汤料等不能由某个生产企业全部完成，这样，在物流企业进行适当的流通加工可以有效地促成配套，大大提高流通作为供需桥梁与纽带的作用。

3．加工和合理运输结合

我们知道，流通加工能有效衔接干线运输和支线运输，促进两种运输形式的合理化。利用流通加工，在支线运输转干线运输或干线运输转支线运输等这些必须停顿的环节，不进行一般的支转干或干转支，而是按干线或支线运输合理的要求进行适当加工，从而大大提高运输及运输转载水平。

4．加工和合理商流结合

流通加工也能起到促进销售的作用，从而使商流合理化，这也是流通加工合理化的方向之一。例如，通过简单的流通加工，改变包装规格，形成方便购买的量，或者通过组装加工解除用户使用前进行组装、调试的难处，都是有效促进商流很好的例证。

5．加工和节约结合

节约能源、节约设备、节约人力、减少耗费是流通加工合理化重点考虑的因素，也是目前我国设置流通加工并考虑其是否合理化的较普遍形式。

对于流通加工合理化的最终判断，是看其是否能提升社会的效益和企业的效益，而且是否取得了最优效益。流通企业如果只是追求企业的局部效益，不适当地进行加工，甚至与生产企业争利，这就有违流通加工的初衷，或者其本身已不属于流通加工的范畴。

6．流通加工绿色化

绿色流通加工是绿色物流的范畴之一。流通加工的途径主要分为两个方面：一方面变消费者分散加工为专业集中加工，以规模作业方式提高资源利用效率，减少环境污染；另一方面是集中处理消费品加工中产生的边角废料，以减少消费者分散加工所造成的废弃物污染。

8.3 | 流通加工设备

流通加工的主要设备有贴标机、封箱机、热收缩包装机等。

1．贴标机

贴标签作业是流通加工作业中较多的一种，以自动化层次而言，可分为手工、半自动、全自动3种。半自动的贴标机适用于多种少量的情况，而自动化贴标机则适用于少种多量的作业。物流中心自动贴标机分为接触式和非接触式两种。接触式贴标机必须是商品与贴标机接触才能贴标签，非接触式则是在商品与贴标机没有接触的状态下，利用空气喷射的力量，把标签贴在商品上。

常见的贴标机设备如图 8-1～图 8-3 所示。

图 8-1　半自动不干胶贴标机

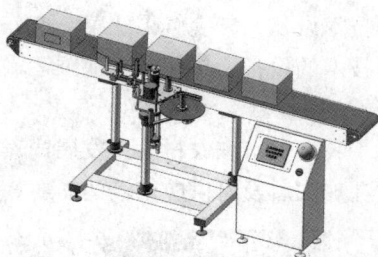

图 8-2　纸箱贴标机

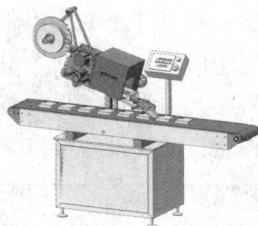

图 8-3　条码贴标机

2. 封箱机

封箱作业是在流通加工完成时，把商品放入包装箱后对其进行封口的作业。按照自动化程度可以分为人工方式、半自动式和全自动式 3 种，如图 8-4 和图 8-5 所示。

封箱机采用胶带对纸箱封口的方式，经济、快速、容易调整，可一次完成上、下自动封箱动作。既可单机作业，也可与流水线配套使用，广泛应用在家用电器、纺织、食品、百货、医药、化工等行业。

图 8-4　胶带封箱机

图 8-5　自动封箱机

3. 热收缩包装机

热收缩包装在流通加工作业中是最普通的一种，同时也是目前市场比较先进的包装方法之一。热收缩包装机采用收缩膜包裹在产品或包装件外边，经过加热使收缩薄膜裹紧产品或包装件，充分显示物品外观，提高产品的展销性，增加美观及价值感。同时包装后的物品能密封、防潮、防污染，并保护商品免受来自外部的冲击，具有一定的缓冲性，尤其是当包装易碎品时，能防止器皿破碎时飞散。

热收缩包装机是一种高度自动化的设备，该产品广泛应用在药品、食品饮料和家化等行业。应用收缩膜包装机可大大减少采用盒包装的材料和人工成本，具有重要的经济意义。热收缩包装机如图 8-6 所示。

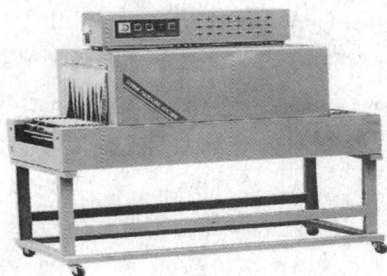

图 8-6　热收缩包装机

4．其他加工机械设备

（1）果蔬加工保鲜技术设备

这类产品应用范围较广，待开发的果蔬加工保鲜技术设备应该包括蔬菜果品分级技术设备，高效压榨果汁技术设备，节能浓缩技术设备，袋装鲜果蔬菜、速冻蔬菜、脱水蔬菜技术设备，采用空调、辐射等新型实用储藏保鲜技术的设备，果蔬加工保鲜运输技术设备等。

（2）屠宰及肉类加工与包装机械

屠宰及肉类加工与包装机械对于我们城市和农村大力发展饲养、屠宰一条龙养殖起到强大的推动作用，此类设备可以满足肉类深加工后及时供应市场的需要。

模拟实训

【实训主题】

了解流通加工的方式及作用。

【实训目的】

通过查阅资料，加强对流通加工方式和作用的了解，了解流通加工不合理的方式和合理化的途径，从而培养学生对流通加工整体的感性认识。

【实训内容】

（1）分小组通过查阅资料了解企业流通加工的方式和作用。

（2）分析企业流通加工不合理的方式，从而分析流通加工合理化的途径。

【实训过程设计】

（1）教师将学生分组；

（2）小组调研；

（3）小组讨论，完成调研报告和PPT；

（4）小组作汇报，全班参与，指导教师对小组汇报分析进行点评，最后作总结，并讲解结论。

课后练习

一、单选题

1．根据我国近些年的实践，配送加工仅就向流通企业提供利润一点，其成效并不亚于从运输和储存中挖掘的利润，是物流中的（　　）利润源。

　　A．第一　　　　　　　B．第二　　　　　　　C．第三　　　　　　　D．重要

2．流通加工方式的确定实际上是与生产加工的（　　）分工。

　　A．有效　　　　　　　B．合理　　　　　　　C．正确　　　　　　　D．重要

3．在农牧副渔等产品的产地或销售地设置加工点，去除无用部分，进行切分、洗净、分装等加工，可以分类销售。这种加工不但大大方便了购买者，而且还可以对加工过程中的淘汰物进行综合利用的加工方式是（　　）。

　　A．冷冻加工　　　　　B．分选加工　　　　　C．精致加工　　　　　D．分装加工

4．流通加工满足用户的需求，提高服务功能，成为（　　）的活动。

　　A．高附加值　　　　　B．附加加工　　　　　C．必要附加加工　　　D．一般加工

5．流通加工的地点和消费地距离过大，形成多品种的末端配送服务困难，这样的不合理流通

加工形式是（　　）造成的。

  A．流通加工方式选择不当　 B．流通加工地点设置不合理

  C．流通加工成本过高，效益不好　 D．流通加工作用不大，形成多余环节

  6．流通加工的途径主要分为两个方面：一方面变消费者分散加工为专业集中加工，以规模作业方式提高资源利用效率，减少环境污染；另一方面是集中处理消费品加工中产生的边角废料，以减少消费者分散加工所造成的废弃物污染。这是通过（　　）实现流通加工合理化的。

  A．加工与节约结合　 B．流通加工绿色化

  C．加工与物流结合　 D．流通加工与合理商流结合

  7．为用户加工制造适合个性的非标准用品，往往不能由大企业生产，只好由流通加工企业为其"量身定制"。这属于（　　）。

  A．定制加工　 B．精致加工　 C．分选加工　 D．分装加工

  8．为了提高物流效率而进行的对蔬菜和水果的加工，如去除多余的根叶等。这属于（　　）。

  A．冷冻加工　 B．分选加工　 C．精致加工　 D．分装加工

  9．许多生鲜食品零售起点较低，而为了保证高效输送出厂，包装一般比较大，也有一些是采用集装运输方式运达销售地区。为了便于销售，在销售地区对商品按零售要求进行新的包装，大包装改小包装、散装改小包装、运输包装改销售包装等，以满足消费者对不同包装规格的需求，从而达到促销的目的。这属于（　　）。

  A．冷冻加工　 B．分选加工　 C．精致加工　 D．分装加工

  10．在销售地区，由流通加工点对出厂配件、半成品进行拆箱组装，随即进行销售。这属于（　　）。

  A．组装加工　 B．精致加工　 C．分选加工　 D．分装加工

二、多选题

  1．流通加工处于（　　）的区间领域，并不改变商品的基本形态和功能，只是完善物品的使用功能，提高商品的附加价值，同时提高物流系统的效率。

  A．生产领域　 B．流通领域　 C．消费领域　 D．分配领域

  2．流通加工合理化主要指（　　）。

  A．加工和配送结合　 B．加工和节约结合

  C．加工和合理运输结合　 D．加工和合理商流结合

  E．加工绿色化　 F．与其他物流环节的配套化

  3．流通加工大多数可能是（　　）加工。

  A．附加性　 B．象征性　 C．简单性　 D．增值性

  4．流通加工是对生产加工的（　　）。

  A．代替　 B．补充　 C．完善　 D．协调

  5．流通加工是（　　）。

  A．生产加工的补充与完善　 B．残次品的返工

  C．回收旧货的改造　 D．满足客户个性化需求的商品再加工

  E．流通过程中的加工活动

6. 封箱作业是在流通加工完成时，把商品放入包装箱后对其进行封口的作业。按照自动化程度可以分为（　　　）三种。

    A. 人工方式　　　　　B. 半自动式　　　　　C. 全自动式　　　　　D. 机械方式

7. 目前贴标签的形式有（　　　）。

    A. 手工贴标签　　　　　　　　　　　B. 半自动化贴标签

    C. 全自动机器贴标签　　　　　　　　D. 打印标签

8. 食品流通加工的具体项目包括（　　　）。

    A. 生鲜食品的冷冻加工　　　　　　　B. 分选加工

    C. 农副产品的精致加工　　　　　　　D. 分装加工

9. 下列（　　　）属于流通加工的方式。

    A. 组装加工　　　　　B. 生产加工　　　　　C. 分选加工　　　　　D. 分装加工

10. 冷冻加工适用于（　　　）商品。

    A. 药品　　　　　B. 鲜鱼　　　　　C. 鲜肉　　　　　D. 水果

三、判断题

1. 流通加工的对象是进入流通领域的商品，不具有商品的属性。（　　　）

2. 流通加工，可以使配送各环节易于操作，如鲜鱼冷冻、过大设备解体、气体液化等。这种加工往往改变产品的物理状态，并不改变物理特性，并最终仍能恢复原物理状态。（　　　）

3. 为促进销售的流通加工改变了产品的本体。（　　　）

4. 流通加工利用其综合性强、用户多的特点，可以实行合理规划、合理套裁、集中下料的办法，这就能有效提高原材料利用率，减少损失浪费。（　　　）

5. 流通加工是在销售物流中增加有附加价值的活动，是一项具有广泛发展前景的工作。（　　　）

6. 流通加工是在物品从生产领域向消费领域流动的过程中，为了促进销售、维护产品质量和提高物流效率，对产品进行的加工。（　　　）

7. 分选加工、农副产品的精致加工和分装加工适用于食品的流通加工。（　　　）

8. 流通加工最多的产品是食品。（　　　）

9. 流通加工就是越简单越好。（　　　）

10. 流通加工的内容有装袋、拴牌子、计量、分割、分拣、刷标志、组装等。（　　　）

四、论述题

1. 流通加工的作用有哪些？

2. 流通加工的方式有哪些？

3. 不合理流通加工的方式有哪些？

4. 请列举流通加工的设备。

五、案例分析题

天然气的液化加工

    流通加工的类型有很多，如为弥补生产领域加工不足的深加工，为满足需求多样化进行的服务性加工，为保护产品所进行的加工，为提高物流效率、方便物流的加工，为促进销售的流通加工，为提高加工效率的流通加工，以及为提高原材料利用率的流通加工等。

天然气是气体，虽然可以通过管道进行输送，但往往由于输送距离遥远，投资金额巨大，投资期限长而显得困难重重，只好就地燃烧和使用，造成了浪费和污染。

液化天然气LNG（Liquefied Natural Gas），是天然气的液态形式。LNG更有利于远距离运输、储存天然气，使天然气的应用范围更广。目前，国内LNG的利用刚刚开始，已建成投产了中原油田的天然气液化工厂、上海浦东的天然气液化工厂及新疆广汇集团在吐哈油田的天然气液化工厂。

LNG是天然气的液态形式。在液化天然气工厂将油气田产出的含有甲烷的天然气脱水、脱烃、脱酸性气等净化处理后，采用膨胀制冷工艺或外部冷源，使甲烷变为–162℃的低温液体。

对天然气进行液化加工，可以使天然气用容器装运，实现远距离运输和储存，扩大天然气的使用范围，大大提高天然气的使用价值。

问题

以天然气的液化加工为例，分析流通加工会带来哪些经济效益？

第 9 章
配送管理

案例导入

沃尔玛的配送中心

沃尔玛前任总裁大卫·格拉斯这样总结:"配送设施是沃尔玛成功的关键之一,如果说我们有什么比别人干得好的话,那就是我们的配送中心。"灵活高效的物流配送系统是沃尔玛达到最大销售量和低成本存货周转的核心。沃尔玛配送中心设立在100多家零售卖场周围,同时可以满足100多个销售网点的需求,以此缩短配送时间,降低送货成本。同时,沃尔玛首创交叉配送的独特作业方式,进货与出货几乎同步,没有入库、储存、分拣环节,以加速货物流通。在竞争对手每5天配送一次商品的情况下,沃尔玛每天送货一次,大大减少中间过程,降低管理成本。数据表明,沃尔玛的配送成本仅占销售额的2%,而一般企业这个比例高达 10%。这种灵活高效的物流配送方式使沃尔玛在竞争激烈的零售业中技高一筹、独领风骚。

启示

在现代市场竞争环境下，配送能力已经成为影响企业竞争力的重要因素，越来越多的企业对配送能力建设给予高度重视。

配送是现代社会化大分工的产物，有助于满足客户多品种、小批量、高频率的订货需求，使物流服务更加贴近市场，更加贴近消费者。合理地进行配送中心储位规划和管理，选择合适的分拣配货方式，合理进行车辆配载，选择最优的配送路线，有助于提高配送作业效率，降低物流成本。

9.1 | 认识配送

9.1.1 配送的概念

配送是物流的基本功能之一，作为一种特殊的物流活动方式，几乎涵盖了物流中所有的要素和功能，是物流的一个缩影或某一范围内物流全部活动的体现。

中华人民共和国国家标准《物流术语》（GB/T18354—2006）将配送定义为：在经济合理区域范围内，根据客户要求，对物品进行拣选、加工、包装、分割、组配等作业，并按时送达指定地点的物流活动。

学习配送时，可以从以下几个方面把握配送的概念。

（1）配送是面向终端用户的服务：对客户完成最终交付。

（2）配送不是单纯的运输和输送，处于"末端运输""二次运输"的位置。

（3）配送强调时效性，是"门到门"的服务。

（4）配送强调满足用户需求：用户第一，质量第一。

（5）配送强调合理化：在时间、速度、服务水平、成本、数量等多方面寻求最优。

（6）配送是"配"和"送"的有机结合。

9.1.2 配送的作用

配送的作用体现在以下几个方面。

1. 完善了运输和物流服务

配送环节处于支线运输，协调性好，可以在干线运输实现低成本化的基础上，完善物流服务，适应顾客多品种、小批量需求特点，实现运输和仓储、装卸搬运等物流环节的合理化。

2. 提高了末端物流的经济效益

配送方式，可以通过增大订购批量实现经济批量，并且配送往往是将用户所需的各种商品集中起来和将多个用户小批量商品集中起来一起发货，既满足了用户的多品种、小批次的消费特点，也降低了物流运营成本，从而提高了末端物流经济效益。

3. 通过集中库存使企业实现低库存或零库存

实现了高水平配送之后，尤其是采取准时制配送方式之后，生产企业可以完全依靠配送中心的准时配送而不需要保持自己的库存。或者，生产企业只需保持少量保险储备而不必留有经常性储备，这样就可以实现生产企业的零库存，减少企业大量的储备资金，从而改善企业的财务状况。实现集中库存，也提高了社会的经济效益。再者，集中库存实现了规模经济优势，降低了单位产品的存货成本。

4．简化手续、方便用户

通过提供集货、配送等服务，用户只需向配送中心一处订货，就能达到向多处采购的目的。这一过程减少了订货等一系列费用开支，简化手续，方便用户。同时，配送提高供应保证程度，使得用户因缺货而影响生产的风险降低。

9.1.3 配送与运输的区别

配送是从最后一个物流结点到用户之间物资的空间移动过程。最后一个物流结点设施一般是指配送中心或零售店铺。在整个流通过程中，最终用户因流通渠道构成不同而不同。同时，区域的概念也是相对的，其范围也没有具体规定，而且在直接送货的情况下，我们也很难区分是属于运输还是配送。配送与运输的区别，如表9-1所示。

表 9-1   配送与运输的区别

项目	运输	配送
运输性质	干线运输	支线运输、区域内运输、末端运输
在供应链位置	中间运输	前端或者末端运输
运输距离	中长距离	短距离
物流特点	少品种、大批量、少批次	多品种、小批量、多批次
运输工具	大型货车或铁路运输、水路运输	小型货车
运输周期	长周期	短周期
管理重点	效率优先	服务优先
功能类型	功能单一	功能综合

配送是相对于干线运输的概念。从狭义上说，运输分为干线运输和支线配送。从工厂仓库到配送中心的批量货物空间位移称为运输，从配送向最终用户之间的多品种小批量货物的空间位移称为配送。

配送的附加功能要远远超过运输。作为配送活动的全过程，不仅包括了最后阶段的货物送达作业，而且还包括按要求在物流结点设施内开展的流通加工、订单处理、货物分拣等作业活动。

9.1.4 配送的分类

1．按配送物品的种类和数量分类

（1）少品种或单品种、大批量配送

工业企业需要量较大的商品，单独一个品种或几个品种就可达到较大输送量，可实现整车运输，这种商品往往不需要再与其他商品搭配，专业性很强的配送中心实行这种配送。

（2）少批量、多批次配送

少批量、多批次配送是按用户需求，将所需的各种物品配备齐全，凑整车后由配送结点送达用户。在配送方式中，这是一种高水平、高技术的方式，往往配送频度较高。

（3）设备成套、配套配送

这种类型是针对装配型或流水线型制造企业实行的配送形式，可以使生产企业更专注于生产，由于是按生产节奏定时将零部件送达生产企业，所以可实现零库存。

【案例9.1】　中国重汽的入厂物流配送

中国重汽是全球最大的重型汽车生产基地，出口量居全国首位，由中国邮政为其提供入厂物流配送服务。入厂物流配送就是第三方物流企业根据生产厂家的生产计划，对生产线所需要的各种零部件进行仓储管理、拣货、组配、配送上线的一系列物流活动。为使中国重汽实现 JIT 生产模式和零库存管理，减少生产线边的混乱，提高零部件的上线效率，中国邮政对距离较近的零部件供应商采取循环取货的方式，对距离较远的供应商采取 VMI 库存管理模式，在中国重汽厂边设立缓冲库存，通过看板方式，按照中国重汽的送货指令对生产线所需要的发动机、标准件、变速箱、轮胎等进行拣货、组配后，定点定量地配送到生产线上。

启示

中国邮政为中国重汽提供的入厂物流配送属于哪种形式的配送？

---

2. 按配送的时间和数量分类

（1）定时配送

按规定时间和时间间隔进行配送，这一类配送形式都称为定时配送。定时配送的时间，由配送的供给与需求双方通过协议确认。每次配送的品种及数量可预先在协议中确定，实行计划配送；也可以在配送之前以商定的联络方式（如电话、传真、计算机网络等）通知配送品种及数量。定时配送对用户而言，易于根据自己的经营情况，按照最理想时间进货，也易于接货方安排接货力量（如人员、设备等）。

【案例9.2】　菜鸟裹裹的"定时派送"服务

快递送到家门口，却因家中无人而无法收件，这是网购上班族经常面临的烦恼。为解决此问题，菜鸟网络联合快递公司推出"定时派送"服务，该服务将全天分为 6 个时间段，为客户提供精准到小时的配送服务。如客户需要使用定时派送服务，在订单提交后，可以在淘宝、天猫或菜鸟裹裹的相关页面选定派送时间，包裹将按照指定时间送至目的地。

此项服务的推出可以满足部分顾客在各类场景下的多元化需求，提高物流配送效率和客户满意度。该项服务特别适用于家居、啤酒、饮料、食品、宠物用品等商品的配送。这些商品不方便来回搬运、对温度要求高。选择定时派送服务后，白天上班的白领们可以选择晚间上门配送。数据显示，用户预约配送的高峰时段集中在"17 点到 19 点""19 点到 22 点""9 点到 11 点"几个时段。

启示

定时配送既方便了用户，也方便配送企业安排工作计划，提前进行车辆和路线的规划，减少成本，提高效率。

定时配送有以下几种具体形式。

① 小时配。小时配是接到配送订货要求之后，在 1 小时之内将货物送达。这种方式适用于一

般消费者突发的个性化需求所产生的配送要求，也经常用作配送系统中应急的配送方式。B2C 型的电子商务，在 1 个城市范围内，也经常采用小时配的配送服务方式。

② 日配。接到订货要求之后，在 24 小时之内将货物送达的配送方式。日配是定时配送中实行较为广泛的方式，尤其在城市内的配送，日配占绝大多数比例。一般而言，日配的时间要求大体上是：上午的配送订货，下午可送达；下午的配送订货，第二天早上送达。日配主要适用于以下一些情况：生鲜食品配送，如蔬菜、水果、牛奶豆浆、点心、肉类等的配送；要求商品随进随售的小型商店的配送；以及不能保持较长时期库存的用户配送。

【案例9.3】 顺丰"当日达"和"一日达"

2015 年，顺丰推出"当日达"服务，凡在当日上午 11 点前生成的有效订单，当天就可以到达消费者手中；"一日达"即消费者在当天 20 点之前下的订单，第二天即可收到货品。同时，"当日达"服务不再局限于同城，将落地到北京、上海、广州、深圳、成都、武汉、西安等全国 24 个重点城市。

启示

配送时效直接影响消费者体验，"当日达""一日达"在全国各大城市的落地推广，将助力生鲜类商品的物流配送获得更多竞争优势，促进消费升级。

③ 准时配送方式。按照双方协议时间，准时将货物配送到用户的一种方式。这种方式比日配方式更为精密，企业连"暂存"的微量库存也可以取消，绝对地实现零库存。准时配送的服务方式，可以通过协议计划来确定，也可以通过看板方式来实现。准时配送方式要求有很高水平的配送系统来实施。由于用户的要求独特，因而不大可能对多用户进行周密的共同配送计划。这种方式适合于装配型、重复、大量生产的企业用户，这种用户所需的配送物资是重复、大量而且没有太大变化的，因而往往是一对一的配送。

【案例9.4】 京东的"京准达"

"京准达"服务是 2016 年京东物流针对配送"最后一公里"推出的每 2 小时一波次的精准送达服务。基于这项服务，用户可预约在未来一周的特定时间段内收货，最早可至 9:00，最晚可至 22:00。2017 年，京东物流宣布升级"京准达"服务，预约送达时间由 2h 缩短至 1h，并已向半小时迈进。目前"京准达"已覆盖 246 个城市，占全国城市数的 75%，其中 1 小时精准配送服务覆盖超过 30 个城市，30 分钟精准送达城市拓展至 7 个。

启示

"我想什么时候收货，就什么时候收货。我说几点就几点！"这在十年前我国电商物流刚起步时，被消费者认为是天方夜谭的想法现在已经实现。京东物流通过科技支撑在"快"和"准"的双重标准上创新性地再度树立了行业标杆。

④ 快递方式。一种快速配送服务的配送方式，面向整个社会企业型和个人型用户。快递服务一般而言覆盖地区较为广泛，所以，服务承诺期限按不同地域会有所变化。这种快递方式，综合利用"小时配""日配"等在较短时间实现送达的方式，但不明确送达的具体时间，所以一般用作向社会广泛服务的方式，而很少用作生产企业"零库存"的配送方式。

（2）定量配送

定量配送指按规定的批量进行配送，但不确定严格的时间，只是规定在一个指定的时间范围内配送。这种方式由于每次配送的品种、数量固定，备货工作较为简单。定量配送一般适合于用户对于库存的控制不十分严格，有一定的仓储能力，不施行"零库存"的企业。

（3）定时定量配送

按照规定的配送时间和数量进行配送。这种配送方式对配送企业的要求比较严格，管理和作业的难度较大，需要配送企业有较强的计划性和准确度。该种方式主要在大量而且稳定生产的汽车、家用电器、机电产品的供应物流里面取得了成功。这种方式的管理和运作，靠配送双方事先的一定时期的协议为依据来执行；也常常采用"看板方式"来决定配送的时间和数量。

（4）定时定路线配送

在规定的运行路线上制订到达时间表，按运行时间表进行配送，用户可按规定路线及规定时间接货及提出配送要求。这种方式有利于配送企业计划安排车辆及驾驶人员，配送企业可以依次对多个用户实行共同配送。这种方式特别适合对小商业集中区的商业企业的配送。

（5）即时、应急配送

即时配送是完全按照用户突然提出的时间和数量方面的配送要求，立即将商品送达指定地点的配送方式，是一种高灵活性的应急方式。采用这种配送方式可以实现保险储备的零库存，即用即时配送代替保险储备。这种方式适合一些零星商品、临时需要的商品或急需商品的配送。通常只有配送设施完备，具有较高的管理和服务水平，较高的组织和应变能力的专业化的配送中心才能大规模地开展即时配送业务。

3．按配送模式分类

（1）点到点快递配送模式

点到点快递配送模式是指快递企业从客户指定地点收件后，不需要任何中转，直接送达到客户指定目的地的配送模式，运作流程图如图9-1所示。点到点快递配送模式是最早的快递配送模式之一，该快递配送模式是一种不需要建立专门的快件分拣中心与配送中心的配送模式，可以在城市内（同城）、城市间（异城）、全国以及国际进行配送。在不考虑配送成本的情况下，点到点快递配送模式可以获得最大化的客户满意度，对客户是最好的配送方式。

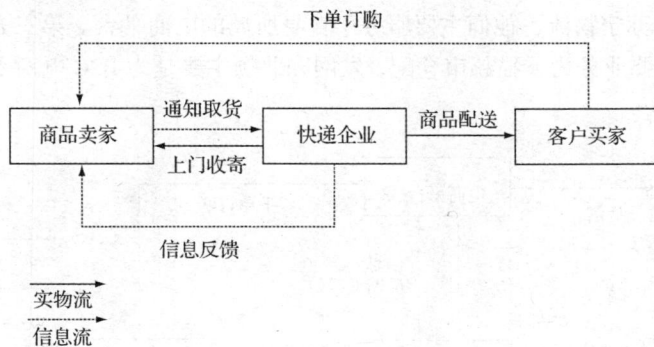

图9-1 点对点配送模式

（2）网络型配送模式

网络型配送模式，是指通过网络的形式，将客户包裹实现揽件—中转—干线运输—中转—末端配送。具体运作模式是商品卖家自行负责所售商品的仓储；客户下单订购时，电商企业负责面单填写（或电子订单打印）、包装等操作，快递企业定点、定时上门揽收；然后把揽收的货物集中到网点，在网点按照物品的到达地进行分拨转运，按照最佳邮路通过干线运输发往下一个中转站，货物经过一次或多次中转到达末端网点；最后由快递员按照循环送货的方式完成投递，并负责后续的处理、运输、配送、退换货处理等。具体运作流程如图 9-2 所示。网络型配送模式主要适用于非标品为主的电商以及 B2C 平台大部分第三方卖家，例如，淘宝上的中小卖家和天猫平台的大部分卖家。

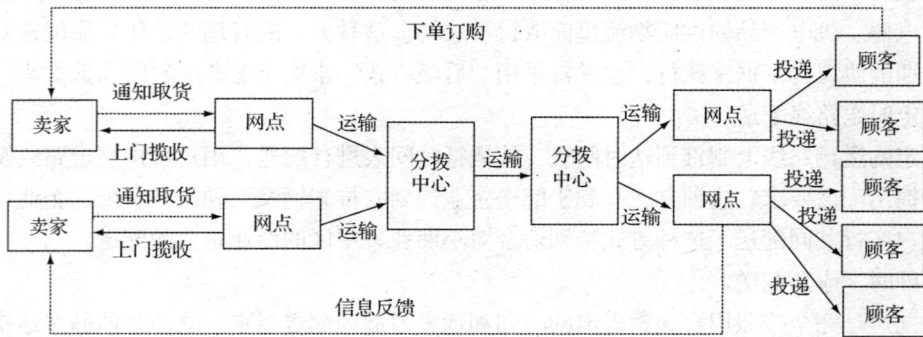

图 9-2 网络快递模式

（3）仓配一体服务模式

仓配一体服务模式是物流或快递企业为客户提供仓储和配送一体化的服务解决方案，将商品直接从仓库发往客户目的地的物流模式。其具体的运作模式是电商企业根据历史销售数据和市场预测等信息测算出不同区域城市的销售比例，由生产厂家或快递企业将货物发往离客户较近的仓库实施在库管理。当客户下单订购时，电商企业及时将订单信息通过信息系统传递给快递企业，快递企业在接到订单后开展电子面单打印、分拣、包装、处理、配送、退换货处理等实物寄递服务。具体操作流程如图 9-3 所示。京东平台的自营商品和天猫平台的部分商品均采用仓配模式。由于仓配模式能够提前备货将异地件转化成同城件，省去干线环节提升时效，因此仓配模式是未来的发展趋势。

目前，提供仓配一体服务的企业又分为自营物流和第三方仓配企业。自营物流代表企业有京东物流、品骏物流、苏宁物流，他们主要服务于自身所属的电商平台。第三方仓配企业，如心怡科技和万象物流，主要业务为天猫超市仓配，发网和北领主要是为 B2C 电商平台上的大型卖家做仓配。

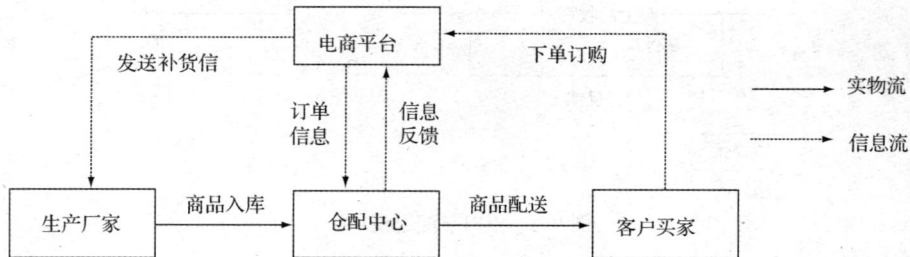

图 9-3 仓配一体服务模式运作流程

9.2 | 认识配送中心

9.2.1 配送中心的概念

中华人民共和国国家标准《物流术语》（GB/T18354—2006）对配送中心的定义是：从事配送业务且具有完善信息网络的场所或组织。应基本符合以下要求：

① 主要为特定客户或末端客户服务；

② 配送功能健全；

③ 辐射范围小；

④ 提供高频率、小批量、多批次配送服务。

9.2.2 配送中心的类型

1. 按配送中心覆盖范围分类

（1）城市配送中心

城市配送中心是指以某个城市的区域范围作为配送范围的配送中心。因为城市范围一般处于汽车运输的经济里程内，所以这种配送中心可采用汽车进行配送直接配送到最终用户，所以，这种配送中心往往和零售经营相结合。由于运距短，反应能力强，因而从事多品种、少批量、多用户的配送较有优势。城市配送中心所服务的对象大多是零售商，连锁店和生产企业，大多采用和区域配送中心联网的方式运作，以"日配"的服务方式配送。例如，截至2015年，苏宁物流已经建成了60多个区域物流中心、300个城市分拨中心以及5 000个社区配送站。

（2）区域配送中心

区域配送中心是以较强的辐射能力和库存准备，向省（州）际、全国乃至国际范围的用户配送的配送中心。这种配送中心配送规模较大，一般而言，用户规模也较大，配送批量也较大，而且，往往是既配送给下一级的城市配送中心，也配送给营业所、商店、批发商和企业用户。例如，被称为我国大型连锁超市界"黑马"的永辉超市，为支持华西地区门店的快速发展，于2010年斥资6亿元人民币，在重庆沙坪坝区建立的"西永配送中心"就属于区域配送中心。它能有效支撑华西地区100多家门店的日常配送。

2. 按配送中心的功能定位分类

（1）储存型配送中心

储存型配送中心是有很强储存功能的配送中心。一般来说，在买方市场，企业成品销售需要有较大库存支持，其配送中心可能有较强储存功能；在卖方市场，企业原材料、零部件供应需要有较大库存支持，这种供应配送中心也有较强的储存功能。大范围配送的配送中心，需要有较大库存，也可能是储存型配送中心。我国目前已建的配送中心，都采用集中库存形式，库存量较大，多为储存型。

【案例9.5】 储存型配送中心

瑞士GIBA-GEIGY公司的配送中心拥有世界上规模居于前列的储存库，可储存4万个托盘；美国赫马克配送中心拥有一个有163 000个货位的储存区，可见存储能力之大。美国福来明公司的食品配送中心也是典型的仓储式配送中心，它的主要任务是接受美国独立杂货商联盟加州总部的委托业务，为该联盟在该地区的 350 家加盟店负责商品配送。

启示

储存型配送中心一般拥有较强大的储存能力，其覆盖范围广泛，物流企业能够依托储存型配送中心延伸更多的增值性物流服务。

（2）流通型配送中心

流通型配送中心是基本上没有长期储存功能，仅以暂存或随进随出方式进行配货、送货的配送中心。这种配送中心的典型方式是，大量货物整进并按一定批量零出，采用大型分货机，进货时直接进入分货机传送带，分送到各用户货位或直接分送到配送汽车上，货物在配送中心仅作少许停滞。例如，阪神配送中心，中心内只有暂存货物，大量储存则依靠一个大型补给仓库。

─ **【案例9.6】 流通型配送中心** ─

中国邮政为中国重汽提供售后物流服务，负责为中国重汽下游的 4S 店配送售后维修零部件。中国重汽把售后物流配送中心仓库称为"亲人配件库"。"亲人配件库"面积 5 000 平方米，存放除轮胎之外的重汽所有零配件，是一个典型的流通型中转仓库。业务运作流程是：4S 服务店向"亲人配件库"下订单，"亲人配件库"汇总订单后向上游供应商订货，上游供应商根据订货指令把货物运送至"亲人配件库"，中国邮政根据出货单完成货物的入库、验收、包装、配货和发运。该仓库实行地面堆码作业，边入库验收、边分拣、包装、配货和出库，所有货物基本 24 小时内周转完毕。

启示

请说出流通型配送中心的特点？流通型配送中心仓库管理的重点是什么？

（3）加工型配送中心

加工型配送中心以加工产品为主，因此在其配送作业流程中，储存作业和加工作业居主导地位。

由于流通加工多为单品种、大批量产品的加工作业，并且是按照用户的要求安排的，因此，对于加工型的配送中心，虽然进货量比较大，但是分类、分拣工作量并不太大。此外，因为加工的产品品种较少（指在某一个加工中心内加工的产品品种），一般都不单独设立拣选、配货等环节。通常，加工好的产品（特别是生产资料产品）可直接运到按用户户头划定的货位区内，并且要进行包装、配货。

3. 按配送中心的设立者分类

（1）制造商型配送中心 M.D.C（Distribution Center built by Maker）

制造商型配送中心是制造商为存储、配送自己生产制造的物品而设立的，以便及时将预先配齐的成组元器件配送到规定的加工和装配工位，其建立有时也是为了提高售后服务质量，降低流通费用等。多数制造商型配送中心不提供社会化服务。例如，海尔物流配送中心就属于这一种。

（2）批发商型配送中心 W.D.C（Distribution Center built by Wholesaler）

批发商型配送中心是由批发商（或代理商）设立的，一般是按物品类别或部门把不同制造厂商的物品集中起来，再配送给消费的零售商（单一品种或按订单搭配）。批发商型配送中心的主要活动是对物品进行集货和再销售，属于社会化配送。

百纳物流是专门经营日用品百货的一家配送企业，该企业从不同的生产厂商，如服装厂、鞋厂、毛巾厂等批量采购不同的日用商品，再将这些不同种类的商品进行重新组合和分类，变成符合零售企业销售要求的系列化商品组合。例如，分成服装、鞋帽、床上用品、洗涤用品等，再配送给下游零售企业。

启示

请说出批发商型配送中心的特点。批发商型配送中心仓库管理的重点是什么？

（3）零售商型配送中心 Re.D.C（Distribution Center built by Retailer）

零售商型配送中心由规模较大的零售商设立，集中采购不同生产厂商的商品后，向零售门店、超级市场、百货商店、建材市场、粮油食品商店、宾馆饭店等进行配送服务。这种类型的配送中心可以只向自身的连锁门店配送，有的也适当扩充社会化配送服务。例如，沃尔玛配送中心、永辉超市配送中心等就属于这一种。

【案例 9.8】 零售型配送中心

美国沃尔玛商品公司的配送中心是典型的零售商型配送中心。该配送中心是沃尔玛公司独资建立的，专为本公司的连锁店按时提供商品，确保各店的稳定经营。该中心的建筑面积为 12 万平方米，总投资 7 000 万美元，有职工 1 200 多人，配送设备包括 200 辆车头，400 节车厢，13 条配送传送带，配送场内设有 170 个接货口。

启示

沃尔玛配送中心是零售型配送中心的典型，其配送中心规模大、品种多、设备先进，它主要向自身的连锁店配送。

（4）专业物流配送中心 T.D.C（Distribution Center built by TPL）

专业物流配送中心是以第三方物流企业（包括传统的仓储企业和运输企业）为主体设立的，一般具有很强的运输配送能力，地理位置优越，可迅速将到达的货物配送给用户。专业物流配送中心的货物属于制造商或供应商所有，配送中心只提供配送服务。这种社会化配送往往专业化、标准化程度高，以其大量的客户服务实现规模效益、集约效益。例如，中国邮政物流配送中心就属于这一种。

【案例 9.9】 专业物流配送

在美国本土，沃尔玛拥有自己的物流团队，拥有自己的卡车运输车队，自己做运输和配送。但是在国外其他地方，沃尔玛求助于专门的物流服务提供商，飞驰公司就是其中之一。飞驰公司是一家专门提供物流服务的公司，它在世界上的其他地方为沃尔玛提供物流方面的支持。飞驰公司同沃尔玛形成的是一种合作伙伴的关系，它们共同的目标就是努力做到最好。

启示

使用专业化的第三方物流配送中心是现代物流发展的趋势。第三方物流企业拥有专业化的设备、人员、技术和管理，标准化程度高，能够为客户实现规模效益。沃尔玛和飞驰的合作就是很好的证明。

9.2.3　配送中心的功能

配送中心不仅具有储存、集散、衔接等传统的物流功能，而且在物流现代化的进程中，不断地强化分拣、加工、信息处理等功能。

1．采购集货功能

配送中心必须采购所要供应配送的商品，才能及时准确地为用户提供配送服务。有些商品是配送中心根据配送业务预估，事先实施采购的，有些商品可能等到有顾客配送订单后再进行采购，然后快速配送。

2．存储保管功能

为了满足用户的随时需求，保证正常配送的需要，配送中心需要保持一定量的商品储备，同时要做好商品保管、保养工作，以确保储备商品的数量准确，质量完好。一些存储功能强大的配送中心普遍采用立体货架，以增加单位面积的存储数量。

3．分拣和配货功能

每个用户对商品的种类、规格、型号、数量、质量、送达时间等要求不同，配送中心必须按用户订单要求对商品进行分拣和配组。强大的分拣功能是配送中心实现按客户要求组织送货的基础，有些配送中心分拣业务量很大，为了同时向不同的用户配送多种货物，配送中心必须采取适当方式拣选货物，提高拣选效率和准确率。分拣、配组是配送中心的重要特征之一，也是其与传统仓库的明显差别。

4．流通加工功能

为解决生产及采购中追求大批量、少规格和消费者追求小批量、多样化要求的矛盾，配送中心按照用户对货物的不同要求对商品进行分装、配组、分割、贴标签等简单加工，满足用户小批量、多批次、个性化的配送要求；某些配送中心把不同供应商的零部件进行配套后送货供应，平衡生产成本和流通成本。

5．信息处理功能

配送中心可以对采购商品、数量、到货情况、库存品种及数量、货位储位、保质期、周转情况、人力安排、客户订单特征、成本构成等多种信息进行汇总、分析，为管理决策提供参考依据，并把相关信息传递给企业有关部门，加强部门间合作和供应链管理，提升管理效益。

6．送货功能

将组装好的货物按顺序装车，按客户要求及优化的线路进行送货。运输车辆可用自己的车队或租用社会车辆。

7．集散及衔接功能

在一个大的物流系统中，配货中心将不同生产企业的产品集中后，通过分拣、配货、配装等环节向多家用户进行发送。配送中心凭借其在物流系统中的特殊地位，在产、销之间建立起缓冲平台，衔接生产与消费、供应与需求。

9.2.4　配送中心的内部结构

【思考与讨论】

某著名计算机公司欲在北京建立覆盖中国北方区域的"服务器"产品销售分拨中心和售后服务中心，其配送的产品既有成套整机服务器，又有如内存条、硬盘等维修配件。你知道该中心的规划设计中应包含哪些功能区域？如何规划才能有效提高作业效率？

配送中心虽然是在一般中转仓库基础上演化和发展起来的，但其内部结构和布局与一般仓库有较大的不同。配送中心的内部工作区域结构一般配置如下。

1. 收货区

在这个区域里完成接货及入库前的工作，如接货、卸货、清点、检验、分类入库准备等。接货区的主要设施是：进货铁路、公路；装卸货站台；暂存验收检查区域。

2. 储存区

在这个区域里储存或分类储存所进的物资。由于这是个静态区域，进货要在这个区域中有一定时间的放置，所以和不断进出的接货区比较，这个区域所占的面积较大。在许多配送中心中，这个区域往往占总面积一半左右。对某些特殊配送中心（如水泥、煤炭配送中心），这一部分在中心总面积中占一半以上。

3. 理货、备货区

在这个区域里进行分货、拣货、配货作业，以为送货做准备。这个区域面积随不同的配货中心而有较大的变化。例如，对多用户的多品种、少批量、多批次配送（如中、小件杂货）的配送中心，需要进行复杂的分货、拣货、配货等工作，所以，这部分占配送中心很大一部分面积，也有一些配送中心这部分面积不大。

4. 分放、配装区

在这个区域里，按用户需要，将配好的货暂放暂存等待外运，或根据每个用户货堆状况决定配车方式、配装方式，然后直接装车或运到发货站台装车。这一个区域对货物进行暂存，暂存时间短、周转快，所以所占面积相对较小。

5. 发货区

在这个区域将准备好的货装入外运车辆发出。外运发货区结构和接货区类似，有站台、外运线路等设施。有时候，外运发货区和分放配装区是一体的，所分好的货直接通过传送装置进入装货场地。

6. 流通加工区

有许多类型的配送中心还设置配送加工区域，在这个区域进行分装、包装、切裁、下料、混配等各种类型的流通加工。加工区在配送中心所占面积较大，但设施装置随加工种类不同而有所区别。

7. 管理指挥区（办公区）

这个区域可以集中设置于配送中心某一位置，有时也可分散设置于其他区域中。管理指挥区主要包括营业事务处理场所、内部指挥管理场所、信息场所等。

内部功能区域的布置要综合考虑物流动线、物流活动相关性、物流量大小以及外围道路等因素。图9-4所示是一种库区平面布局。

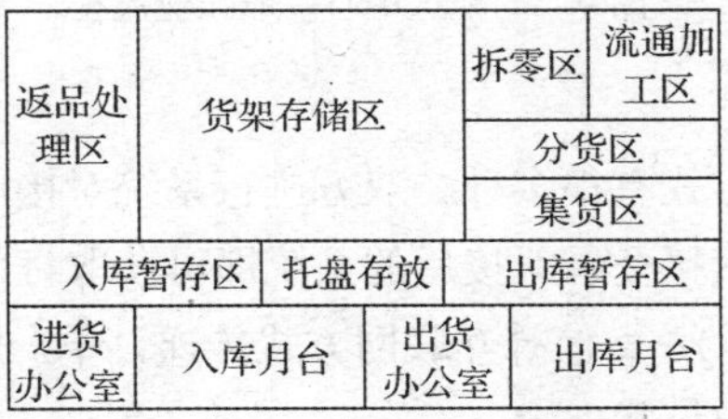

返品处理区	货架存储区		拆零区	流通加工区
			分货区	
			集货区	
入库暂存区		托盘存放	出库暂存区	
进货办公室	入库月台		出货办公室	出库月台

图9-4　某仓库平面布局

9.3 | 配送的作业流程

9.3.1 配送的流程

【案例9.10】 配送中心的作业流程

　　TT医药公司主要经营药品与医疗器械，在东北地区占有相当的市场份额。为了服务东北地区3个省份的客户，公司专门在哈尔滨市成立了一个配送中心。配送中心是一个四层楼结构的建筑，一层是收、发货区域，二、三、四层用于存储药品，二层还有部分面积用于存储医疗器械。公司的服务承诺是客户下达订单后，本市客户24小时，省内客户48小时，外省客户72小时可以收到货物。配送中心的作业过程是这样的：客户订单分配给每个楼层的拣货员；拣货员拣完该订单存储在本层的各种药品后用周转箱把药品送到一层，一层的发货员收集到三个楼层的拣货后合并到一起装箱、发货。药品在各楼层之间上下依靠一部货梯。

　　启示

　　配送中心一般适宜建成平库，多层的配送中心要考虑选用合适的设施设备，否则会影响作业效率。无论配送中心是多层还是一层，配送的作业环节都是相似的，主要包括备货、订单处理、分拣、配货、配载、送达服务等功能。

　　配送中心的作业包括收货、储存、配送三个环节，收货作业和储存作业与仓储作业相同，本章重点讲配送的作业流程。配送作业是由客户订单拉动开始的，包括接收客户订单、订单处理、分拣、加工、配货、配装、送达到门店或消费者等环节，作业流程如图9-5所示。

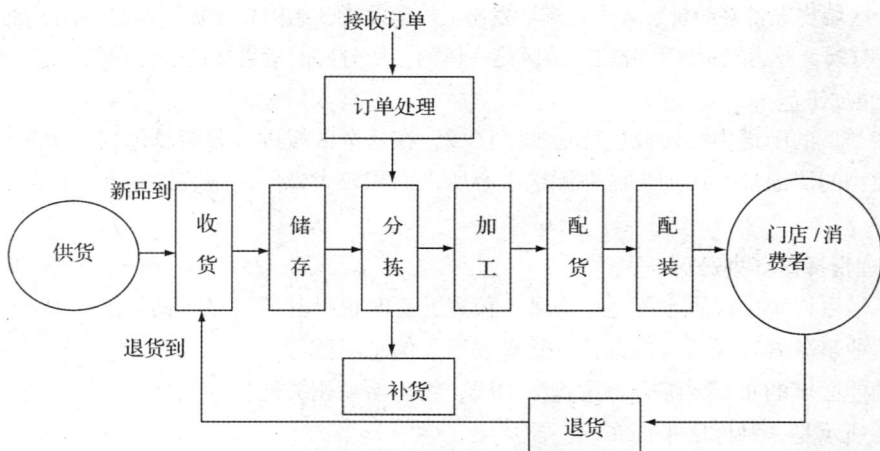

图9-5　配送中心一般作业流程

1. 接收订单

　　配送中心接收客户订单的方式有很多种。双方进行系统对接后，客户订单会直接传送至物流企业的内部系统或者物流企业直接登录对接后的系统即可获取订单；如果双方没有进行信息系统对接，双方可以通过 E-mail、QQ、微信等互联网方式传递订单。当然，也有的企业会采取电话订货、传真订货、邮寄订货等传统订货方式。

2．订单处理

订单处理部接收到客户订单信息后，需要对订单的货物名称、数量、送货日期、订单类型、包装要求等信息进行检查确认，然后去系统查询存货的相关数据，判断此商品是否缺货。如果缺货，则应提供缺货商品信息。如果不缺货，则依据分拣方式生成拣货信息或电子信号。拣选信息是对用户的订单或出库单等要求进行加工后生成的，一般应包括以下几点内容：货品名称、规格、数量；订单要求的货物总量、货物发送的单元要求、储位、货物代码或标签。

3．分拣

分拣是依据顾客的订单要求或配送计划，迅速、准确地将商品从其储位或其他区位拣取出来，并按一定的方式进行分类、集中作业的过程。常用的分拣方式有摘果法和播种法，在 9.3.2 小节中会详细讲述两种方法的特点。

4．加工

配送中心的加工作业属于流通加工，配送中心根据客户需要把商品进行分装、切割、组装等，以满足客户的个性化需求，为客户提供增值服务，同时为配送中心创造经济效益。

5．配货和配装

配货和配装是根据客户订单和送货包装单元进行货物配备、拼箱、拼车的作业过程。当某一客户需求的单品不能装满某个包装单元时，可用同一客户需求的其他商品合理拼箱装满，提高车辆的有效利用率。

6．送达服务

配送的送达服务属于末端运输，一般运距较短、规模小、频度高，多采用汽车公路运输。一辆车一次往往需要配送多个客户，因此送货前需要根据交通路线、客户送货地点、送货时间要求等规划配送线路，以较近的配送里程、较低的配送成本完成送货任务，并与客户办好交接手续。配送线路的选择方法将在 9.3.4 小节中讲述。

9.3.2　分拣作业的分类

【案例 9.11】　配送中心的瓶颈环节

TT 医药公司的配送中心成立后极大地提高了客户服务水平，销售规模一直保持增长。但今年以来，客户的投诉增加，客户反映送货的品种、数量经常与订单不符。公司专门开会讨论这个问题时，配送中心的经理把自己一肚子的苦水倒了出来：现在订单量是原来的几倍，而且客户知道 TT 医药公司的品种全，所以每张订单上都有几十个品种。因为药品还有批号的要求，更增加了拣货的难度。配送中心就那么一部货梯，他手下的拣货员已经增加了一倍，但大家还是天天加班，他这里已经是超负荷地运转了。

启示

分拣是配送中心的主要作业之一，如何提高分拣作业效率和分拣作业的准确度是所有配送中心经理非常关注的问题。分拣方式选择是否恰当会影响分拣的作业效率，因此，作为物流人员了解各种分拣方式的优缺点和适用范围非常重要。

分拣作业是配送中心的核心环节之一，选取合理的分拣作业方法是提高分拣效率的关键。下面介绍分拣作业组织方法。

分拣作业有不同的分类方法。

1．按订单组合方式分为按单拣选（摘果法）和批量拣选（播种法）。

（1）摘果法

摘果法又称按单分拣，即拣选人员拣选完一个订单，再拣选下一个订单。这种方法类似于农夫进果园，依次在每棵树上摘下已成熟的果子，因此称为摘果法。其作业流程如图9-6所示。

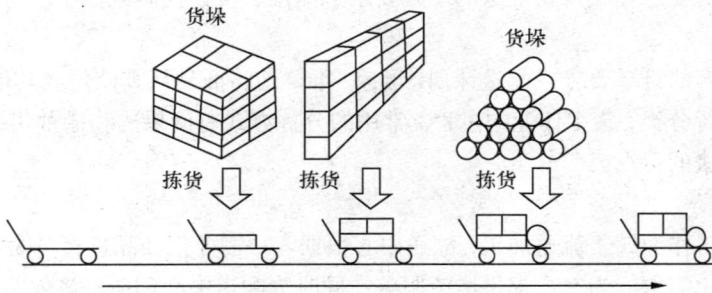

图9-6　摘果法分拣流程

摘果法的特点有：按订单别拣取，一单一拣，作业前置时间短，配货准确度高，但分拣区域较大时，拣货行走路径长。摘果法适合的领域一般是用户不稳定，波动较大；用户需求品类的差异较大；紧急、即时或随机性强的配送等。

（2）播种法

播种法又称"批量拣选"是指将数张订单加以合并，一次拣选，最后再根据各个订单的要求进行二次分货。此方法类似农民在土地上巡回播种，因此又称为播种法。其作业流程如图9-7所示。

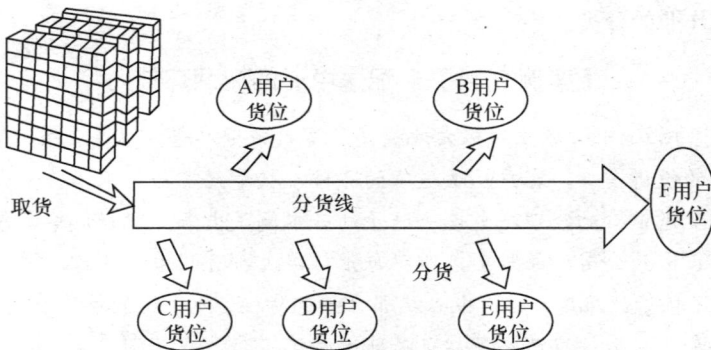

图9-7　播种法分拣流程

播种法的特点有：批量拣取可缩短行走距离，但订单有延迟；需要提前规划好用户货位、需要二次分货，可能会发生分货错误；工艺难度高、但计划性强，可综合考虑，统筹安排，利用规模效益。播种法一般适用于用户稳定且需求品项的共同性很强、容易形成共同批量，且用户配送时间无严格限制的情况。

2．根据分拣作业的手段不同可分为：人工拣选、机械分拣和全自动化分拣

（1）人工拣选。分拣作业由人来进行，人、货架、集货设备（货箱、托盘、手推车等）配合完成配货作业，在实施时，由人一次巡回或分段巡回于各货架之间，按各分店的需求拣货，直至配齐。

（2）机械分拣。常用的有电子标签辅助拣货、RF 辅助拣货，或者有人操作的叉车、分拣台车巡回于一般高层货架间进行拣选，或者在高层重力式货架一端进行拣选。

（3）全自动化分拣。由相对应的软硬件经设计者巧妙、合理、实用地设计的全数字化按计算机程序执行的拣选，这是一种高效、理想的拣选方式。

3．按人员组合可分为：单独拣选（1 人 1 件式）和接力拣选（分区按单拣选）

单独拣选即 1 人持一张拣货单进入拣选区拣货，直至将拣选单中的内容全部拣完为止。

分区拣选式指将拣选区分为若干区，由若干名作业者分别操作，每个作业者只负责本区货物的拣选，携带一张拣选单的拣选小车依次在各区巡回。各区作业者按订单要求拣选本区段内存放的货物。一个区域拣完移至下一区域，直至订单中所列货物全部拣选完毕。

4．按运动方式可分为：人到货前拣选和货至人前拣选。

人到货前拣选即人（或人乘拣选车）到储存区寻找并取出所需要的货物。

货至人前拣选是将货物移动到人或拣选机旁，由人或拣选机拣选出所需的货物。例如，在自动化仓库中利用巷道堆垛机或者穿梭车取出货物，放至拣货工位，还有现在较先进的由 Kiva Systems 公司推出的 AGVS "货到人"分拣系统，如图 9-8 所示。在这个系统中，货物被安排在 2 米高的存货货架上。当有订单需要进行分拣时，计算机系统下达搬运指令，AGV 接收指令后，自动找到储存相应货物的货架，将其搬运到"货到人"分拣工位。分拣工位的操作人员根据计算机提示分拣货物。分拣完毕后，AGV 搬运存货货架到系统指定的位置。

扫一扫

人工拣选视频

扫一扫

高位拣货车拣货
视频

扫一扫

现代化大型物流配送
中心：小包装、多品
种操作演示视频

扫一扫

快递分拣机器人
视频

图 9-8　AGVS 构建的货到人分拣系统

"货到人"分拣系统具有作业效率高、存储密度高、降低劳动强度、节省用工数量等优势，适宜于多品种、小批量、多批次的碎片化订单处理；同时，以更加自动化的物流系统取代大量人工作业，可以应对劳动力成本上升、作业人员稳定性下降的新常态，越来越受到电商、医药、冷链以及服装、食品、化妆品、奢侈品等物流领域的关注。

9.3.3　车辆配载

【思考与讨论】

某配送中心须配送汽车零配件 A 和 B 两种货物，A 货物重 50kg，体积为 1m³，B 货物重 20kg，体积为 0.6m³，车辆额定载重 2t，最大容积为 14.36m³，额定容积率为 90%，你知道怎样装载这批货物能使车辆的载重能力和车厢容积都被充分利用吗？

由于配送货品品种和特性各异，为提高配送效率，降低物流成本，确保货物质量，需要考虑影响配送车辆配载的因素，对车辆进行合理配载。

货物特性、货物包装情况、是否能够拼装运输、装载技术等都可能影响车辆的配载。配送中心在接到订单后，将货物依特性进行分类，以分别采取不同的配送方式和运输工具，如按冷冻食品、速冻食品、散装货物、箱装货物等分类配载。配送货物也有轻重缓急之分，必须初步确定哪些货物可配于同一辆车，哪些货物不能配于同一辆车，以做好车辆的初步配装工作。再次，在满足货品特性的情况下，车辆配载时一方面要考虑车辆容积率与货物总体积配比，另一方面要考虑车辆载重与货物总重量配比，尽量使两者达到最大。

总之，车辆配载时应遵循以下原则：

（1）轻重搭配的原则；

（2）大小搭配的原则；

（3）货物性质搭配原则；

（4）同一路向的货物搭配原则；

（5）用合理的堆码层次及方法原则；

（6）不能超过最大载重量原则；

（7）后送先装原则。

9.3.4　配送线路选择

【案例9.12】　为什么要规划配送路线

湖北某公司送货线路多，各条线路上的零售客户分布不均，有的线路上有 300 多户零售客户，有的线路则有 500 多户零售客户，送货线路重复现象较为严重，配送效率不高，后该公司对配送车辆的一次性装载量、配送往返时间进行测算，然后根据送货数量、送货户数和送货里程重新整合配送线路，将原来的 10 辆送货车、10 个片区和 10 条送货线路整合为 9 辆送货车、9 个片区和 9 条线路，还减少了 2 名送货员。整合后平均每条线路上有 460 多户零售客户，分布比以前均匀多了，同时节省了送货时间，提高了工作效率。

启示

合理规划配送线路有助于物流企业降低物流成本、提高物流作业效率。因此，物流人员只有掌握了配送线路选择的原则和方法，才能在实际工作中合理选择最优线路并进行车辆配载，为企业实现降本增效的目的。

确定了每一辆车负责配送的具体客户后，如何以最快的速度完成对这些货物的配送，即如何选择配送距离短、配送时间短、配送成本低的线路是配送中心需要规划的问题。

1．优化配送线路的目标

（1）以效益最高为目标。

（2）以成本最低为目标。

（3）以路程最短为目标。

（4）以吨千米数最小为目标。

（5）以准确性最高为目标。

2．配送线路的确定要满足以下约束条件

（1）满足所有收货人对货物品种、规格、数量的要求。如必须考虑有些客户或其所在地环境对送货时间、车型等方面的特殊要求。

（2）满足收货人对货物送达时间范围的要求。如有些客户不在中午或是晚上收货。

（3）在允许通行的时间段内进行配送。如有些道路在高峰期实行特别交通管制等。

（4）各配送线路的货物量不得超过车辆载重量的限制。

（5）在配送中心现有运力允许的范围内。

3．优化与选择配送线路的方法

常用的配送线路优化和选择的方法有"经验判断法""综合评分法"和"数学计算法"。

（1）经验判断法

经验判断法主要是靠有经验的司机进行判断。这种方法快速、简单、方便，但缺乏科学性。

（2）综合评分法

综合评分法是先拟定配送线路方案，再确定评价指标，然后分别对各方案进行综合评分，综合评分最高的线路即为配送线路。

（3）数学计算法

数学计算法又可分成一对一、一对多和多对多的配送线路优化和选择，常用的有破圈法、节约里程法和网络图法，这里不再详述。

许多配送中心根据送货经验和数据测量，制定配送线路，运行一段时间后，存在的问题不断暴露，通过分析问题，再次访谈一线人员、测算相关数据，继续优化线路，获得明显效果。

9.4 | 配送合理化

9.4.1 配送合理化的含义

【案例9.13】 配送中心内部布局合理化

沃尔玛特别注重配送中心内部布局的合理化。配送中心的一端是装货的月台，另外一端是卸货的月台，两项作业分开。看似与装卸一起的方式没有什么区别，但是运作效率由此提高很多。同时，该公司还实行交叉配送（Cross Docking，CD）。交叉配送的作业方式非常独特，而且效率极高，进货时，货物直接装车出货，没有入库储存与拣货作业，降低了成本，加速了流通。

启示

　　配送作业效率的提高需要物流活动各环节的有效配合。配送中心的布局提高了装卸货的作业效率，交叉配送减少了货物装卸搬运的次数，从而提高了沃尔玛配送中心的作业效率，可见，企业要想做到配送的合理化，需要关注整体性和均衡性。

扫一扫

交叉停泊视频

　　配送合理化就是对配送设施设备配置和配送活动组织进行调整与改进，实现配送系统整体均衡与优化的过程。配送合理化过程就是要兼顾服务与成本，兼顾投入与产出比例的合理化，以尽可能低的配送成本，获得可以接受的配送服务，或者以可以接受的配送成本达到尽可能高的服务水平。与配送相关的因素十分复杂，各个企业的情况也不尽相同，再加上配送合理与否的标准又很难统一，因此，要想配送合理化，就应尽量掌握配送合理化所涉及的主要内容。

9.4.2　配送合理化的判断标志

　　配送合理化与否的判断，是配送决策系统的重要内容，目前国内外尚无一定的技术经济指标体系和判断方法，按一般认识，以下若干标志是应当纳入的。

　　（一）库存标志

　　库存是判断配送合理与否的重要标志。具体指标有以下两方面。

　　1. 库存总量

　　在一个配送系统中，库存是从分散于各个用户转移给配送中心施行一定程度的集中库存。在实行配送后，配送中心库存数量加上各用户在实行配送后库存数量之和应低于实行配送前各用户库存量之和。

　　2. 库存周转

　　由于配送企业的调剂作用，以低库存保持高的供应能力，库存周转一般总是快于原来各企业库存周转。此外，从各个用户角度进行判断，各用户在实行配送前后的库存周转比较，也是判断合理与否的标志。

　　（二）资金标志

　　总的来讲，实行配送应有利于资金占用降低及资金运用的科学化。具体判断标志如下。

　　1. 资金总量

　　用于资源筹措所占用流动资金总量，随储备总量的下降及供应方式的改变必然有一个较大的降低。

　　2. 资金周转

　　从资金运用来讲，由于整个节奏加快、资金充分发挥作用，同样数量的资金，过去需要较长时期才能满足一定供应要求，配送之后，在较短时期内就能达此目的。所以资金周转是否加快，是衡量配送合理与否的标志。

　　3. 资金投向的改变

　　资金分散投入还是集中投入，是资金调控能力的重要反映。实行配送后，资金必然应当从分散投入改为集中投入，以能增加调控作用。

（三）成本和效益

总效益、宏观效益、微观效益、资源筹措成本都是判断配送合理化的重要标志。不同的配送方式，可以有不同的判断侧重点。例如，配送企业、用户都是各自独立的，以利润为中心的企业，则不但要看配送的总效益，而且还要看对社会的宏观效益及两个企业的微观效益，不顾及任何一方，都必然出现不合理的现象。又例如，如果配送是由用户集团自己组织的，配送主要强调保证能力和服务性，那么，效益主要从总效益、宏观效益和用户集团企业的微观效益来判断，不必过多顾及配送企业的微观效益。

（四）供应保证标志

实行配送，各用户的最大担心是害怕供应保证程度降低。配送的重要一点是必须提高而不是降低对用户的供应保证能力。供应保证能力可以从以下方面判断。

1. 缺货次数。实行配送后，必须下降才算合理。

2. 配送企业集中库存量。对每一个用户来讲，其数量所形成的保证供应能力高于配送前单个企业保证程度。

3. 即时配送的能力及速度。即时配送的能力及速度是用户出现特殊情况的特殊供应保障方式，这一能力必须高于未实行配送前用户紧急进货能力及速度才算合理。

特别需要强调一点，配送企业的供应保障能力，是一个科学的合理的概念，而不是无限的概念。具体来讲，如果供应保障能力过高，超过了实际的需要，属于不合理。所以追求供应保障能力的合理化也是有限度的。

（五）社会运力节约标志

运力使用的合理化是依靠送货运力的规划和整个配送系统的合理流程及与社会运输系统合理衔接实现的。送货运力的规划是任何配送中心都需要花力气解决的问题，可以简化判断如下：社会车辆总数减少，而承运量增加；社会车辆空驶减少；一家一户自营运输减少，社会化运输增加。

（六）用户企业仓库、供应、进货人力物力节约标志

配送的重要作用是以配送代劳用户。因此，实行配送后，各用户库存量、仓库面积、仓库管理人员减少为合理；用于订货、接货、供应的人减少才为合理。真正解除了用户的后顾之忧，配送的合理化程度则可以说是一个高水平了。

（七）物流合理化标志

配送必须有利于物流合理。这可以从以下几方面判断：是否降低了物流费用；是否减少了物流损失；是否加快了物流速度；是否发挥了各种物流方式的最优效果；是否有效衔接了干线运输和末端运输；是否不增加实际的物流中转次数；是否采用了先进的管理方法及技术手段。

9.4.3 不合理配送的形式

────── 【案例9.14】 某销售企业的不合理配送作业 ──────

　　某销售企业主要对自己的销售点和大客户进行配送，配送方法为销售点和大客户一有需求就立即组织装车送货，结果经常造成送货车辆空载率过高，同时还会出现所有车都派出去

而其他用户需求满足不了的情况。

启示

　　配送是"配"和"送"的有机结合，着重强调"配货"而不仅是完成"送货"，因此，如何真正理解配送的实质和内涵，消除各种不合理的配送形式，做到配送的合理化是所有物流企业需要关注的问题。

　　配送的决策好坏，很难有一个绝对的标准。企业效益是配送的重要衡量标志，但是，决策时常常考虑各个因素，有时要做赔本买卖。所以，配送的决策是一个全面的、综合的决策。企业在决策时要避免由于不合理配送所造成的损失，但有时某些不合理现象时常伴随而生，要追求更合理的配送，就可能派生一些不合理的现象，所以，这里只能单独论述不合理配送的表现形式，但在运用时要防止绝对化。

1．资源筹措的不合理

　　配送要利用较大批量资源的筹措，通过筹措资源的规模效益来降低资源筹措成本，使配送资源筹措的成本低于用户自己筹措资源的成本，从而取得配送资源筹措的优势。如果不是集中多个用户需要批量筹措资源，而仅仅是为少量用户代购代筹，对用户来讲，就不仅不能降低资源筹措的成本费用，相反却要多支付一笔配送企业的代筹、代办费用，因而是不合理的。资源筹措不合理还有其他表现形式，如配送量计划不准，资源筹措过多或过少，在资源筹措时不考虑建立与资源供应者之间长期稳定的供需关系等。

2．经营观念的不合理

　　在配送实施过程中，许多企业由于经营管理观念不合理，使配送优势无从发挥，并损坏了配送的形象。在开展配送活动时，尤其需要注意克服这一不合理现象。例如，配送企业利用不同的配送手段，向用户转嫁资金、库存困难，在库存过大时，强迫用户接货，以缓解自己的库存压力；在资金紧张时，长期占用用户资金；在资源紧张时，将用户委托的资源另做他用以获得利益等。

3．库存决策的不合理

　　配送应充分考虑利用集中库存总量低于各用户分散库存总量，充分利用社会库存，同时降低用户实际平均分摊库存的负担，从而大大节约社会财富。因此，配送企业必须依靠科学管理来实现一个低的总量库存，否则就会出现只是库存转移，而不能解决库存降低的不合理现象。配送企业库存决策不合理还表现在储存量不足，不能保证随机需求，失去了应有的市场。

4．价格制定的不合理

　　总的来讲，配送的价格应低于不实行配送时用户自己进货时产品购买价格加上自己提货、运输、进货之成本的总和，这样才会使用户有利可图。有时，由于配送有较高的服务水平，价格稍高，用户也是可以接受的，但这不是普遍的原则。如果配送价格普遍高于用户自己进货价格，损害了用户利益，就是一种不合理的现象。价格制定过低，使配送企业处于无利或亏损的状态，也是不合理的。

5．配送与直达决策的不合理

　　一般的配送总是增加了一些环节，这些环节的增加，可以降低用户平均库存的水平，抵消增加环节的支出，并取得剩余效益。如果用户使用的批量过大，可以直接通过社会物流系统均衡批量进货，较之通过配送中心送货就可能更节约费用。所以，在这种情况下，不直接进货而通过配送送货，就属于不合理范畴。

6．配送运输的不合理

配送送货与用户自己去取货相比较，尤其对于多个小用户来讲，可以集中配装一车来送几家的货物，这比一家一户自己取货要大大节省运力和运费。配送企业如果不能利用这一优势，仍然是一户一送，而车辆达不到满载（即时配送过多或过频时会出现这种情况），就属于不合理。此外，不合理运输的若干表现形式，在配送中都可能出现，会使配送变得不合理。

9.4.4　实现配送作业合理化的基本途径

配送合理化的实施需要一定的策略来指导，通过对配送环节、配送目标、配送模式以及配送合理化的分析，要达到配送的合理化，需要以下策略来指导。

1．推行一定综合程度的专业化配送

通过采用专业设备、设施及操作程序，取得较好的配送效果并降低配送过分综合化的复杂程度及难度，从而追求配送合理化。

2．推行加工配送

加工和配送结合，充分利用本来应有的这次中转，而不增加新的中转以求得配送合理化。同时，加工借助于配送，加工目的更明确，和用户联系更紧密，从而更有效地避免了盲目性。这两者的有机结合，投入不增加太多却可追求两个优势、两个效益，是配送合理化的重要经验。

3．推行共同配送

共同配送，可以以最近的路程、最低的配送成本完成配送，从而追求合理化。

4．实行送取结合

配送企业与用户建立稳定、密切的协作关系。配送企业不仅成了用户的供应代理人，而且承担用户储存据点，甚至成为产品代销人。在配送时，配送企业将用户所需的物资送到，再将该用户生产的产品用同一车运回，这种产品也成了配送中心的配送产品之一，或者作为代存代储，免去了生产企业的库存包袱。这种送取结合，使运力充分利用，也使配送企业功能有更大的发挥，从而实现合理化。

5．推行准时配送系统

准时配送是配送合理化的重要内容。配送做到了准时，用户才有资源把握，可以放心地实施低库存或零库存；有效地安排接货的人力、物力，以追求最高效率的工作。从国外的经验看，准时供应配送系统是现在许多配送企业追求配送合理化的重要手段。

6．推行即时配送

即时配送是最终解决用户企业担心断供之忧，大幅度提高供应保证能力的重要手段。即时配送是配送企业快速反应能力的具体化，是配送企业能力的体现。

模拟实训

【实训主题】

分拣及配送作业实训。

【实训目的】

（1）掌握配送的作业流程。

（2）掌握摘果式和播种式分拣方法。

（3）掌握车辆配载及线路选择方法。

【实训内容】

模拟第三方物流企业，在接到客户配送需求后进行订单的处理、库存货物的查询、分拣作业单的制定、进行摘果式和播种式分拣、货物打包、车辆配载及配送线路选择。

【实训器材】

供应链管理软件、货物整理箱、电子标签分拣设备、托盘货架一套分拣输送线、手动液压托盘搬运车、模拟货物、模拟配载小车等。

【实训过程设计】

（1）教师讲解配送的流程及供应链管理软件的操作要点。

（2）教师下达配送任务。

（3）学生分角色扮演客户、制造商、物流仓储中心、分拣作业人员、打包人员、车辆配载和调度人员完成配送任务。

（4）分组讨论影响配送作业效率的因素，影响车辆配载的因素，总结配送的作业流程。

（5）按照要求撰写实训报告。

课后练习

一、单选题

1. 在经济合理区域范围内，根据客户要求，对物品进行拣选、加工、包装、分割、组配等作业，并按时送达指定地点的物流活动是（　　）。

    A. 发货   B. 送货   C. 集运   D. 配送

2. 下列关于配送的说法，错误的是（　　）。

    A. 配送处于"二次运输"的地位，与运输相比，它更直接面向并靠近用户

    B. 长距离大批量快速运输的送货方式叫配送

    C. 配送实际是一个货物的集散过程，它包括备货、理货和送货3个步骤

    D. 对于配送而言，应当在时间、速度、服务水平、成本、数量等多方面寻求系统最优，而非某方面最优

3. 下列选项是按配送时间和数量分类的配送类型是（　　）。

    A. 仓库配送   B. 专业配送   C. 定时定量配送   D. 共同配送

4. 配送是面向（　　）的服务。

    A. 终点用户   B. 中间用户   C. 始点厂家   D. 中间厂家

5. 拣货人员按照订单别进行拣取，一单一拣，这种方式拣货方式称为（　　）。

    A. 摘果法   B. 播种法   C. 单独拣选   D. 分区拣选

6. 配货时，大多是按照入库日期的（　　）原则进行。

    A. 先进先出   B. 先进后出   C. 后进先出   D. 任其自然

7. 车辆配装时，应遵循（　　　）原则。

    A. 重不压轻，后送后装
        B. 重不压轻，后送先装

    C. 轻不压重，后送后装
        D. 轻不压重，后送先装

8. 所谓拣选，就是按订单或出库单的要求，从（　　　），并放置在指定地点的作业。

    A. 转运场所选出物品
        B. 检验场所选出物品

    C. 工厂场所选出物品
        D. 储存场所选出物品

9. 如果消费者两小时内在同一个配送中心下了3份订单，那么商家为了方便客户和节省送货费用，可能采取（　　　）措施。

    A. 免费送货
    B. 赠送礼品
    C. 合并订单
    D. 对所购商品打折

10. 下列说法错误的是（　　　）。

    A. 配送是面向终端用户的服务：对客户完成最终交付

    B. 配送不是单纯的运输和输送，处于"中间运输""支线运输"的位置

    C. 配送强调时效性，是"门到门"的服务

    D. 配送是"配"和"送"的有机结合

二、多选题

1. 以下属于定时配送的有（　　　）。

    A. 小时配
    B. 日配
    C. 快递配送
    D. 即时配送

2. 配送中心中经营的商品特征是（　　　）。

    A. 多品种
    B. 小批量
    C. 少品种
    D. 大批量

3. 下列说法错误的有（　　　）。

    A. 配送中心可以通过改善订单处理的流程，使订单处理的周期缩短

    B. 车辆配装时应尽量做到"先装先送"

    C. 流通加工不是所有配送中心都必备的作业环节，但往往是有重要作用的功能要素

    D. 采用摘取式分拣时，需要在下一道作业时进行分货作业

4. 以下选项属于配送作业基本流程的有（　　　）。

    A. 订单处理
    B. 分拣配货
    C. 车辆配载
    D. 送达服务

5. 拣取式工艺的特点有（　　　）。

    A. 按订单分别拣取
        B. 一单一拣

    C. 前置时间短
        D. 还需要二次分货

6. 分货式拣货工艺适用的领域有（　　　）。

    A. 用户稳定、数量较多

    B. 用户需求共同性很强、能形成共同批量的货物

    C. 用户需求种类有限、统计容易

    D. 紧急、即时或随机性强的配送

7. 车辆配载遵循的原则有（　　　）。

    A. 轻重搭配的原则
        B. 大小搭配的原则

    C. 货物性质搭配原则
        D. 同一路向的货物搭配原则

    E. 先送先装原则

8. 配送路线优化常用的方法有（　　　）。

    A. 经验判断　　　　　B. 头脑风暴法　　　　C. 综合评分法　　　　D. 数学计算法

9. 一般配送的约束条件有（　　　）。

    A. 满足所有收货人对货物品种、规格、数量的要求

    B. 满足收货人对货物送达时间范围的要求

    C. 在允许通行的时间段内进行配送

    D. 各配送线路的货物量不得超过车辆载重量的限制

    E. 在配送中心现有运力允许的范围内

10. 关于配送模式的说法，以下描述正确的有（　　　）。

    A. 点到点快递配送模式可以获得最大化的客户满意度，对客户是最好的配送方式，但成本较高

    B. 由于目前非标品为主的电商以及B2C平台大部分第三方卖家都采用网络型配送模式，因此，网络型配送模式是发展的主流趋势

    C. 仓配模式能够提前备货将异地件转化成同城件，省去干线环节提升时效，因此仓配模式是未来的发展趋势

    D. 非标品不一定只适合网络型配送模式，是否采用仓配模式，主要取决于商家规模和对消费者体验的重视

三、判断题

1. 从工厂仓库到配送中心之间的批量货物的空间位移称为配送，从配送中心向最终用户之间的多品种小批量货物的空间位移称为运输。（　　　）

2. 配送就是简单的"配货"加"送货"。（　　　）

3. 拣选作业按运动方式可分为人工拣选、机械分拣和全自动化分拣。（　　　）

4. 日配是指接到订货要求之后，在12小时之内将货物送达的配送方式。（　　　）

5. 准时制配送也是定时配送的一种方式。（　　　）

6. 准时配送是客户一有需求就立即将商品送达指定地点的配送方式。（　　　）

7. 对保鲜要求较高的商品，如蔬菜、水果、肉类、鲜花等一般采用日配式的配送模式。（　　　）

8. 准时—看板方式是实现配送供货与生产企业保持同步的一种配送方式。（　　　）

9. 按订单拣取也称播种法，批量拣取也称摘果法。（　　　）

10. 采用播种法拣选时，对订单的到来无法做出及时的反应，必须等订单达到一定数量时才做一次处理，因此会有停滞的时间产生。（　　　）

四、论述题

1. 阐述配送的作业流程。

2. 简述配送和运输的区别。

3. 简述车辆配载的原则。

4. 阐述摘果法的特点及适用范围。

5. 简述实现配送合理化的途径。

五、案例分析题

沃尔玛公司是全美零售业务年销售收入居第一的著名企业。目前，沃尔玛已经在美国本土建立了 70 个由高科技支持的物流配送中心，并拥有自己的送货车队和仓库，可同时供应 700 多家商店，向每家分店送货的频率通常是每天一次。配送中心每周作业量达 120 万箱，每个月自理的货物金额在 5 000 万美元左右。

在配送运作时，大宗商品通常经由铁路送达自己的配送中心，再由公司卡车送达商店。每店一周收到 1 卡车～3 卡车货物。60%的卡车在返回自己的配送中心途中又捎回从沿途供应商处购买的商品。

沃尔玛配送中心全部配送作业实现自动化，是当今世界公认最先进的配送中心，实现了高效率、低成本的目的。

问题

（1）沃尔玛公司凭借什么，使其能达到高效率、低成本的目的？

（2）我们从中可得到哪些启示？

第 10 章
物流信息技术

学习目标

【知识目标】

- 掌握条码概念、类别和应用
- 掌握条码识读设备的类型和应用
- 理解RFID概念、工作原理和应用
- 理解GPS概念、组成、原理和应用
- 了解物流信息化的最新发展

【能力目标】

- 能运用条码技术采集所需物流信息
- 能运用RFID手持终端采集物流信息

案例导入

电子面单

当我们收到网购包裹时，在包裹外包装箱上都会有一张上下两联、带有条形码以及收（发）件人信息的电子面单，如图 10-1 所示。

图 10-1　电子面单

电子面单近两年在仓配一体化的电商物流企业获得广泛应用。电子面单的诞生是为了满足电商商家批量交寄快件的需要。面单上的打印信息由电商平台与仓库信息系统对接自动导入，避免了过去由人工录入寄递信息效率低下、错误率高的缺点。面单上的一维条形码代表包裹的唯一编号，它是后续环节采集包裹信息的基础。后续称重复核环节、机器自动分拣环节、投递环节等都要通过扫描条形码识别包裹信息。今后，随着技术的发展，还可将收（发）件人的详细信息以二维码方式打印在电子面单上，以保护用户信息安全，避免个人信息泄露。电子面单的诞生是信息技术在物流中应用的典型结果。

启示

条码在现代物流企业和流通企业已经得到广泛的应用。条码是物品信息的载体，利用设备扫描条码标签，可以将物品信息输入到计算机中，然后由计算机对物品信息做各种处理。这样的例子我们在超市购物结算时见过，在网购包裹面单上见过。条码技术是一种非常重要的物流信息技术。

扫一扫

称重复核视频

10.1 | 条码技术

10.1.1 条码概述

1. 条码的概念

根据中华人民共和国国家标准《物流术语》（GB/T 18354—2006），条码是由一组规则排列的条、空及其对应字符组成的，用以表示一定信息的标识。反射率较低的元素（暗色）称为"条"，反射率较高的元素（空白）称为"空"。条码标识就是由不同宽度的"条"和"空"这两种基本符号按一定规则组成的，每一种组合唯一地代表一个编码。通常，将人可识别的编码注在条码符号的下面，如图 10-2 所示。

2. 条码的分类

（1）按表达信息的维度分

目前实际使用的主要有：一维条码和二维条码。

① 一维条码

一维条码只是在一个方向（一般是水平方向）表达信息，而在垂直方向则不表达任何信息，其设置一定的高度通常是为了便于阅读器的对准。

一维条码的特点是：信息容量小，更多地描述商品的信息只能依赖计算机数据库的支持。条码尺寸相对较大，空间利用率较低，条码因受到摩擦而遭到损坏后便不能进行信息阅读等。

一维条码用于对"物品"进行标识，在各种商品上、超市、图书馆等随处可见，广泛应用于商业、邮政、图书管理、仓储、工业生产过程控制、交通等领域。

② 二维条码

二维条码是用某种特定的几何图形按一定规律在平面（二维方向上）分布的黑白相间的图形记录数据符号信息，如图 10-3 所示。二维条码能够在横向和纵向两个方位同时表达信息，因此能在很小的面积内表达大量的信息。目前，二维条码的应用越来越广泛，在国防、公共安全、交通运输、医疗保健、工业、商业、金融等领域均得到广泛运用。

图 10-2　条码

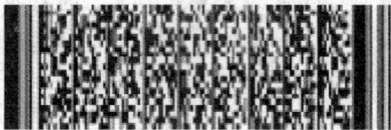

图 10-3　二维条码

（2）按条码的码制分

码制就是条码的编码要求。不同码制的条码其区别在于编码规则、能表达的字符范围不同等方面。

按码制划分，有二十多种条码：Code39 码（标准 39 码）、Codabar 码（库德巴码）、Code25 码（标准 25 码）、ITF25 码（交叉 25 码）、Matrix25 码（矩阵 25 码）、UPC-A 码、UPC-E 码、EAN-13 码（EAN-13 国际商品条码）、EAN-8 码（EAN-8 国际商品条码）、中国邮政码（矩阵 25 码的一种变体）、Code-B 码、MSI 码、Code11 码、Code93 码、ISBN 码、ISSN 码、Code128 码（包括 EAN128 码）、Code39EMS（EMS 专用的 39 码）等。

下面介绍目前应用最广泛的 2 种条码。

① 通用商品条码

通用商品条码也称 EAN 码，由国际物品编码协会制定，通用于世界各地，是目前国际上使用最广泛的一种商品条码。我们在超市购物，商品包装上的条码就是 EAN 码。EAN 商品条码分为 EAN-13（标准版）和 EAN-8（缩短版）两种。

EAN-13 商品条码共 13 位，由"前缀码"+"厂商代码"+"商品代码"+"校验码"四部分组成，如图 10-4 所示。

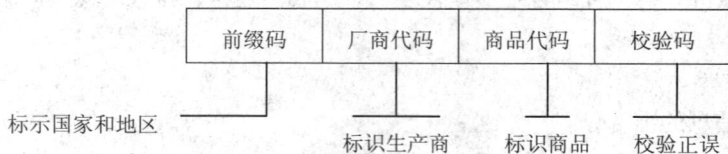

图 10-4　EAN-13 商品条码的结构

"前缀码"是用于标识国家和地区的代码，由国际物品编码协会统一分配。例如，690～695 代表中华人民共和国，000～019、030～039、060～139 代表美国，450～459、490～499 代表日本。

厂商代码是中国物品编码中心在国际物品编码协会分配的前缀码的基础上，按照国家标准规定，给申请条码的生产商分配 4 位或 5 位数码，用于对厂商的唯一标识。

商品代码是用来标识商品的代码，其赋码权由产品的生产企业自己行使，生产企业按照国家标准的规定，在已获得的厂商识别代码的基础上，自行对本企业的商品进行编码。

最后一位为校验码。校验码是根据前 12 位数字按照国家条码标准计算出来的，用来校验商品条码的正误。

EAN-8（缩短版）商品条码的使用是有限制的，按照《商品条码管理办法》的规定，商品条码印刷面积超过商品包装表面面积或者标签可印刷面积四分之一时，才可以申请使用缩短版商品条码。

【思考与讨论】

请找出一件从超市购买的商品，观察其条码的前三位，指出该商品是哪个国家和地区生产的。找出不同品牌的两瓶矿泉水，观察其条码有什么区别。为什么通过扫描条码就能识别不同商品的信息？

EAN-8（缩短版）商品条码的结构为："前缀码" + "商品项目代码" + "校验码"三部分组成。图 10-5 所示的条码为 69000010，其中前 3 位 690 是前缀码，中间 4 位 0001 是医药产品项目代码，是由中国物品编码中心统一分配的，最后 1 位 0 是校验码，产生方法与 EAN-13 码相同。

② Code39 码

Code39 码能表示的字符范围包括：A～Z（26 个字母），0～9（10 个阿拉伯数字）及几个特殊符号（–，.，$，/，+，%，pace），Code39 码的长度是可变化的，通常用 "*" 号作为起始和终止符。

图 10-5　EAN-8（缩短版）商品条码

Code39 码的每一个条码字符由 5 个条（2 宽，3 窄）和 4 个空（1 宽，3 窄）组成，即 9 个元素中有 3 个宽元素，6 个窄元素，这就是 39 码名称的由来。

39 码广泛用于物流管理系统、汽车制造、图书以及票证自动化管理。目前，我国绝大多数快递公司传统快递运单上的条码码制为 Code39 码，例如，中国邮政 EMS、申通快递、圆通快递、韵达快递、天天快递等，如图 10-6 所示。

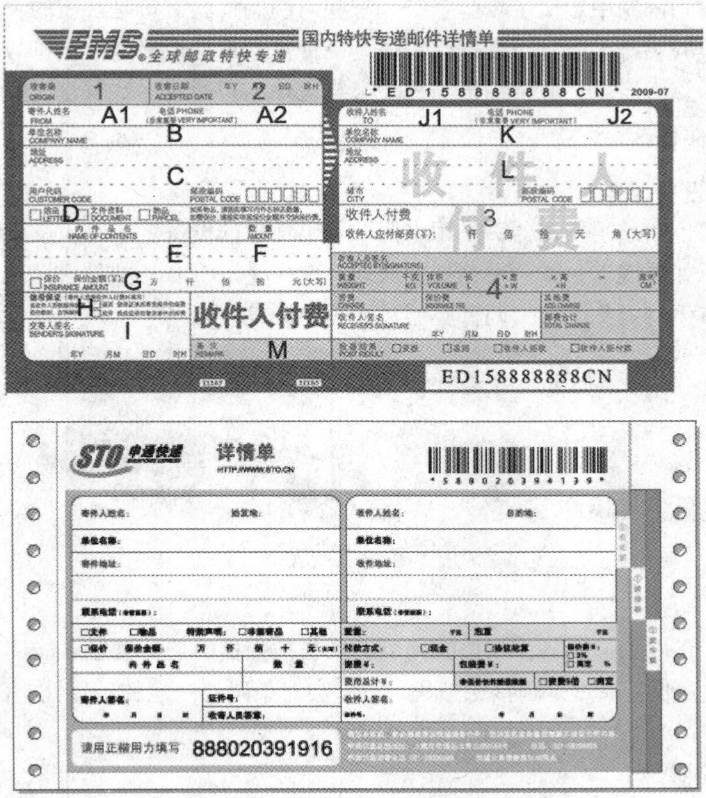

图 10-6　Code39 码在快递运单上的应用

3．条码的结构

一个完整的一维条码符号是由两侧静区、起始字符、数据字符、校验字符（可选）和终止字符组成的，如图 10-7 所示。

图 10-7　条码结构

静区：没有任何印刷符或条码信息，它通常是白的，位于条码符号的两侧。静区的作用是提示阅读器即扫描器准备扫描条码符号。

起始字符：条码符号的第一位字符是起始字符，它的特殊条、空结构用于识别一个条码符号的开始。阅读器首先确认此字符的存在，然后处理由扫描器获得的一系列脉冲。

数据字符：由条码字符组成，用于代表一定的原始数据信息。

终止字符：条码符号的最后一位字符是终止字符，它的特殊条、空结构用于识别一个条码符号的结束。阅读器识别终止字符，便可知道条码符号已扫描完毕。若条码符号有效，阅读器就向计算机传送数据字符并向操作者提供"有效读入"的反馈。

校验字符：在条码制中定义了校验字符。有些码制的校验字符是必需的，有些码制的校验字符则是可选的。校验字符是通过对数据字符进行一种算术运算而确定的。符号中的各字符被解码器对其进行同一种算术运算，并将结果与校验字符比较，若两者一致时，说明读入的信息有效。

10.1.2　条码设备

1．条码识读设备

条码识读设备也叫条码扫描器，是用来读取条码信息的设备。条码识读设备一般直接连到计算机就可使用，就如同键盘一样。根据扫描原理，有光笔、CCD 扫描器和激光扫描器 3 种类型；根据使用形式，有手持式和固定式两种类型，如图 10-8 所示。

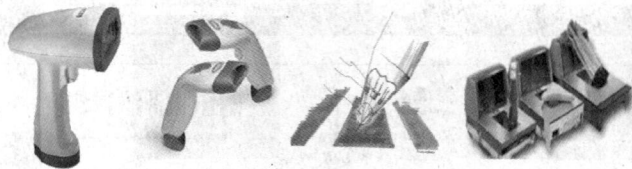

图 10-8　条码识读设备

（1）光笔

光笔是接触式条码扫描设备，扫描时光笔必须与被扫描的条码接触才能读取数据。光笔的优点是成本低、耗电量低；缺点是因接触条码，所以会对条码有一定的破坏性，目前已经被 CCD 扫描器所取代。

（2）CCD 扫描器

CCD 扫描器采用 CCD 电荷耦合装置（也叫 CCD 图像感应器）和发光二极管光源进行条码识

别，如图 10-9 所示。它是将发光二极管发出的光照射到条码上，通过光的反射，达到读取数据的目的。CCD 扫描器的特点是：性能可靠，寿命长，对于表面不平的物品、软质的物品均能有效识读，价格比激光扫描器便宜，但扫描景深长度比激光扫描器小。

（3）激光扫描器

激光扫描器是一种非接触式扫描设备，识读距离适应能力强，且具有穿透保护膜识读的能力，识读的精度比较高，速度比较快，是目前使用最广泛的扫描器。激光扫描器的扫描方式有单线扫描、光栅式扫描和全角度扫描。激光手持式扫描器属单线扫描，景深较大，扫描宽度不受设备开口宽度限制；固定式激光扫描器属光栅式扫描，一般用在分拣线上；卧式激光扫描器为全角扫描，只要条码符号面向扫描器，不管其方向如何，均能实现自动扫描，超市使用的多是这种设备，如图 10-10 所示。

图 10-9　CCD 扫描器

（a）手持式　　　　　　　（b）固定式　　　　　　　（c）卧式

图 10-10　激光扫描器

2．条码打印设备

条码打印机是专门用于打印条码的设备，一般有热敏型和热转印型打印方式，需要用专用的标签纸带和碳带打印。条码打印机的技术参数主要有打印方式、分辨率、最大列印宽度、最快列印速度、打印长度、内存、通信接口、体积、重量等。条码打印机价格较贵，适合在需要大量制作条码标签的专业用户使用，例如邮政通信企业等。图 10-11 是某条码打印机及其技术的参数实例。

打印方式：热转印/热敏

分辨率：300dpi（12 点/mm）

最大列印宽度：108mm

最快列印速度：2IPS(51mm /s)

打印长度：1 英寸～14 英寸（25～355mm）

内存：2MB DRAM

通信接口：RS-232 接口/标准并口

体积：长 278mm×宽 186mm×高 153mm

重量：2.1kg

图 10-11　条码打印机

10.1.3　条码的应用

条码作为信息的载体，在物流领域的应用主要集中在以下几个方面。

1. 物料管理

条码主要用于物料跟踪管理和物料库存管理。一般方法是对物料按照行业及企业规则建立统一的物料编码，然后打印出与物料编码对应的条码标签，将标签附着在物料上。利用条码的方式便于企业在生产管理中对物料进行单件跟踪，建立完整的产品档案；也可对仓库进行基本的进、销、存管理，有助于企业做到准确和合理的物料库存管理，杜绝因物料无序而导致的损失和混乱。

2. 分拣运输

条码识别技术，使包裹或物品自动分拣到不同的输送链上。我们所要做的只是将预先打印好的条码标签贴在待发送的物品上，并在分拣装置处安装一台条码扫描器，包裹即可实现自动分拣。

扫一扫

自动分拣与条码
应用视频

3. 仓储管理

条码在仓储管理中，可以用于标识货物信息、货位信息、托盘信息。仓储部只需将货物编码、货位编号、托盘编号打印成条码标签，粘贴在相应的位置即可。利用条码扫描器扫描条码标签，就可将货物信息、货位信息、托盘信息输入到计算机，经计算机信息处理后，就可利用仓储管理系统进行出入库管理、货位管理和库存管理。

4. 生产线物流管理

利用条码标签建立产品识别码。生产中应用产品识别码可监控生产，采集生产测试数据，采集生产质量检查数据，进行产品完工检查，建立产品档案，监控生产过程及产品流向。具体做法如下。

扫一扫

Nike物流中心作
业视频

（1）确定产品识别码。根据企业规则和行业规则确定产品识别码的编码规则，保证识别码的唯一性。

（2）建立产品档案。通过产品识别码在生产线上对产品生产进行跟踪，并采集生产产品的部件、检验等数据作为产品信息，生产批次计划审核后建立产品档案。

（3）通过生产线上的信息采集点来控制生产的信息。

（4）通过产品识别码在生产线上采集质量检测数据，判定产品是否合格，从而控制产品在生产线上的流向及是否建立产品档案，打印产品合格证。

10.2 | RFID 技术

10.2.1 RFID 概述

射频识别（Radio Frequency Identification，RFID）技术是一种非接触式的自动识别技术，它通过射频信号自动识别目标对象来获取相关数据。RFID 技术可识别高速运动物体并可同时识别多个标签，具有识别工作无须人工干预，可工作于各种恶劣环境的优点。

短距离的射频识别标签可替代条码，例如用在工厂的流水线上跟踪物体。长距离的射频产品多用于交通领域，识别距离可达几十米，如自动收费或识别车辆身份等。

1. RFID 系统组成

RFID 射频识别系统由 3 部分组成，如图 10-12 所示。

（a）RFID 阅读器

（b）RFID 标签

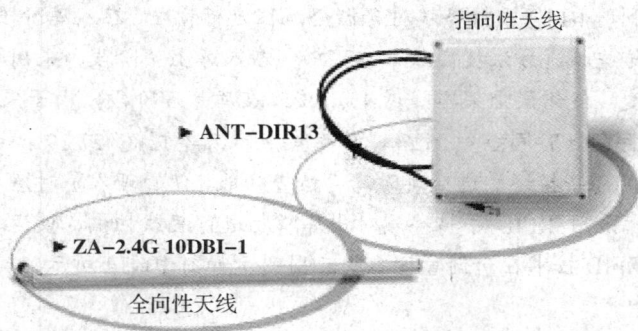

（c）RFID 天线

图 10-12　RFID 系统

（1）标签

射频识别标签又称射频标签或电子标签，主要由耦合元件及芯片组成。射频标签是识别系统的数据载体，被识别物体的信息就存储在射频标签中。使用时，将射频标签附着在物体上以标识目标对象。

按照射频标签供电方式的不同，标签分为有源标签、无源标签、半无源标签。按照信号频率的不同分为低频标签、高频标签、超高频标签和微波标签。

（2）RFID 阅读器

RFID 阅读器通过天线与射频标签进行无线通信，实现对标签内信息数据的读取或将信息数据写入标签。阅读器可设计为手持式或固定式。

（3）RFID 天线

RFID 天线在标签和阅读器间传递射频信号。

2. RFID 系统工作原理

标签进入磁场后，接收阅读器发出的射频信号，凭借感应电流所获得的能量发送出存储在芯片中的产品信息（Passive Tag，无源标签或被动标签），或者主动发送某一频率的信号（Active Tag，有源标签或主动标签）；阅读器读取信息并解码后，送至中央信息系统进行有关数据处理，如图 10-13 所示。

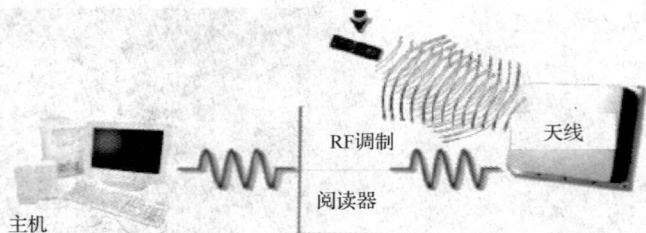

图 10-13　RFID 系统的工作原理

10.2.2　RFID 技术的应用

【案例 10.1】　RFID 技术在仓储管理中的应用

某汽车配件库利用 RFID 手持终端对仓储全流程进行管理，在入库阶段，采用 RFID 手持终端扫描收货，比传统收货方法提高效率 33.3%；在入库上架阶段，采用 RFID 手持终端二次确认扫描上架制度，使错误上架率降低 17.13%；在库管理阶段，由于采用 RFID 手持终端扫描盘点技术，库存盘点时间缩短 62%，库存盘点准确率提高 27.1%，由于仓储管理系统（WMS）支持使用 RFID 手持终端进行实时库存检查功能，使管理人员对库存的实时检查成为可能；在出库阶段，采用 RFID 手持终端对出库货物进行装载扫描，使运单数据与实际数据符合率提高 89%。RFID 技术在仓储管理中的应用图示如图 10-14 所示。

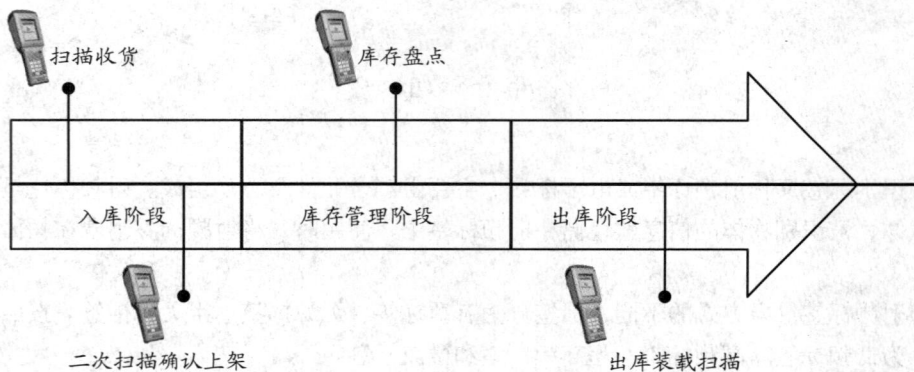

图 10-14　RFID 技术在仓储管理中的应用

启示

RFID 技术配合仓储管理系统可以实现对仓储作业全流程的信息化管理，也就是说实现入库货物验收、入库货物上架的货位复核和绑定、在库货物的库存盘点和货物出库装运的复核。这要求产品从生产线上下来，供应商或制造商为每箱货物制作一个射频标签，标签中写入货物的品名、规格、型号、制造商等信息，然后将标签附着在货物上。当货物进行入库检验时，库房只需使用 RFID 手持终端扫描货物随附的射频标签，就可以自动统计货物的数量，检验货物的品名、规格、型号、制造商等信息是否正确；在库期间，可利用 RFID 手持终端扫描进行库存盘点；在出库时，可利用 RFID 手持终端复核出库货物的数

RFID 手持终端拣货作业视频

量、品名、规格、型号、制造商等信息是否与出库单信息一致，防止出货错误。利用 RFID 手持终端实现仓储信息化管理的意义就是能大大提高数据输入的速度和准确性，提高仓储管理质量和效率。RFID 手持终端如图 10-15 所示。

图 10-15　RFID 手持终端

　　RFID 射频识别技术的应用非常广泛，典型的应用有：门禁控制、航空包裹识别、文档追踪管理、包裹追踪识别、畜牧业、后勤管理、移动商务、产品防伪、运动计时、票证管理、汽车晶片防盗器、停车场管制、生产线自动化、物料管理等，如表 10-1 所示。

表 10-1　　　　　　　　　　　　　　RFID 应用列表

序号	应用领域	应用说明
1	物流	物流仓储是 RFID 最有潜力的应用领域之一，UPS、DHL、Fedex 等国际物流巨头都在积极试验 RFID 技术，以期在将来大规模应用提升其物流能力。可应用的过程包括物流过程中的货物追踪、信息自动采集、仓储管理应用、港口应用、邮政包裹、快递等
2	零售	由沃尔玛、麦德龙等大超市一手推动的 RFID 应用，可以为零售业带来包括降低劳动力成本，提高商品的可视度，降低因商品断货造成的损失，减少商品被偷窃现象等好处。可应用的过程包括商品的销售数据实时统计、补货、防盗等
3	制造业	应用于生产过程的生产数据实时监控，质量追踪，自动化生产，个性化生产等。在贵重及精密的货品生产领域应用更为迫切
4	服装业	可以应用于服装的自动化生产、仓储管理、品牌管理、单品管理、渠道管理等过程。随着标签价格的降低，这一领域将有很大的应用潜力；在应用时，需要考虑如何保护个人隐私的问题
5	医疗	可以应用于医院的医疗器械管理，病人身份识别，婴儿防盗等领域。医疗行业对标签的成本不敏感，所以该行业将是 RFID 应用的先锋之一
6	身份识别	RFID 技术由于具有快速读取与难伪造的特点，而被广泛应用于个人的身份识别证件。如世界各国正在开展的电子护照项目，我国的第二代身份证、学生证等各种电子证件
7	防伪	RFID 技术具有很难伪造的特性，但是如何应用还需要政府和企业的积极推广。可以应用的领域包括：贵重物品（烟，酒，药品）的防伪，票证的防伪等
8	资产管理	各类资产（贵重的或数量大相似性高的或危险品等）；随着标签价格的降低，几乎可以涉及所有的物品
9	交通	高速不停车，出租车管理，公交车枢纽管理，铁路机车识别等； 已有不少较为成功的案例，应用潜力大

序号	应用领域	应用说明
10	食品	水果、蔬菜、生鲜、食品等保鲜度管理。 由于食品、水果、蔬菜、生鲜中含水分多，会影响正常的标签识别，所以该领域的应用将在标签的设计及应用模式上有所创新
11	动物识别	驯养动物，畜牧牲口，宠物等的识别管理，动物的疾病追踪，畜牧牲口的个性化养殖等。在国际上已有不少较为成功的案例
12	图书馆、书店、出版社	可以大大缩短书籍的盘点、管理时间，可以实现自动租、借、还书等功能。在美国、欧洲、新加坡等已有图书馆应用成功的案例。在国内有图书馆正在测试中
13	汽车	可以应用于汽车的自动化、个性化生产，汽车的防盗，汽车的定位，可用于制造安全性极高的汽车钥匙。国际上有成功案例
14	航空	可以应用于飞机的制造，飞机零部件的保养及质量追踪，快速登机，旅客的包裹追踪
15	军事	弹药、枪支、物资、人员、卡车等的识别与追踪
16	其他	门禁，考勤，电子巡更，一卡通，消费，电子停车场等

10.3 | GPS 技术

【案例 10.2】 GPS 在快递包裹传输中的应用

UPS（联合包裹公司）使用的物流无线手持终端产品——包裹资料收集器，是一种采用了全球卫星定位技术的产品，它可以帮助 UPS 实现实时查询每天 1 300 多万件包裹所在的位置和所处的环节。速递员拿着这个终端可在收到包裹的第一时间将包裹的信息传递到总部的数据库，而且还可以在收货人收到包裹的同时，把收货人的数字签名传送给发货人。当然，这种基于蜂窝电话网络的无线数据传输需要电信运营商的支持。

启示

在包裹传递过程中，不管是快递公司也好、发货人也好、收货人也好，都希望能实时查询包裹所处的位置和环节，卫星定位技术和无线通信技术可以实现这一功能。由此可以看出，GPS 技术在物流领域会有很广泛的应用。

10.3.1 GPS 简介

GPS（Global Position System）称作全球定位系统。它是美国国防部从 20 世纪 70 年代开始研制，历时 20 年，耗资近 200 亿美元，于 1994 年全面建成的利用导航卫星进行测时和测距，具有在海、陆、空进行全方位实时三维导航与定位能力的新一代卫星导航与定位系统。如今已在军事和民用领域得到广泛应用。

1. GPS 系统的组成

GPS 系统主要包括三大部分：空间星座部分、地面控制部分和用户设备部分。

（1）空间星座部分

GPS 系统的空间星座部分由 24 颗工作卫星组成，其中 21 颗为可用于导航的卫星，3 颗为备用卫星。这些卫星均匀分布在 6 个轨道面上，每个轨道上有 4 颗卫星。轨道距离地面高度为 20 000 余千米，轨道倾角为 55 度，扁心率约为 0，周期约为 12 小时，即每颗卫星每天依相同轨迹绕地球两周，这种设计使系统以 4 颗环绕地球运行的卫星为定位基点，通过对观测点和各卫星基点之间距离的测量，实时计算出观测点精确的地理位置、标准时间、速度信息。

（2）地面控制部分

地面控制部分是整个系统的中枢，它由分布在全球的一个主控站、三个信息注入站和五个监测站组成。对于导航定位来说，GPS 卫星是一动态已知点。卫星的位置是依据卫星发射的星历——描述卫星运动及其轨道的参数算得的。每颗 GPS 卫星所播发的星历，是由地面监控系统提供的。卫星上的各种设备是否正常工作，以及卫星是否一直沿着预定轨道运行，都要由地面设备进行监测和控制。地面监控系统的另一重要作用是保持各颗卫星处于同一时间标准——GPS 时间系统。这就需要地面站监测各颗卫星的时间，求出时钟差。然后由地面注入站发给卫星，卫星再由导航电文发给用户设备。GPS 的空间星座部分和地面控制部分是用户广泛应用该系统进行导航和定位的基础。

（3）用户设备部分

用户设备部分由 GPS 卫星接收机和 GPS 数据处理软件构成。GPS 卫星接收机能够捕获到按一定卫星高度截止角所选择的待测卫星的信号，并跟踪这些卫星的运行，对所接收到的 GPS 信号进行变换、放大和处理，以便测量出 GPS 信号从卫星到接收机天线的传播时间，解译出 GPS 卫星所发送的导航电文，实时计算出观测站的三维位置，甚至三维速度和时间，最终实现利用 GPS 进行导航和定位的目的。

2. GPS 系统的功能

（1）实时跟踪功能

系统能实时跟踪每一车辆，了解车辆与货物状态。对运输车辆，尤其是运输那些价高、对时间敏感的物品的车辆，这是至关重要的。系统对每一车辆进行实时监控，能确保车辆和货物的安全。

（2）定位功能

系统以电子地图的方式来表现定位的结果、车辆的位置和道路情况都能被直观地反映出来，用户使用起来很方便。

（3）双向通信功能

无论何时、何地，车辆控制中心或者司机，都可以利用系统进行双向通信。这有利于控制中心途中调度、装运时间的安排，也有利于控制中心或者司机获知其他紧急或非紧急的情况。

（4）提供预计到达时间

车辆控制中心可以根据每次的运输计划制订路程时刻表，对整个运输过程制订计划，估计到达某地和到达终点的时间，并将它们提供给货主和司机，让货主与司机清楚地了解整个运输过程。

10.3.2　GPS 技术在物流领域的应用

1. 运输工具导航

三维导航是 GPS 的首要功能。飞机、船舶、地面车辆以及步行者都可利用 GPS 导航接收器进行导航。例如，汽车导航系统就是在全球定位系统基础上发展起来的一项新技术。汽车导航系统由 GPS 导航、自律导航、微处理器、车速传感器、陀螺传感器、CD-ROM 驱动器、LCD 显示器组成。其原理是由 GPS 接收机接收 GPS 卫星信号（3 颗以上），求出该点的经纬度坐标、速度、时间等信息。当汽车行驶到地下隧道、高层楼群、高速公路等遮掩物而捕获不到 GPS 卫星信号时，系统可自动导入自律导航系统，此时由车速传感器检测出汽车的行进速度，通过微处理单元的数据处理，从速度和时间中直接算出前进的距离，陀螺传感器直接检测出前进的方向，陀螺仪还能自动存储各种资料，即使在更换轮胎暂时停车时，系统也可以重新设定。

由 GPS 卫星导航和自律导航所测到的汽车位置坐标资料、前进的方向都与实际行驶的路线轨迹存在一定误差，为修正这两者的误差，与地图上的路线统一，需采用地图匹配技术，加一个地图匹配电路，对汽车行驶的路线与电子地图上道路误差进行实时相关匹配并做自动修正，此时地图匹配电路是通过微处理单元的整理程序进行快速处理的，得到汽车在电子地图上的正确位置，以指示出正确行驶路线。CD-ROM 用于存储道路资料等信息，LCD 显示器用于显示导航的相关信息。

GPS 导航系统与电子地图、无线电通信网络及计算机车辆管理信息系统相结合，实现车辆跟踪和交通管理等许多功能，具体包括：车辆跟踪、出行路线规划和导航、信息查询、调度指挥、紧急援助等。

2．运输调度

通过对 GPS 的应用，物流企业可以从电子地图上查看自己公司所有运输车辆的分布情况，了解所有车辆在各区域分布的具体位置和行驶状况；可以查询在某个地域内有哪些车辆可供使用，因而可及时进行车辆调度和配载，降低车辆空驶率；此外，可对承运货物的在途车辆进行全程跟踪以保证其安全性，通过实时掌握车货的所在位置，提前安排下一个作业环节作业计划的同时，也可以加强对司机的管理，彻底解决私拉乱运问题。

3．查看历史轨迹

物流企业利用 GPS 可以查询运输车辆的历史轨迹，可以看出车辆在行驶过程中的状态和路线。根据该车的行驶轨迹，公司与客户都可对货物在途的运输过程有相应的了解，并可将此作为考评依据。

4．紧急救援

利用 GPS 系统，可以查看车辆当前准确的位置、运行的方向和运行速度，如有报警信息发出需进行救援时，可以准确快速确定车辆的具体位置。

模拟实训

【实训主题】

理解条码的编码原理，调研条码在物流管理中的应用。

【实训目的】

（1）通过实训，掌握商品条码编码的规律，理解其在流通领域的作用。

（2）通过实训，掌握条码在快递业的运用情况，理解其作用。

（3）通过实训，掌握条码在物流领域的运用情况，理解如何利用条码进行物流信息管理。

【实训内容】

（1）到超市调研，观察不同类型的商品，其条码有什么区别，有什么相同的地方，思考商品条码编码的规律，并讲述出来。

（2）到各地菜鸟驿站进行调研，了解快递运单上条码在投递环节有何作用。

（3）到仓储企业调研，了解条码在入库、拣货、出库复核环节的应用情况，思考条码的作用。

【实训过程设计】

（1）教师将学生分组。

（2）回顾条码有关知识。

（3）分小组进行调研。

（4）小组撰写调研总结或调研报告，做汇报PPT。

（5）分组汇报，小组提问，教师点评和总结。

课后练习

一、单选题

1. 条码一般表示的是物品的（　　　）。

    A. 运输信息　　　　　B. 包装信息　　　　　C. 编码信息　　　　　D. 操作信息

2. EAN商品条码分为（　　　）和EAN-8（缩短版）两种。

    A. EAN-10普通版　　B. EAN-13普通版　　C. EAN-5微型版　　D. EAN-13（标准版）

3. 条码是一种使用（　　　）的"空"和"条"按一定规则排列组成的图形符号。

    A. 不同高度　　　　　B. 不同宽度　　　　　C. 不同长度　　　　　D. 不同颜色

4. 标注在条码符号下面的一串由数字或字母组成的编码与条码的关系是（　　　）。

    A. 没有任何联系

    B. 表示的是相同编码信息

    C. 标注在条码符号下面的编码表示的是包装序列号

    D. 两者是互补关系

5. 目前在快递业和超市，操作人员使用的条码扫描设备是（　　　）。

    A. 光笔接触式扫描器　　　　　　　　B. CCD扫描器

    C. 便携式CCD扫描器　　　　　　　　D. 激光手持扫描器

6. 目前在物流和快递行业使用最广泛的条码类型是（　　　）。

    A. 一维条码　　　　　B. 二维条码　　　　　C. 一维Code39码　D. 多维条码

7. 条码扫描器的基本工作原理是（　　　）。

    A. 读取条码　　　　　　　　　　　　B. 发光并对接收到的反射信号进行识别

    C. 对条码编码进行解码　　　　　　　D. 与条码进行通信，接收反馈信息

8. RFID技术是一种非接触式自动识别技术，阅读设备是以（　　　）方式获得标签信息的。

    A. 捕捉光反射信号　　　　　　　　　B. 通过有线传输信号

    C. 收发红外信号　　　　　　　　　　D. 收发无线射频信号

9. RFID射频识别技术应用时，被识别的物品信息是存放在（　　　）。

    A. RFID信号发射器中　　　　　　　B. 粘贴在射频标签表面的条码中

    C. 射频标签的存储芯片中　　　　　　D. RFID阅读器的存储芯片中

10. 条码的校验字符是通过对其数据字符进行一种算术运算而确定的，作用是（　　　）。

A. 验证读入信息的有效性　　　　B. 验证条码编码是哪种码制

C. 验证条码的长度　　　　　　　D. 验证条码是几维的

二、多选题

1. GPS 的全称为（　　）。

A. Global Position System　　　　B. 地理信息系统

C. 全球定位系统　　　　　　　　D. Geographic Information System

2. GPS 系统主要包括（　　）部分。

A. 信号发射器　　B. 空间星座部分　　C. 地面控制部分　　D. 用户设备部分

3. 能够提供双向通信功能的技术有（　　）。

A. 条码技术　　　　B. RFID 技术　　　C. GPS 技术　　　D. ERP 技术

4. 在物流管理中使用 GPS 技术时，用户端需要安装（　　）。

A. 卫星信号发射机　　　　　　　B. 地面监控系统

C. GPS 卫星接收机　　　　　　　D. GPS 数据处理软件

5. GPS 系统具有下列哪几种功能（　　）。

A. 实时跟踪功能　　　　　　　　B. 信息自动采集功能

C. 定位功能　　　　　　　　　　D. 双向通信功能

6. 按照供电方式的不同，射频标签分为（　　）。

A. 有源标签　　　B. 无源标签　　　C. 半无源标签　　　D. 红外标签

7. 按照通信信号频率的不同，RFID 射频识别系统分为（　　）等。

A. 红外系统　　　B. 低频系统　　　C. 高频系统　　　D. 超高频系统

8. Code39 码由 9 个元素按一定规则排列组成，其中窄元素的数量为（　　），宽元素的数量为（　　）。

A. 3个宽元素　　B. 6个宽元素　　C. 6个窄元素　　D. 3个窄元素

9. 条码符号的第一位字符是（　　），最后一位字符是（　　），阅读器识别到这个字符，便向计算机传送数据字符并向操作者提供"有效读入"的反馈。

A. 数据的第一位　　　　　　　　B. 条码的终止字符

C. 条码的起始字符　　　　　　　D. 数据的最后一位

10. 根据扫描原理，条码扫描器主要有（　　）几种类型。

A. 图像摄取识别　　　　　　　　B. 激光扫描器识别

C. 光笔扫描识别　　　　　　　　D. CCD 扫描器识别

三、论述题

1. 条码作为一种图形识别技术与其他识别技术相比有什么特点？

2. 阐述射频标签的含义、组成和射频识别系统的工作原理。

3. 阐述 GPS 系统的特点、组成以及各部分的作用。

4. 举例说明 GPS 在物流中的应用。

参 考 文 献

1. 宋文官. 物流基础[M]. 北京：高等教育出版社，2012.

2. 周兴建，蔡丽华等. 现代物流管理概论[M]. 北京：中国纺织出版社，2016.

3. 张荣，支海宇等. 物流管理概论[M]. 北京：清华大学出版社，2016.

4. 孙秋菊. 现代物流概论[M]. 北京：高等教育出版社，2015.

5. 薛威. 仓储作业管理[M]. 北京：高等教育出版社，2014.

6. 中国物流与采购联合会. 中国供应链管理最佳实践案例集[M]. 北京：中国财富出版社，2017.

7. 李卫东，吴秀奎. 物流管理基础与实训[M]. 北京：清华大学出版社，2017.

8. 人力资源和社会保障部教材办公室. 物流师：基础知识（第2版）[M]. 北京：中国劳动社会保障出版社，2013.

9. 林庆. 物流3.0："互联网+"开启智能物流新时代[M]. 北京：人民邮电出版社，2017.

10. 水藏玺等. 互联网+：电商采购、库存、物流管理实务[M]. 北京：中国纺织出版社，2017.

11. 傅莉萍. 运输管理[M]. 北京：清华大学出版社，2015.

12. 郑宁，张建明. 物流运输管理[M]. 上海：上海财经大学出版社，2016.

13. 孙韬. 跨境电商与国际物流——机遇、模式及运作[M]. 北京：电子工业出版社，2017.

14. 苏杭. 跨境电商物流管理[M]. 北京：对外经济贸易大学出版社，2017.

15. 申纲领. 物流管理案例引导教程. 北京：人民邮电出版社，2009.

16. 朱新民，李作聚，李海华. 物流设施设备[M]. 北京：清华大学出版社，2007.

17. 郑克俊. 仓储与配送管理[M]. 北京：科学出版社，2012.

18. 梁世翔. 采购管理[M]. 北京：高等教育出版社，2012.

19. 朱新民. 物流采购管理[M]. 北京：机械工业出版社，2009.

20. 靳林. 电子商务与物流配送[M]. 北京：机械工业出版社，2016.

21. 李静，李选芒. 配送作业的组织与实施. 北京：北京理工大学出版社，2010.

22. 吴斌. 配送管理实务. 北京：科学出版社，2007.